Marcelino Menéndez y Pelayo

Historia de los heterodoxos españoles

Libro VIII

Barcelona **2023**
Linkgua-ediciones.com

Créditos

Título original: *Historia de los heterodoxos españoles.*

© 2023, Red ediciones S.L.

e-mail: info@linkgua.com

Diseño de cubierta: Michel Mallard.

ISBN rústica: 978-84-9816-659-0.
ISBN ebook: 978-84-9897-101-9.

Sumario

Brevísima presentación

La vida

Marcelino Menéndez y Pelayo. (1856-1912). España.

Estudió en la Universidad de Barcelona (1871-1873) con Milá y Fontanals, en la de Madrid (1873), y en Valladolid (1874), donde hizo amistad con el ultra-conservador Gurmesindo Laverde, que lo apartó de su liberalismo.

Trabajó en las bibliotecas de Portugal, Italia, Francia, Bélgica y Holanda (1876-1877) y ejerció de catedrático de la Universidad de Madrid (1878). En 1880 fue elegido miembro de la Real Academia española, diputado a Cortes entre 1884 y 1892 y fue director de la Real Academia de la Historia. Al final de su vida recuperó su liberalismo inicial.

La historia antigua de los heterodoxos

Sin la historia eclesiástica (ha dicho Hergenroether) no hay conocimiento completo de la ciencia cristiana, ni de la historia general, que tiene en el cristianismo su centro. Si el historiador debe ser teólogo, el teólogo debe ser también historiador para poder dar cuenta del pasado de su Iglesia a quien le interrogue sobre él o pretenda falsearlo. [...] Nada envejece tan pronto como un libro de historia. [...] El que sueñe con dar ilimitada permanencia a sus obras y guste de las noticias y juicios estereotipados para siempre, hará bien en dedicarse a cualquier otro género de literatura, y no a éste tan penoso, en que cada día trae una rectificación o un nuevo documento. La materia histórica es flotante y móvil de suyo, y el historiador debe resignarse a ser un estudiante perpetuo...

A pesar de que, como admitía Menéndez Pelayo en las «Advertencias preliminares» a la segunda edición de *La historia de los heterodoxos españoles* de 1910, «nada envejece tan pronto como un libro de historia», ésta sigue siendo una obra sumamente erudita y un documento de incomparable interés para entender el pensamiento conservador de un sector significativo de la sociedad española de principios del siglo XX.

Libro octavo

Capítulo I. Política heterodoxa durante el reinado de doña Isabel II

I. Guerra civil. Matanza de los frailes. Primeras tentativas de reformas eclesiásticas. II. Desamortización de Mendizábal. III. Constituyentes del 37. Proyecto de arreglo del clero. Abolición del diezmo. Disensiones con Roma. Estado de la Iglesia de España: obispos desterrados, gobernadores eclesiásticos intrusos. IV. Cisma jansenista de Alonso durante la regencia de Espartero. V. Negociaciones con Roma. Planes de enseñanza. VI. Revolución de 1854; Desamortización; Constituyentes; ataques a la unidad religiosa. VII. Retención del «SYLLABUS». Reconocimiento del reino de Italia y sucesos posteriores.

I. Guerra civil. Matanza de los frailes. Primeras tentativas de reformas eclesiásticas

El número mayor de acaecimientos que desde ahora hasta el término de esta historia hemos de narrar, la misma variedad y discordancia de las manifestaciones heterodoxas, exigen, para ser fácilmente comprendidas, que las distribuyamos en grupos con rigor y claridad. Tres núcleos principales se ofrecen, desde luego, a la consideración: la heterodoxia política, que genéricamente se llama liberalismo (tomada esta voz en su rigurosa acepción de libertad falsificada, política sin Dios, o séanse naturalismo político, y no en ningún otro de los sentidos que vulgar y abusivamente se le han dado), la heterodoxia filosófica (panteísmo, materialismo..., en suma, todas las variedades del racionalismo), y la heterodoxia sectaria, que fue en otras edades la predominante y es hoy la inferior y de menos cuenta, reduciéndose, por lo que a España toca, a los esfuerzos impotentes, anacrónicos y casi risibles de la propaganda protestante. De aquí una división cómoda y fácil en tres capítulos, la cual así puede acomodarse al reinado de doña Isabel II como a los sucesos posteriores a la revolución de septiembre de 1868.

Aunque toda revolución política sea más o menos directamente hija de tendencias o principios de carácter general y abstracto, que han de referirse de un modo mediato o inmediato a alguna filosofía primera, buena o mala, pero que tenga presunción de regular la práctica de la vida y el gobierno de las sociedades, quizá parecería más racional y lógico empezar por la filosofía el estudio de las reformas de la heterodoxia contemporánea. He preferido, sin embargo, comenzar por los hechos externos, y la razón es clarísima. Hasta después de 1856, la revolución española no contiene más cantidad de materia filosófica ni jurídica que la que le habían legado los constituyentes de Cádiz: es decir, el enciclopedismo del siglo XVIII, lo que, traducido a las leyes, se llama progresismo. Solo después de esa fecha comienzan los llamados demócratas a abrir la puerta a Hegel, a Krause y a los economistas.

Deben distinguirse, pues, dos períodos en la heterodoxia política del reinado de doña Isabel: uno de heterodoxia ignara, legal y progresista, y otro de heterodoxia pedantesca, universitaria y democrática; en suma, toda la diferencia que va de Mendizábal a Salmerón. Los liberales que hemos llamado legos o de la escuela antigua, herederos de las tradiciones del 12 y del 20, no tienen reparo en consignar en sus códigos, más o menos estrictamente, la unidad religiosa, y, sin hundirse en profundidades trascendentales, cifran, por lo demás su teología en apalear a algún cura, en suspender la ración a los restantes, en ocupar las temporalidades a los obispos, en echar a la plaza y vender al desbarate lo que llaman bienes nacionales, en convertir los conventos en cuarteles y en dar los pasaportes al nuncio. En suma, y fuera del nombre, sus procedimientos son los del absolutismo del siglo XVIII, los de Pombal y Aranda. Por el contrario, los demócratas afilosofados y modernísimos, sin perjuicio de hacer iguales o mayores brutalidades cuando les viene en talante, pican más alto, dogmatizan siempre, y aspiran al lauro de regeneradores del cuerpo social, ya que los otros han trabajado medio siglo para desembarazarles de obstáculos tradicionales el camino. Y así como los progresistas no traían ninguna doctrina que sepamos, sino solo cierta propensión nativa a destruir y una a modo de veneración fetichista a ciertos nombres (don Baldomero, don Salustino..., etc.), los demócratas, por el contrario, han sustituido a estos idolillos chinos o aztecas el culto de los nuevos ideales, el odio a los viejos moldes, la evolución social y demás palabrería fantasmagórica que sin cesar revolotea por la pesada atmósfera del Ateneo. En suma, la heterodoxia política hasta 1856 fue práctica; desde entonces acá viene afectando pretensiones dogmáticas o científicas, resultado de esa vergonzosa indigestión de alimento intelectual mal asimilado, que llaman cultura española moderna.

No es tan hacedero a reducir a fórmula el partido moderado, que, según las vicisitudes de los tiempos, aparece ora favoreciendo, ora resistiendo a la corriente heterodoxa y laica. Fue, más que partido, congeries de elementos diversos, y aun rivales y enemigos; mezcla de antiguos volterianos, arrepentidos en política, no en religión, temerosos de la anarquía y de la bullanga, pero tan llenos de preocupaciones impías y de odio a Roma como en sus turbulentas mocedades, y de algunos hombres sinceramente católicos y conservadores, a quienes la cuestión dinástica, o la aversión a los procedimientos de fuerza, o la generosa, sí vana, esperanza de convertir en amparo de la Iglesia un trono levantado sobre las bayonetas revolucionarias separó de la gran masa católica del país.

Esta, aun en tiempo de Fernando VII, había tomado su partido, arrojándose, antes de tiempo y desacordadamente, a las armas así que notó en el rey veleidades hacia los afrancesados y los partidarios del despotismo ilustrado. La sublevación de Cataluña en 1827 fue la primera escena de la guerra civil. Ahogado rápidamente aquel movimiento, los ultrarrealistas se fueron agrupando en torno del infante don Carlos, presunto heredero de la corona. El nuevo matrimonio del rey y el nacimiento de la Infanta Isabel trocaron de súbito el aspecto de las cosas, y no halló la reina Cristina otro medio de salvar el trono de su hija que amnistiar a los liberales y confiarles su defensa. La muchedumbre tradicionalista vieron con singular instinto cuál iba a ser el término de aquella flaqueza, y sin jefes todavía, sin organización ni concierto, comenzaron a levantarse en bandas y pelotones, que pronto Zumalacárregui, genio organizador por excelencia, convirtió en ejército formidable.

En vano había inaugurado Cristina su regencia diciendo por la pluma de Zea Bermúdez, en el manifiesto de 4 de octubre, que «la religión, su doctrina, sus templos y sus ministros serían el primer cuidado de su Gobierno..., sin admitir innovaciones peligrosas, aunque halagüeñas en su principio, probadas ya sobradamente por nuestra desgracia».

¿Quién había de tomar por lo serio tales palabras, cuando al mismo tiempo veíase volver de Londres a los emigrados tales y como fueron, ardiendo en deseos de restaurar y completar la obra de los tres años, y además encruelecidos y rencorosos por diez años de destierro y por la memoria, siempre viva, de las horcas, prisiones y fusilamientos de aquella infausta era? A dos o tres de ellos pudo enseñarles y curarles algo la emigración, poniéndole de manifiesto otras instituciones, otros pueblos y otras leyes y aficionándolos al parlamentarismo inglés o al doctrinarismo francés de la Restauración; pero los restantes, masa fanática, anduvieron bien lejos de sacar de sus viajes tanto provecho como Ulises, y hubo muchos que, con vivir nueve años en Somers-Town, no aprendieron palabra de inglés,[1] y pasaron todo este tiempo adorando en la *Constitución de Cádiz* y llorando hilo a hilo por el suplicio de Riego. Et revertebantur quotidie maiora. Esta bárbara pereza de entendimiento y este cerrar los ojos y tapiar los oídos a toda luz de ciencia histórica y social fue por largos años, con nombre de consecuencia política, uno de los timbres de que más se ufanaba el partido progresista.

El más moderado de todos los liberales, el que desde muy mozo lo había sido por temperamentos y genialidad, y hasta por buen gusto, arrostrando ya por ello en 1822 las iras y aun los puñales de los exaltados, el dulce y simpático Martínez de la Rosa, entonces en el apogeo de su modesta y apacible gloria literaria, fue el llamado a inaugurar la revolución política, como al mismo tiempo inauguraba la revolución dramática. Pero sea que el campo del arte esté menos erizado de cardos que el de la política, o sea más bien que la generosa índole del cantor de Aben-Humeya le llevase con más certero impulso a los serenos espacios de la poesía que a la baja realidad terrestre, es lo cierto que la tentativa política de Martínez de la Rosa, reducida, como siempre, a su favorita fórmula de hermanar el orden con la libertad, cual si se tratase de términos antitéticos, fracasó de todo punto, muriendo en flor el Estatuto Real, más desdichado en esto que La conjuración de Venecia, que, con ser obra eclesiástica y de transición, conserva juventud bastante lozana. ¡Singular destino el de aquel hombre, nacido para conservador en todo, hasta en literatura, y condenado a acaudillar y servir de heraldo a todas las revoluciones, así las pacíficas como las sangrientas!

En el ministerio que Martínez de la Rosa formó, solo él y don Nicolás María Garelly procedían de la legión del año 20, aunque de su grupo más moderado. Los restantes eran, o antiguos afrancesados, como Burgos, o templados servidores del rey absoluto, más amigos de las reformas administrativas que de las políticas. En materias eclesiásticas no legislaron, contentándose con extrañar de estos reinos al obispo de León y ocuparle sus temporalidades por declarado

---

1   De esta regla son ilustres excepciones Trueba Cosío, Herrera Bustamante, Alcalá Galiano, Villalta, don José Joaquín de Mora y el mismo Espronceda y otros.

carlismo,[2] y conminar con iguales penas a todo eclesiástico que abandonase su iglesia, y con la de supresión a todo convento del cual hubiese desaparecido algún fraile sin que en el término de veinticuatro horas hubiese dado parte el superior.

Garelly fue más adelante, y quiso de alguna manera contentar el clamoreo revolucionario, que ya comenzaba a tomar a la gente de Iglesia por blanco principal de sus iras. Cortadas las relaciones con Roma porque Gregorio XVI, de igual suerte que los gobiernos del Norte, se negaba a reconocer a la reina Isabel,[3] Garelly formó una Junta de reformas eclesiásticas, compuesta de los obispos y clérigos más conocidos por sus tendencias regalistas (Torres Amat, González Vallejo). Según las instrucciones del ministro, la tal Junta debía proceder no por sí y antes sí, sino como Junta consultiva que dictara las preces a Roma, a hacer nueva división del territorio eclesiástico, conforme a la división civil; a fijar las dotaciones de los cabildos y a reformar la enseñanza en los seminarios conciliares. Todo quedó en proyecto.

¿Y qué servían todos estos paliativos de un regalismo caduco ante la revolución armada con título de Milicia urbana y regimentada en las sociedades secretas, único poder efectivo por aquellos días? Lo que se quería no era la reducción, sino la destrucción de los conventos, y no con juntas eclesiásticas de jansenistas trasnochados, sino con llamas y escombros, podía saciarse el furor de las hienas revolucionarias. Destruir los nidos para que no volvieran los pájaros, era el grito de entonces. Nadie sabe a punto fijo, o nadie quiere confesar, cuál era la organización de las logias en 1834; pero en la conciencia de todos está, y Martínez de la Rosa lo declaró solemnemente antes de morir, que la matanza

---

2   Todavía en vida de Fernando VII (14 y 15 de enero de 1833) había estado complicado en la sublevación de los voluntarios realistas de León, de la cual habla con muchos pormenores, como testigo presencial, don Modesto Lafuente en su *Historia General de España* (tomo 29 de la 2.ª edición, 1869, página 150 a 155).

3   Debe advertirse, con todo esto, que Gregorio XVI no retiró al nuncio hasta que comenzaron descubiertamente las agresiones contra la Iglesia, y que todavía las bulas de don Judas José Romo, obispo de Canarias, vinieron a nombre de la reina Isabel, según afirma el mismo cardenal Romo en su libro de la *Independencia constante de la Iglesia hispana*.

de los frailes fue preparada y organizada por ellas.[4] De ninguna manera basta esto para absolver al Gobierno moderado que lo consintió y lo dejó impune, por debilidad más que por conveniencia; pero sí basta para explicar el admirable concierto con que aquella memorable hazaña liberal se llevó a cabo. Quien la atribuye al terror popular causado por la aparición del cólera el día de la Virgen del Carmen de 1834, o se atreve a compararla con el proceso degli untori de Milán y a llamarla movimiento popular, tras de denigrar a un pueblo entero, cuyo crimen no fue otro que la flaqueza ante una banda de asesinos pagados, miente audazmente contra los hechos, cuya terrible y solemne verdad fue como sigue.

La entrada de don Carlos en Navarra y los primeros triunfos de Zumalacárregui habían escandecido hasta el delirio los furores de los liberales, quienes, descontentos además de la tibieza del Gobierno y de las leves concesiones del Estatuto, proyectaron en sus antros tomarse la venganza por su mano y precipitar la revolución en las calles, ya que caminaba lenta y perezosa en las regiones olímpicas. El cólera desarrollado con intensidad terrible en la noche del 15 de julio (día de la Virgen del Carmen) les restó fácil camino para sus intentos, comenzando a volar de boca en boca el absurdo rumor, tan reproducido en todas las epidemias, sin más diferencia que en la calidad de las víctimas, de que los frailes envenenaban las aguas. Acrecentóse la crudeza de la epidemia el día 16, y el 17 estalló el motín, tan calculado y prevenido, que muchos frailes habían tenido aviso anticipado de él, y el mismo Martínez de la Rosa, antes de partir para La Granja, había tomado algunas disposiciones preventivas, concentrando los poderes de represión en manos del capitán general San Martín, tenido por antirrevolucionario desde la batalla de las Platerías y la jornada de 7 de julio de 1822.

Tormentosa y preñada de amagos fue la noche del 16. Por las cercanías de los Estudios de san Isidro oíase cantar a un ciego al son de la guitarra:

> Muera Cristo,
> viva Luzbel;

---

4   Martínez de la Rosa entregó a don Pedro J. Pidal un apunte autógrafo sobre la matanza de los frailes. Ha sido impreso en medio pliego sin foliatura, que debe encuadernarse al fin de la *Historia de las sociedades secretas en España*, de don Vicente de la Fuente. En la misma obra (tomo 2, página 34 a 48) se encuentran reunidas más noticias que en parte alguna sobre este horrendo crimen.

muera don Carlos,

viva Isabel.

Amaneció, al fin, aquel horrible jueves, 17 de julio, día de vergonzosa recordación más que otro alguno de nuestra historia. Las doce serían cuando cayó la primera víctima, acusada de envenenar las fuentes. Otro infeliz, perseguido por igual pretexto, buscó refugio en el Colegio Imperial, y en pos de él penetraron los asesinos al dar las tres de la tarde. Lo que allí pasó no cabe en lengua humana y la pluma se resiste a transcribirlo. En la portería del Colegio Imperial, en la calle de Toledo, en la de Barrionuevo, en la de los Estudios, en la plaza de san Millán, cayeron, a poder de sablazos y de tiros, hasta dieciséis jesuitas,[5] cuyos cuerpos, acribillados de heridas, fueron arrastrados luego con horrenda algazara y mutilados con mil refinamientos de exquisita crueldad, hirviendo a poco rato los sesos de alguno en las tabernas de la calle de la Concepción Jerónima. Uno de los asesinados era el padre Artigas, el mejor o más bien el único arabista que entonces había en España, maestro de Estébanez Calderón y de otros.

Los restantes jesuitas, hasta el número de sesenta, se hallaban congregados en la capilla doméstica haciendo las últimas prevenciones de conciencia para la muerte, cuando sable en mano, penetró en aquel recinto el jefe de los sicarios, quien, a trueque de salvar a uno de ellos,[6] que generosamente persistía en seguir la suerte de los otros, consintió en dejarlos vivos a todos, ordenando al grueso de los suyos que se retirasen y dejando gente armada en custodia de las puertas.

Eran ya las cinco de la tarde, y el capitán general, como quien despierta de un pesado letargo, comenzaba a poner sobre las armas la tropa y la Milicia

---

5   La lista más exacta y completa que de ellos se ha publicado es la siguiente, que tomo del apéndice al *Tratado del modo de gobierno que nuestro santo padre Ignacio tenía, escrito por el padre Rivadeneyra* (Madrid, 2 de julio de 1878, Imprenta de E. Aguado): padre Castro Fernández, padre Juan Artigas, padre José Fernández, padre Francisco Sanz (presbíteros), José Elola, José Urreta (diáconos), Domingo Barráu, José Garnier, José Sancho, Pedro Demont (subdiáconos), Fermín Barba, Martín Buxons, Manuel Ostolaza, Juan Ruedas, Vicente Gogorza (minoristas). Convalecieron de las heridas el padre Celedonio Unanue, y los hermanos estudiantes Sabas, Trapiella y Francisco Sanz, y el coadjutor Julián Acosta.

6   El padre Muñoz, hermano del futuro duque de Riánsares.

urbana. ¡Celeridad admirable después de dos horas de matanza! Y ni aun ese tardío recurso sirvió para cosa alguna, puesto que los asesinos, dando por concluida la faena de los Reales Estudios, se encaminaron al convento de dominicos de santo Tomás, en la calle de Atocha, y, allanando las puertas, traspasaron a los religiosos que estaban en coro o les dieron caza por todos los rincones del convento, cebando en los cadáveres su sed antropofágica. Entonces se cumplió al pie de la letra lo que del Corpus de sangre de Barcelona escribió Melo: «Muchos, después de muertos, fueron arrastrados, sus cuerpos divididos, sirviendo de juego y, risa aquel humano horror, que la naturaleza religiosamente dejó por freno de nuestras demasías; la crueldad era deleite; la muerte, entretenimiento, a uno arrancaban la cabeza (ya cadáver), le sacaban los ojos, cortábanle la lengua y las narices; luego, arrojándola de unas en otras manos, dejando en todas sangre y en ninguna lástima, les servía como de fácil pelota; tal hubo que, topando el cuerpo casi despedazado, le cortó aquellas partes cuyo nombre ignora la modestia y, acomodándolas en el sombrero, hizo que le sirviesen de torpísimo y escandaloso adorno».[7] Mujeres desgreñadas, semejantes a las calceteras de Robespierre o a las furias de la guillotina, seguían los pasos de la turba forajida para abatirse, como los cuervos, sobre la presa. Al asesinato sucedió el robo que las tropas, llegadas a tal sazón y apostadas en el claustro, presenciaron con beatífica impasibilidad. Solo tres heridos sobrevivieron a aquel estrago.

De allí pasaron las turbas al convento de la Merced Calzada, plaza del Progreso, donde hoy se levanta la estatua de Mendizábal. Allí rindieron el alma ocho religiosos y un donado, quedando heridos otros seis.

Ni siquiera las nieblas de la noche pusieron término a aquella orgía de caníbales. Seis horas habían transcurrido desde la carnicería de san Isidro: los religiosos de san Francisco el Grande, descansando en las repetidas protestas de seguridad que les hicieron los jefes de un batallón de la Princesa acuartelado en sus claustros, ponían fin a su parca cena e iban a entregarse al reposo de la noche, cuando de pronto sonaron voces y alaridos espantables, tocó a rebato la campana de la comunidad, cayeron por tierra las puertas e inundó los

---

7   Todo, aun los más crudos y salvajes pormenores, cuya realista descripción no temió el grande historiador portugués, fueron renovados al pie de la letra en la persona del padre Carantoña (dominico), del padre Fernández (jesuita) y de otros.

claustros la desaforada turba, tintas las manos en la reciente sangre de dominicos, jesuitas y mercedarios. Hasta cincuenta mártires, según el cálculo más
probable, dio la Orden de san Francisco en aquel día. Unos perecieron en las
mismas sillas del coro, cuya madera conserva aun las huellas de los sables. Otros
fueron cazados, como bestias fieras, en los tejados, en los sótanos y hasta en
las cloacas. A otros, el ábside del presbiterio les sirvió de asilo. Y alguien hubo
que, con pujante brío, se abrió paso entre los malhechores y logró salvar vida
arrojándose por las tapias o huyendo a campo traviesa hasta parar en Alcalá o
en Toledo.[8] Los soldados permanecieron inmóviles o ayudaron a los asesinos a
buscar y a rematar a los frailes y a robar los sagrados vasos. ¡Ocho horas de
matanza regular y ordenada, y por un puñado de hombres, casi los mismos en
cuatro conventos distintos! ¿Qué hacía entre tanto el capitán general? ¿En qué
pensaba el Gobierno? A eso de las siete de la tarde se presentó San Martín en el
Colegio Imperial, habló con los jesuitas supervivientes y les increpó en términos
descompuestos por lo del envenenamiento de las aguas.[9] En cuanto al Gobierno
de Martínez de la Rosa, se contentó con hacer ahorcar a un músico del batallón
de la Princesa que había robado un cáliz en san Francisco el Grande. Con todo,
el clamoreo de la opinión fue tal, que hubo, pro fórmula, de procesarse a San
Martín, separado ya de la Capitanía General.[10] Aquí paró todo, y huelgan los
comentarios cuando los hechos hablan a voces.

---

8   Uno de los que tal hicieron era aragonés, de Siete Villas. Oyó de sus labios esta relación
     del doctor la Fuente.

9   Así lo afirma el doctor la Fuente (tomo 2, página 47) y Martínez de la Rosa en su papel
     vindicatorio.

10   Martínez de la Rosa quiere explicar de este modo la inutilidad de aquellos procesos: «Por
     todos los Ministerios, y especialmente por el de Gracia y Justicia, se dieron las órdenes
     más severas para castigar el atentado, debiendo los jueces dar parte al Gobierno cada
     dos horas de lo que fuere resultado... El ministro de Estado hizo más; excediéndose de
     sus facultades, llamó frecuentemente a los jueces, los estrechó, disputó con ellos acerca
     de abreviar las causas, etc. Reconviniendo Martínez de la Rosa a los jueces, contestaban
     éstos, y con razón, que no podían condenar sin pruebas, que no había testigos, que éstos
     no querían declarar por miedo y que los mismos frailes, al carearlos con los asesinos,
     decían que no los conocían, por temor de que luego los matasen».
     San Martín imprimió una vindicación, que no he podido haber a las manos, aunque lo he
     procurado mucho.

Hundido en aquella sangrienta charca el prestigio del Gobierno moderado, la anarquía levantó triunfante e indómita su cabeza por todos los ámbitos de la Península. En Zaragoza, una especie de partida de la Porra, dirigida por un tal Chorizo, de la parroquia de san Pablo, y por el organista de la Victoria, fraile apóstata que acaudillaba a los degolladores de sus hermanos, obligó a la Audiencia, en el motín de 25 de marzo de 1835, a firmar el asesinato jurídico de seis realistas presos, y, tomándose luego la venganza por más compendiosos procedimientos, asaltó e incendió los conventos el 5 de julio, degolló a buena parte de sus moradores y al catedrático de la Universidad fray Faustino Garroborea, arrojó de la ciudad al arzobispo y entronizó por largos días en la ciudad del Ebro el imperio del garrote. En Murcia fueron asesinados tres frailes y heridos dieciocho y saqueado el palacio episcopal a los gritos de «¡Muera el obispo!» En 22 de julio ardieron los conventos de franciscanos y carmelitas descalzos de Reus, con muerte de muchos de sus habitadores. De Tarragona fue expulsado el arzobispo y cerradas con tiempo todas las casas religiosas. Pero nada llegó a los horrores del pronunciamiento de Barcelona en 25 de julio de 1835, comenzado al salir de la plaza de toros, como es de rigor en nuestras algaradas.[11] Una noche bastó para que ardiesen, sin quedar piedra sobre piedra, los conventos de carmelitas calzados y descalzos, de dominicos, de trinitarios, de agustinos calzados y de mínimos. Cuanto no pereció el furor de las llamas, fue robado; los templos, profanados y saqueados; los religiosos pasados a hierro; sus archivos y bibliotecas, aventados o dispersos.[12] Una muchedumbre

---

11 *Historia de la conmoción de Barcelona en la noche del 25 al 26 de julio de 1835*, por don Francisco Raull (Imprenta de Bergnes). El autor de esta relación era un escribano muy progresista que tomó parte en la redacción de El Propagador de la libertad, uno de los periódicos más radicales de entonces, pero es verídico en cuanto a los hechos, aunque procura atenuarlos especialmente en lo que toca a la inacción de la autoridad militar, cuya conducta fue allí tan vergonzosa como lo había sido en Madrid.

12 Aun de libros impresos se perdieron entonces o pasaron al extranjero inestimables joyas. De santa Catalina de Barcelona era el rarísimo ejemplar de las *Comedias salvaje y metamorfosea*, de Joaquín Romero de Cepeda, que hoy posee la Biblioteca Nacional de París. Un amigo nuestro, diligente bibliófilo, ya difunto, salvó con patriótico anhelo, de igual o más lastimoso destino, un maravilloso tomo que contenía el *Cancionero de Fernández de Constantina* (de que apenas hay en el mundo ejemplar completo), encuadernado con varias farsas de Hernán López de Yanguas, y con *Las trescientas del castillo de la fama*, del licenciado Guerrero. Por el mismo estilo pudieran citarse innumerables casos.

ebria, descamisada y jamás vista hasta aquel día en tumultos españoles, el populacho ateo y embrutecido que el utilitarismo industrial educa a sus pechos, se ensayaba aquella noche quemando los conventos para quemar en su día las fábricas. Hoy es, y aun se erizan los cabellos de los que presenciaron aquellas escenas de la Rambla y vieron a las Euménides revolucionarias arrancar y picar los ojos de los frailes moribundos, y desnudar sus cadáveres, y repartirse sus harapos, mientras que la tea, el puñal y la segur despejaban el campo para los nuevos ideales.

No conviene, por un muelle y femenil sentimentalismo, apartar la vista de aquellas abominaciones, que se quiere hacer olvidar a todo trance. Más enseñanzas hay en ellas que en muchos tratados de filosofía, y todo detalle es aquí fuente de verdad y clave de enseñanza histórica. Aquel espantoso pecado de sangre (protestantes es quien lo ha dicho) debe pesar más que todos los crímenes españoles en la balanza de la divina justicia cuando, después de pasado medio siglo, aun continúa derramando sobre nosotros la copa de sus iras. Y es que, si la justicia humana dejó inultas aquellas víctimas, su sangre abrió un abismo invadeable, negro y profundo como el infierno, entre la España vieja y la nueva, entre las víctimas y los verdugos, y no solo salpicó la frente de los viles instrumentos que ejecutaron aquella hazaña, semejantes a los que toda demagogia recluta en las cuadras de los presidios, sino que subió más alta y se grabó como perpetuo e indeleble estigma en la frente de todos los partidos liberales desde los más exaltados a los más moderados; de los unos, porque armaron el brazo de los sicarios; de los otros, porque consintieron o ampararon o no castigaron el estrago, o porque le reprobaron tibiamente, o porque se aprovecharon de los despojos. Y desde entonces la guerra civil creció en intensidad, y fue guerra como de tribus salvajes lanzadas al campo en las primitivas edades de la historia, guerra de exterminio y asolamiento, de degüello y represalias feroces, que duró siete años, que ha levantado después la cabeza otras dos veces, y quizá no la postrera, y no ciertamente por interés dinástico, ni por interés fuerista, ni siquiera por amor muy declarado y fervoroso a este o al otro sistema político, sino por algo más hondo que todo eso; por la instintiva reacción del sentimiento católico, brutalmente escarnecido, y por la generosa repugnancia a mezclarse con la turba en que se infamaron los degolladores de los frailes y los jueces de los degolladores, los robadores y los incendiarios de las iglesias y los vendedores y compradores de sus bienes. ¡Deplorable estado de fuerza a que fatalmente llegan los pueblos cuando pervierten el recto camino y, presa de malvados y de sofistas, ahogan en sangre y vociferaciones el clamor de la justicia!. Entonces es cuando se abre el pozo del abismo y sale de él un humo que oscurece el Sol y las langostas que asolan la tierra.[13]

Las Cortes de 1834, llamadas vulgarmente del Estatuto, decretaron por unanimidad la abolición del voto de Santiago, legitimaron las compras y ventas de bienes nacionales hechas desde 1820 a 1823 y aplicaron, en principio, los bienes de amortización eclesiástica a la extinción de la Deuda pública. En una proposición (o, como entonces se decía, petición) suscrita por don Antonio González, Trueba y Cossío, el conde de Las Navas, don Fermín Caballero y todos los prohombres del radicalismo, se solicitó la extinción de las capellanías colativas y laicales, memorias de misas y legados píos, recayendo sus bienes en el crédito público. Fue aprobada por 36 votos contra 33 después de una discusión desaforada. «La amortización es una plaga que aniquila el cuerpo social», dijo Alcalá Zamora, y un señor Ochoa añadió: «Señores: Dicen que se traiga una bula del papa... Yo no me opondré a que se solicite una bula de su santidad; pero si la corte de Roma no quiere dar esa bula, entonces la daré yo». ¡Monumental canonista!

En la legislatura siguiente (35 al 36), los mismos procuradores exaltados, López, Caballero, Iznardi, Olózaga, el conde Las Navas, etc., presentaron un proyecto de extinción de regulares. Y defendiéndole, dijo un señor Gaminde: «Muy pronto se pervirtieron los instintos religiosos, desenvolviéndose en ellos los gérmenes de todas las pasiones que degradan a la humanidad. Buena prueba son de ello los atentados contra los albigenses y contra todos aquellos que han querido vindicar su razón, así como también el establecimiento del Tribunal de la Inquisición...; de ese Tribunal causa de todos los males pasados y presentes que aun lloramos, de ese Tribunal que debimos a una orden llamada religiosa, la de los dominicos». Con la misma elocuencia habló López; pero Argüelles los superó a todos, invocando los procedimientos cesaristas

---

13 Al hablar de los degüellos monásticos de 1834 y 35, no puede omitirse la mención, aunque sea de pasada, del libro pío y melancólico que conserva su recuerdo; libro que, si estuviera tan bien escrito como está hondamente sentido, sería de los buenos de nuestra moderna literatura: las Ruinas de mi convento, novela del mallorquín don Fernando Patxot, disfrazado con el nombre de Ortiz de la Vega.

del tiempo de Carlos III y la pragmática del extrañamiento de los jesuitas. «Aquí, señores —dijo después de leerla—, tenemos un verdadero programa de todas las doctrinas que pueden servirnos de guía en esta y semejantes cuestiones; aquí está el señor Carlos III, piadoso entre los españoles como Antonino entre los romanos.» El resultado fue votarse la proposición por 116 votos contra 2.

Triunfaba entre tanto la revolución en las calles e iba acabando con su ingénita brutalidad y sin eufemismos lo que los procuradores escribían teóricamente y como desideratum en sus leyes. A Martínez de la Rosa había sucedido Toreno, pero Toreno ya no era doceañista; había aprendido mucho en Francia, y se iba haciendo cada vez más ecléctico, descreído y hombre de ocasión. Pensó vanamente atajar el desenfrenado raudal con dos o tres decretos, como el de expulsión de los jesuitas y supresión de todo convento cuyos frailes no llegasen a doce; pero la ola revolucionaria continuó subiendo, a despecho de tan impotentes concesiones, y se extendió inmensa y bramadora por Cataluña, Valencia, Aragón y Andalucía, y en breve espacio por toda la Península, levantando contra el Gobierno central el gobierno anárquico de las juntas provinciales, que comenzaron tumultuariamente a exclaustrar a los religiosos y apoderarse de sus bienes, y desterrar obispos y mandar a presidio abades, y vender hasta las campanas de los conventos. La revolución buscaba su hombre, y le encontró al fin en la persona de don Juan Álvarez Mendizábal, que se alzó sobre las ruinas del ministerio Toreno.

II. Desamortización de Mendizábal

La revolución triunfante ha levantado una estatua a Mendizábal sobre el solar de un convento arrasado y cuyos moradores fueron pasados a hierro. Aquella estatua, que, sin ser de todo punto mala, provoca, envuelta en su luenga capa (parodia de toga romana), el efecto de lo grotesco, es el símbolo del progresismo español y es a la vez tributo de justísimo agradecimiento revolucionario. Todo ha andado a una: el arte, el héroe y los que erigieron el simulacro. Y con todo, la revolución ha acertado, gracias a ese misterioso instinto que todas las revoluciones tienen, en perpetuar, fundiendo un bronce, la memoria y la efigie del más eminente de los revolucionarios, del único que dejó obra vividera, del hombre inculto y sin letras que consolidó la nueva idea y creó un país y un estado social nuevos, no con declamaciones ni ditirambos, sino halagando los más bajos instintos y codicia de nuestra pecadora naturaleza, comprando defensores al trono de la reina por el fácil camino de infamarlos antes para que el precio de su afrenta fuera garantía y fianza segura de su adhesión a las nuevas instituciones; creando por fin, con los participantes del saqueo, clases conservadoras y elementos de orden; orden algo semejante al que establece en un campo de bandidos, donde cada cual atiende a guardar su parte de la presa y defenderla de las asechanzas del vecino. Golpe singular de audacia y de fortuna, aunque no nuevo y sin precedente en el mundo, fue aquel de la desamortización. Hasta entonces, nada más impopular, más incomprensible ni más sin sentido en España que los entusiasmos revolucionarios. Diez años había durado, con ser pésimo a toda luz, el Gobierno de Fernando VII, y no diez, sino cincuenta, hubiera durado otro igual o peor si a Mendizábal no se le ocurre el proyecto de aquella universal liquidación. Todo lo anterior era retórica infantil, simple ejercicio de colegio o de logia; y conviene decirlo muy claro: la revolución en España no tiene base doctrinal ni filosófica, ni se apoya en más puntales que el de un enorme despojo y un contrato infamante de compra venta de conciencias. El mercader que las compró, y no por altas teorías, sino por salir, a modo de arbitrista vulgar, del apuro del momento, es el creador de la España nueva, que salió de sus manos amasada con barro de ignominia. ¡Bien se la conoce el pecado capital de su nacimiento! Quédese para mozalbetes intonsos que hacen sus primeras armas en el Ateneo hablar de la eficacia de los nuevos ideales y del poder incontrastable de los derechos de la humanidad como causas decisivas del triunfo de nuestra revolución. *Sunt verba et voces, praetereaque nihil.* ¡Candor insigne creer que a los pueblos se les saca de su paso con prosopopeyas sesquipedales! Las revoluciones se dirigen siempre a la parte inferior de la naturaleza humana, a la parte de bestia, más o menos refinada o maleada por la civilización, que yace en el fondo de todo individuo. Cualquier ideal triunfa y se arraiga si andan de por medio el interés y la concupiscencia, grandes factores en filosofía de la historia. Por eso el liberalismo del año 35, más experto que el de 1812, y aleccionado por el escarmiento de 1823, no se entretuvo en decir al propietario rústico ni al urbano: «Eres libre, autónomo, señor de ti y de tu suerte, ilegislable, soberano, como cuando en las primitivas edades del mundo andabas errante con tus hermanos por la selva y cuando te congregaste con ellos para pactar el contrato social»; sino que se fue derecho a herir otra fibra que nunca deja de responder cuando diestramente se la toca y dijo al ciudadano: «Ese monte que ves hoy de los frailes, mañana será tuyo, y esos pinos y esos robles caerán al golpe de tu hacha, y cuanto ves de río a río, mieses, viñedos y olivares, te rendirá el trigo para henchir tus trojes y el mosto que pisarás en tus lagares. Yo te venderé, y, si no quieres comprarle, te regalaré ese suntuoso monasterio, cuyas paredes asombran tu casa, y tuyo será hasta el oro de los cálices, y la seda de las casullas y el bronce de las campanas».

¡Y esta filosofía sí que la entendieron! ¡Y este ideal sí que hizo prosélitos! Y, comenzada aquella irrisoria venta, que, lo repito, no fue de los bienes de los frailes, sino de las conciencias de los laicos, surgió como por encanto el gran partido liberal español, lidiador en la guerra de los siete años con todo el desesperado esfuerzo que nace del ansia de conservar lo que inicuamente se detenta. Después fue el imaginar teorías pomposas que matasen el gusanillo de a conciencia, el decirse filósofos y librepensadores los que jamás habían podido pensar dos minutos seguidos a las derechas; el huir de la iglesia y de los sacramentos por miedo a las restituciones y el acallar con torpe indiferentismo las voces de la conciencia cuando decía un poco alto que no deja de haber Dios en el cielo porque al pecador no le convenga. Nada ha influido tanto en la decadencia religiosa de España, nada ha aumentado tanto esas legiones de escépticos ignaros, único peligro serio para el espíritu moral de nuestro pueblo, como ese inmenso latrocinio (¿por qué no aplicarle la misma palabra que aplicó san Agustín a las monarquías de que está ausente la justicia?) que se llama desamortización y el infame vínculo de solidaridad que ella establece.

Ni aun los más atrevidos regalistas de otros tiempos se habían atrevido a soñar con el despojo. Una cosa es lamentar, como en siglos católicos lo hicieron el Consejo de Castilla y muchos economistas nuestros, el exceso de la acumulación de bienes en manos muertas, y los daños que de aquí resultaban a la agricultura, y otra atentar con mano sacrílega a una propiedad de títulos más justos y legítimos que ninguna otra en el mundo. Lo primero puede ser loable providencia de estadistas, aunque siempre sea difícil detener el camino de la propiedad cuando manifiestamente las ideas y las costumbres la empujan por un cauce.

El mismo Campomanes trató de atajar radicalmente la amortización futura, pero no de que el Estado se echase sobre la propiedad antes amortizada, que a todos, aun al mismo fiscal, parecía tan inviolable como la de los particulares. Pero, dado el ejemplo del despojo por la Asamblea francesa, no tardaron en seguirle nuestros gobernantes, comenzando Godoy por enajenar los bienes de fundaciones pías. De los proyectos sucesivos queda hecha memoria en sus lugares oportunos. Lo que intentaron las Cortes de Cádiz habíalo formulado Martínez Marina en estas palabras de su *Teoría famosa*, especie de breviario de todos los reformadores de entonces: «El primero de todos los medios indirectos que reclaman la razón, la justicia y el orden de la sociedad es moderar la riqueza del clero en beneficio de la agricultura; poner en circulación todas las propiedades afectas al estado eclesiástico y acumuladas en iglesias y monasterios contra el voto general de la nación; restituirlas a los pueblos y familias, de cuyo dominio fueron arrancadas por el despotismo, por la seducción, por la ignorancia y por la falsa piedad; abolir para siempre el injusto e insoportable tributo de los diezmos, que no se conoció en España hasta el siglo XII, ni se extendió ni se propagó sino a la sombra de la barbarie de estos siglos y en razón de los progresos del despotismo papal» (tomo I, cap. 13).

Tan desentonadas frases promovieron acerbas polémicas, excitando la vigorosa indignación del cardenal Inguanzo, que escribió en 1813 y coleccionó en 1820, siendo obispo de Zamora, una serie de cartas sobre *El dominio sagrado de la Iglesia en sus bienes temporales*,[14] que son, juntamente con el folleto de Balmes, lo mejor y más sólido que se ha escrito en castellano por los defensores de la propiedad eclesiástica. Porque Inguanzo, tomando ocasión del folleto de *El Solitario* de Alicante y del libro de Martínez Marina, y extendiendo luego su impugnación al tratado de Campomanes y a algunos lugares de la Ley Agraria, no solo resolvió de plano la cuestión canónica, recordando la condenación de Arnaldo de Brescia, de los valdenses, de Marslio de Padua y de Wiclef, las decisiones de los concilios Lateranense I, Constantiense y de Basilea, que

---

14 *El dominio sagrado de la Iglesia en sus bienes temporales.* Cartas contra los impugnadores de esta propiedad, especialmente en ciertos libelos de estos tiempos. Y contra otros críticos modernos, los cuales, aunque la reconocen, impugnaron la libre adquisición a pretexto de daños de amortización y economía política. Escribíalas don Pedro de Inguanzo y Rivero, diputado en las Cortes extraordinarias de Cádiz, año de 1813, hoy obispo de Zamora. Salamanca: en la Imprenta de don Vicente Blanco. Año de 1820 y 1823; dos tomos, el 1.º, de LVI + 260 páginas; el 2.º, de XXIV + 469. La circulación de esta obra fue prohibida por el gobierno liberal del año 20.

declararon sacrílego al príncipe o laico que se apropiase, donase o dispusiese de las cosas y posesiones eclesiásticas, sino que probó con argumentos de razón que, teniendo la Iglesia derecho, recibido de Dios inmediatamente, para existir sobre la tierra como cuerpo real sacerdotal (*regale sacerdotium*), tiene también derecho inconcuso de participar de los bienes temporales y acrecentar su patrimonio como cualquier otro individuo, colegio lícito, sociedad o congregación grande o pequeña, sin que, una vez adquiridos, pueda nadie despojarle de ellos sin ir contra el precepto natural y divino. Corroboró esta verdad, tan sencilla e inconcusa si el interés y la maldad no se empeñasen en torcerla, con las elocuentes palabras del protestante Burke contra la desamortización decretada por la Asamblea francesa y, contra todo proyecto de asalariar al clero a tenor de cualquier otro cuerpo de funcionarios civiles. «Nosotros los ingleses —decía Burke—, si el estado de nuestra Iglesia necesitara alguna reforma, no confiaríamos ciertamente a la rapacidad pública o privada el cuidado de arreglar sus cuentas ni de fijar sus gastos o de ordenar la aplicación de sus rentas. Aun no hemos llegado a tanta locura que despojemos a nuestras instituciones del solemne respeto que les es debido. Y en verdad os digo, franceses, que merecéis bien todas las calamidades que sobre vosotros han caído... Nosotros los políticos ingleses nos avergonzaríamos, como de una grosera mentira, de profesar con los labios una religión que desmintiésemos con las obras...; no, nunca miraremos la religión como instituto heterogéneo y separable, cuya defensa puede tomarse o dejarse según convenga a las ideas del momento, sino como verdad eterna y esencial, base y fundamento de la unión indisoluble de los asociados. Jamás toleraríamos que la dotación de nuestra Iglesia se convirtiese en pensiones de la tesorería, sujetas a dilaciones y a esperas, o reducidas a la nada por las trabas fiscales. No se nos hable de transformar nuestro clero independiente en un cuerpo de eclesiásticos pensionistas del Estado... La Iglesia en un régimen constitucional debe ser tan independiente como el rey y como la nobleza, y tan estable como la tierra en que se arraiga, no movediza como el Euripo de las acciones y fondos públicos... Cuidamos mucho de no relegar la religión como si fuera cosa que avergonzase a quien la ostenta, al fondo de oscuras municipalidades o de rústicas aldeas. Queremos que en la corte y en el Parlamento ostente el honor de su frente mitrada, queremos encontrarla a nuestro lado en todos los pasos de la vida... Cuando la nación ha declarado una vez que los bienes de la Iglesia son propiedad de ella, no puede entrar en examen ni en discusión sobre el más o el menos, so pena de minar los cimientos de toda propiedad. Aunque no fuera verdad, como lo es que la mayor parte de los tesoros de la Iglesia se emplea en obras de caridad, el uso que se hace de las riquezas no es capaz de influir sobre los títulos de su posesión. ¿Por qué han de ser más sagrados los bienes del duque de La-Rochefoucault que los del cardenal de La-Rochefoucault? Ni por sueños hemos imaginado jamás en Inglaterra que tuviesen los parlamentos autoridad para violar la propiedad y destruir la prescripción... Nunca será mejor empleada y santificada una parte de la riqueza pública que en fomentar el lujo y la esplendidez de culto, que es el ornamento público, el consuelo público, la fuente de la esperanza pública... Entre nosotros no da pena el ver a un arzobispo tener lugar preferente a un duque, ni a un obispo de Durham o de Winchester gozar 10.000 libras esterlinas anuales, ni se alcanza por qué esta renta ha de estar peor empleada en sus manos que en las de un conde o un gentleman, aunque no tenga el obispo tantos perros ni caballos, ni gaste con ellos el dinero destinado a los hijos del pueblo.»

Estas maravillosas palabras de Burke son el tema que Inguanzo ha glosado en sus quince cartas, donde tampoco dejó de contestar a los reparos económicos. Detenida la amortización en todo el siglo XVIII, empobrecidas nuestras iglesias después de la guerra de la Independencia, ni los bienes del clero llegaban, con mucho, a la cantidad que se decía, ni era exacto tampoco que los legos cultivasen y administrasen su propiedad mucho mejor que los eclesiásticos. El atraso y las ruinas agrícolas eran comunes a unos y a otros, y común también la miseria. Los 500 millones a que elevaba la cifra total de las propiedades de entrambos cleros Álvarez-Guerra en su famoso proyecto rentístico de 1812, eran cuentas galanas, aun prescindiendo de lo que se llevaba la Real Hacienda por tercias, excusado, noveno, anatas, subsidios, expolios y vacantes y de las pensiones sobre mitras. Ni siquiera 180 millones llegaban al clero, según los cálculos de Inguanzo.

Tampoco salió bien parada de sus manos la erudición jurídica del famoso *Tratado de la regalía*, donde están interpretados de tan arbitraria manera y sin distinción cronológica ni histórica los antiguos monumentos legales. Así, v. gr., la que Campomanes llama anacrónicamente pragmática de don Jaime el Conquistador, de 1226, ni es tal pragmática, ni de tal año, ni puede contarse por ley de amortización, ni viene a ser otra cosa que una disposición del fuero de Mallorca prohibiendo enajenar a seglares y laicos, *militibus et sanctis*, las tierras de la Corona adquiridas por conquista. Verdad es que Campomanes sabía tan poco de estas cosas, que retrasaba hasta 1250 la formación del fuero de Valencia, que se reformó, pero no se redactó en esa fecha, puesto que regía ya desde 1239, inmediatamente después de la conquista. ¿Y quién tolerará a Campomanes, hablando de los concilios de Toledo entender ingenuos por nobles, y siervos por pecheros, todo para deducir que los clérigos eran tributarios, como si el estado social de las clases fuera en el siglo VII idéntico al que pudieron tener cuatro o cinco siglos más tarde, y como si los siervos, bajo el reinado de Recesvinto, ora fuesen *ex familia fisci*, ora *ex Ecclesiae*, dejasen de ser verdaderos esclavos, muy distintos de los pecheros, que contribuían al fisco con el canon llamado frumentario? ¡Como si nada de esto se opusiera a los clarísimos textos de los concilios toledanos 2.º, 3.º, 4.º, 6.º, y 9.º, del llerdense y del Narbonense, todos los cuales hablan de las posesiones de predios y bienes muebles e inmuebles de la Iglesia, y no como de derecho y concesión nueva, sino como de antigua e inalterada observancia!

Aun es más aviesa la interpretación que Campomanes da a los cuadernos de leyes de la Edad media. Mucho citar las Cortes de Nájera, como si tuviéramos texto de ellas distinto del *Fuero Viejo* y como si éste consignara ley alguna especial contra manos muertas, y no una prohibición general de enajenar los *heredamientos del rey*, o bienes de realengo, a *fijosdalgo nin a monasterios*. Prohibición correlativa a la que en 1315 hicieron las Cortes de Burgos para que los hijosdalgo no comprasen casas ni heredamientos de iglesias, prelados o monasterios y para que se anulase toda venta hecha contra los privilegios concedidos a los reyes por los abades. Lo que se quería evitar a todo trance era que el realengo pasara a abadengo ni a señorío. Sino que Campomanes, en vez de hacer la historia de una forma de la propiedad en España, hizo un alegato, y, preocupado con el interés del momento, ni deslindó épocas ni vio en todas partes más que manos muertas perseguidas por la imaginaria regalía. ¡Error crasísimo medir el siglo XIII con los criterios del XVIII! Los mismos reyes que por interés de propietario se oponían a que sus patrimonios pasasen a abadengo, autorizaban a los hijosdalgo para vender a las órdenes y a los abades todo lo que tuviesen en behetrías y fuese suyo y no realengo, como lo prueba la misma famosa ley del Estilo, citada por Campomanes, con no ser tal ley, sino apuntamiento de algún curioso, el cual explica, a mayor abundamiento, que realengo tan solamente son los celleros de los reyes. Guardar cada cual su tierra y su privilegio, ora del rey, ora de señor, ora de abad, ora de concejo, y evitar que los términos de un señorío se confundiesen con los de otro: no hubo más idea legislativa en el caos municipal de la Edad media. Cuando don Alfonso el Sabio intenta, con un bizarro, aunque prematuro esfuerzo, reducirla a unidad doctrinal y didáctica, estampa con una sola cláusula preventiva, en el título 6, ley 55 de la partida primera, «que puede dar cada uno de lo suyo a la Iglesia cuanto quisiese». Nada dijeron las «Partidas» de la ley de amortización, confiesa con lágrimas de sentimiento el docto y apasionado Martínez Marina.

Todo esto y mucho más hizo notar el cardenal Inguanzo; pero ¿qué valen los razonamientos ni erudiciones contra el tenacísimo interés, verdugo estrangulador de la conciencia? Lo que por falta de tiempo no pudieron más que anunciar los liberales de 1823, llevólo a cabo en 1835, como remedio supremo en una guerra civil, un hombre nada teórico, profano en todos los sistemas economistas, agente de casas de comercio en otro tiempo, contratista de provisiones del ejército después, agente poderoso del emperador don Pedro en la empresa de Portugal, para la cual arbitró recursos con increíble presteza; más conocedor del juego de la Bolsa que de los libros de Adam Smith, empírico y arbitrista, sin ideas ni sentido moral, aunque privadamente honrado e íntegro, según dicen; hombre, finalmente, que en las situaciones más apuradas lograba descollar e imponer su voluntad diciéndose poseedor de maravillosos secretos rentísticos para conjurar la tormenta. En otro país y en otro tiempo hubiera pasado por un charlatán; en España, y durante la guerra civil, pareció un ministro de Hacienda llovido del mismo cielo.

Comenzó prometiendo, en un programa de 14 de septiembre, «crear y fundar el crédito público y acabar la guerra sin otros recursos que los nacionales y sin gravar en un maravedí la Deuda pública». Pero ¿dónde hallar la maravillosa panacea, cuando no había cosa más desacreditada y exhausta que el Tesoro español? Mendizábal se reservó por entonces el secreto de su maravilloso específico. Solo de vez en cuando avivaba la expectación pública con los más pomposos ofrecimientos. «El ministro de Hacienda —así decía la *Gaceta*— tiene, por decirlo así, en su faltriquera las compañías y los capitales necesarios para abrir las comunicaciones interiores, de que tanta falta hay en nuestro suelo para promover todos los ramos de la riqueza pública, para hacer útil y productiva al Estado la administración de bienes nacionales; en fin, para elevar la nación española al grado de prosperidad y riqueza que le es debido.»

Abiertas las nuevas Cortes el 16 de noviembre de 1835, tornó a prometer la reina gobernadora por boca de Mendizábal que, sin nuevos empréstitos ni aumento de contribuciones, se arbitrarían recursos, no solo para terminar la guerra, «sino también para mejorar la suerte de todos los acreedores del Tesoro, así nacionales como extranjeros, y fundar sobre bases sólidas el crédito público».

Muchos recordaron, sin querer, el sistema rentístico de Law; otros, los más, viendo la bancarrota inminente si de algún modo no se salía del atolladero aunque fuese por un día, se echaron en manos de aquel improvisado curandero, de cuya boca fluían millones, y le otorgaron en 23 de diciembre un amplísimo voto de confianza, con el cual Mendizábal se comprometió a salvar la Hacienda sin empréstitos, ni aumentos de contribuciones, ni venta de fincas del Estado, ni de bienes propios.

Muy ciego o muy torpe había de ser quien no acertase con el secreto o, como decía Mendizábal, con el *sistema*. Así y todo, tanteó antes otros medios: vendió en Londres a bajo precio títulos de la Deuda y otros valores españoles, proyectó un tratado de comercio con Inglaterra, llamó a las puertas de varios banqueros; todo en vano. Solo entonces se decidió a quemar las naves y echó al mercado los bienes de la Iglesia.

La revolución se había encargado de allanarle el camino quemando los conventos y degollando a sus moradores. Mendizábal cerró los monasterios y casas religiosas que aun quedaban en pie y nombró una junta de demolición, presidida por el conde de Las Navas, para que los fuese echando abajo y convirtiéndolos en cuarteles. Tras estos preliminares vino el decreto de 19 de febrero de 1836, poniendo en venta todos los bienes raíces que hubiesen pertenecido a comunidades religiosas o que por cualquier otro concepto se adjudicasen a la nación. «No se trata de una especulación mercantil —decía en el preámbulo—, ni de una operación de crédito, sino de traer a España la animación, la vida y la ventura, de completar su restauración política, de crear una copiosa familia de propietarios cuyos goces y existencia se apoyen principalmente en el triunfo completo de las actuales instituciones.»

Complemento de este decreto fueron los de 5 y 9 de marzo, que suprimieron definitivamente todos los conventos de frailes, redujeron el número de los de monjas, señalaron una cortísima pensión, de 3 y 5 reales, a los exclaustrados y fijaron condiciones para el pago y la redención de los censos. Cuatro años se otorgaban para redimir toda imposición, y seis para el pago de la finca en dinero constante, u ocho si el pago se hacía en papel de la Deuda consolidada por todo su valor nominal.

Ya queda dicho que la venta no fue tal, sino conjunto de lesiones enormísimas e inmenso desbarate,[15] en que, si perdió la Iglesia, nada ganó el Estado, viniendo a quedar los únicos gananciosos en último término no los agricultores y propietarios españoles, sino una turba aventurera de agiotistas y jugadores de Bolsa, que, sin la caridad de los antiguos dueños, y atentos solo a esquilmar la tierra invadida, en nada remediaron la despoblación, la incultura y la miseria de los colonos; antes, andando los tiempos, llegaron a suscitar en las dehesas extremeñas y en los campos andaluces el terrible espectro de lo que llaman cuestión social, no conocido antes, ni aun de lejos y por vislumbres, en España. ¡Como si todas las cuestiones sociales y todas las filosofías de la miseria no naciesen siempre de sustituir el fecundo aliento de la caridad con los bajos impulsos del egoísmo! Dicen, y parece evidente, que la propiedad subdividida se cultiva mejor y rinde más fruto que la propiedad acumulada. Pero como la desamortización no se hizo ciertamente en beneficio de los pequeños propietarios, ni fue en sustancia más que un traspaso, no alcanzo yo, profano en los misterios de la economía política, qué escondida virtud ha de tener sobre la propiedad de los frailes, para influir más que ella en la riqueza y prosperidad

---

15 Como ejemplo memorable y curioso de la buena fe con que se procedió en las incautaciones, véase en el segundo tomo del *Aparato bibliográfico para la Historia de Extremadura*, de don Vicente Barrantes (página 264 a 291), el relato, largo y tendido, de la famosa causa de dilapidaciones y ocultaciones de bienes y alhajas del monasterio de Guadalupe, comenzada en 17 de octubre de 1835, y que con general edificación pasó al dominio público en varios folletos del subdelegado de rentas de Trujillo, don José García de Atocha, y del padre Rosado de Belalcázar, mayordomo mayor del extinguido monasterio. Hasta 1.703 cabezas de ganado desaparecieron de un golpe entre las uñas de la *libertad*, empleándose unas veintiuna arrobas de aceite en alumbrar a los comisionados en sus trabajos patrióticos. En cuanto al joyel de la Virgen, o tesoro de las alhajas, se extravió todo, y hasta la fecha no ha aparecido. *Ub uno disce omnes.*

del Estado, la propiedad acumulada en manos de algún banquero discípulo de Guzmán de Alfarache, a quien hayan enriquecido el contrabando, la estafa, la trata de negros o cualquier otra abominación de las que el mundo moderno no solo mira con ojos indulgentes, sino que premia y galardona. La Iglesia, sin duda por no haber cursado en las cátedras de los economistas, sacaría poca sustancia de sus propiedades; pero eso poco venía a tesaurizarlo la mano del pobre, como dijo san Crisologo.

Y, aunque la desamortización hubiera traído al común de las gentes todo linaje de felicidades y montes de oro, siempre sería, y es, medio inicuo y reprobable que, a la larga, había de producir sus naturales frutos; porque nunca fue de estadistas prudentes poner en tela de juicio, cuanto más anular, los títulos de ninguna clase de propiedad, siendo la propiedad de tan frágil y quebradiza materia, que el más leve impulso la rompe sin que necesiten los proletarios grandes esfuerzos de lógica para convencerse de que bien pueden, sin escrúpulo de conciencia, despojar a su vez a los despojadores de la Iglesia. ¡Como si hubiera en el mundo títulos de propiedad de más alto origen, de más remota vetustez y más fuertemente amurallados que aquellos que protegía la sombra del santuario, que amparaban a una la ley canónica y la civil y que la caridad tomaba en aceptos y benditos a los ojos de la muchedumbre! ¿Qué propiedad colectiva será respetable si ésta no lo es? ¿Ni qué propiedad privada pudo tenerse por segura el día que el Gobierno llevó a mano incautadora a los bienes dotales de las esposas de Jesucristo?

Entre los escritos que entonces se publicaron en pro o en contra de aquella desoladora medida, solo uno ha merecido vivir, y vive. Con él se estrenó un joven presbítero catalán, entonces oscuro, y que a los pocos años logró en España, y aun del otro lado de los montes, notoriedad tan alta y duradera como no la ha conseguido ningún otro pensador español de esta centuria. El presbítero era don Jaime Balmes; su primer opúsculo, estampado en Vich en 1840, titúlase *Observaciones sociales, políticas y económicas sobre los bienes del clero.*[16] Nada escribió más incorrecto; nada tampoco más espontáneo, y pocas cosas más profundas. El efecto fue maravilloso. Sonaron a nuevas aquellas palabras sosegadas y solemnes, cuando por todas partes prevalecían los gritos de devastación y matanza. Asombráronse los españoles de ver que aun nacía

---

16   Vich, imprenta De I. Valls (1840). 8.º, 110 páginas.

un compatriota suyo con alientos bastantes para contemplar, desde la serena atmósfera de lo general y especulativo, el conflicto de los intereses y pasiones mundanas. Y como si de pronto cayese la espesa venda que cubría los ojos de muchos, vieron admirados que en el fondo de aquella cuestión de los bienes de la Iglesia había algo más que avaricia de clérigos y glotonería de frailes holgazanes, y usurpaciones de Roma, y regalos cardenalicios, y falsas decretales, y todo el cúmulo de chistes de sacristía acumulados por la suficientísima ignorancia del siglo anterior. Balmes, sin manchar las alas de su espíritu en tales lodazales; sin entrar en la tesis canónica, ya bien establecida y probada en España misma por Inguanzo y otros; sin hacer hincapié tampoco en las circunstancias sociales del momento, llevó de un golpe a sus lectores a contemplar en un cuadro histórico, trazado con sin igual brío y fuerza sintética desusada en España, el estado del mundo romano en los días en que comenzó a tomar forma estable la propiedad de la Iglesia, y los beneficios inenarrables que a su acumulación debieron las sociedades bárbaras, y por qué ley histórica, esencial, fecunda, necesaria, refluyó hinchado y abundoso el raudal de la propiedad a la única congregación pacífica, estable, caritativa y bienhechora, a la que domeñó la ferocidad de los hijos de la niebla, y los redujo a cultura y policía, a la que consagró con la cruz la cuna de las nuevas monarquías, y paró la tea y la segur en las manos de los bárbaros, y convirtió las hordas carniceras del Septentrión en germen prolífico de civilizados imperios; a la que roturó las selvas, y desecó los pantanos, y exterminó las alimañas del bosque, y dio al peregrino el pan del hospedaje, y a la juventud el pan de la ciencia, sin que un momento, ni aun bajo el imperio del hierro germánico, consintiera romperse la maravillosa cadena de oro, que, arrancando del mundo pagano, y acrecentada cada día dentro de la Iglesia con nuevos eslabones, hace que hoy la ciencia de Platón y Aristóteles sea sustancialmente nuestra misma ciencia moderna. La propiedad va siempre por el cauce que le abren de consuno las ideas y las necesidades sociales. La propiedad no se amortiza ni se desamortiza, ni se acumula ni se divide, porque la avaricia de los monjes y el fanatismo de los pueblos se empeñen en ello, sino por otra razón de mucho más alcance. Cuando en toda Europa y por siglos y siglos, lo mismo bajo las anarquías feudales que bajo las monarquías absolutas, se han empeñado las gentes en santificar el terruño haciéndole propiedad de la Iglesia, ha sido porque la Iglesia los educaba, protegía y regeneraba, los emancipaba de tiranías y servidumbres, los levantaba a la condición de hombres libres, les ofrecía un dechado de gobierno perfectísimo, en contraste con la barbarie reinante; hermoseaba la vida de ellos con los místicos esplendores y las simbólicas pompas del culto; era tutora y aun vindicadora del común derecho en nombre de la única potestad bastante a embotar el hierro, la potestad venida de lo alto; en suma, porque la Iglesia era el elemento social más poderoso, más benéfico y más amado, centro de luz, de sabiduría y de orden en medio de una caliginosidad espantosa. La riqueza afluía fatalmente a ella, y de ella volvía, como en círculo, a beneficiar a las muchedumbres derramada en innumerables canales civilizadores.

La erudición histórica de Balmes no era grande; quizá no pasaba en aquella fecha de lo que había leído en Thierry y en Guizot, pero esto le bastaba para penetrar en el corazón de las sociedades bárbaras y adivinar la eficacia bendita del poder moderador de la Iglesia en aquellos siglos. Y su clarísima razón decía además a nuestro apologista que solo la propiedad hace estable e independiente a una institución, y no la propiedad fluctuante y vaga, sino la que se arraiga y fortifica con el contacto de la tierra. Por algo la Reforma vinculó su triunfo en los bienes y barones. Por algo todas las revoluciones han procurado crear una legión de propietarios a su servicio. Nunca el mal pensar llega muy adelante si el mal obrar no camina a su lado. *E corde exeunt cogitationes malae.*[17]

III. Constituyentes del 37. Proyectos de arreglo del clero. Abolición del diezmo. Disensiones con Roma. Estado de la Iglesia de España; obispos desterrados; gobernadores eclesiásticos intrusos

Mientras *El nigromante*, como los zumbones de entonces llamaban a Mendizábal por el largo misterio en que había envuelto sus planes salvadores, azuzaba a los arbitristas y rematantes para que en breve diesen patrióticamente cuenta de la riqueza eclesiástica bajo la paternal inspección de los milicianos nacionales, que, en unión con otros aficionados, provistos de garrotes y porras, vigilaban las salas de ventas para ahuyentar del remate a todo el que no hubiese dado muestras de liberal muy probado, continuaba dominando en las provincias cercanas al

---

17 Don Pedro José Pidal fue el primero que llamó la atención sobre este escrito de Balmes y sobre la persona del autor en un artículo de la antigua *Revista de Madrid*.

teatro de la guerra el más anárquico y soberano desbarajuste, acompañado de fusilamientos en masa, asaltos de cárceles, degüellos de prisioneros por centenares, extrañamientos y confiscaciones, con que las llamadas Juntas de represalias, hijas nada indignas de los comités de salvación pública de la revolución del 93, parecían haberse propuesto diezmar el clero secular después de haber acabado con el regular. El ministro de Gracia y Justicia, don Álvaro Gómez Becerra, doceañista furibundo, sancionaba todas estas medidas dictatoriales, y más de la mitad de las iglesias de España iban quedando huérfanas de sus prelados. Desde el principio de la guerra faltaba el de León, don Joaquín Abarca. Pronto le siguieron al destierro el arzobispo de Zaragoza, don Bernardo Francés Caballero, y el obispo de Urgel, fray Simón Guardiola. El arzobispo de Tarragona, don Antonio Fernando de Echánove y Zaldívar, había hecho entender al Gobierno en junio de 1838 que su vida estaba continuamente amagada, y por salvarla se había amparado a bordo de una corbeta inglesa, que hizo rumbo a Menorca, y de allí a Italia. La respuesta del Gobierno fue embargarle sus temporalidades, lo mismo que al obispo de Tortosa don Víctor Sáez, a quien antes, con frívolos pretextos, se había hecho venir a Madrid para vigilar su conducta más de cerca. El arzobispo de Sevilla fue confinado a Alicante; el de Jaén, a Cartagena, separados entrambos del gobierno de sus iglesias, lo mismo que los obispos de Pamplona, Orihuela, Plasencia y Mondoñedo. Los de Badajoz, Santander y Mallorca yacían bajo la áspera vigilancia de las autoridades locales, mientras que el gobierno de sus diócesis andaba en manos de eclesiásticos adictos al Gobierno de Su Majestad. El Tribunal Supremo había encausado a los obispos de Palencia, Pamplona y Menorca por oponerse a la exacción del indulto cuadragesimal que se distribuía por cuenta del Gobierno. Para reducir gradualmente el personal del clero, como cínicamente se confesaba en los preámbulos, habíanse prohibido nuevas ordenaciones por decretos, de 11 de octubre de 1835 y 10 de octubre de 1836. Crecía la plaga de los gobernadores eclesiásticos intrusos, de probada adhesión a las instituciones y al trono, sostenedores de los derechos e intereses del pueblo. Todo anunciaba para la Iglesia española una nueva era de tribulación y martirio, no vista desde los tiempos del metropolitano Recafredo.

Bajo tales auspicios abrieron las Cortes de 1836. El estamento de próceres, en que los conservadores llevaban mayoría, solicitó la suspensión de los decretos sobre bienes nacionales. El mismo estamento de procuradores, más exaltadamente revolucionario que nunca, pidió a Mendizábal cuentas del uso que había hecho del voto de confianza y llamó a examen sus proyectos financieros. Quizá les parecía ya poco revolucionario; lo cierto es que no detuvieron su caída, consumada en 14 de mayo. El Ministerio moderado, digámoslo así, que le sucedió, de Istúriz, Galiano y el duque de Rivas, mantuvo en todo su vigor los decretos desamortizadores y disolvió las Cortes; pero aun así luchó en vano con la anarquía de las juntas provinciales, que ensangrentaban las calles de Barcelona y de Málaga, y sucumbió sin gloria ante el sargento García y los amotinados de La Granja.

Triunfante la revolución en toda línea y restablecida interinamente la *Constitución de Cádiz*, tornó al Poder Mendizábal, en unión de algunos viejos doceañistas (Calatrava, Gil de la Cuadra, Ferrer) y del entonces famoso orador don Joaquín María López, joven abogado alicantino, que representaba en la tribuna el romanticismo sentimental y palabrero. Se convocaron Cortes extraordinarias y constituyentes, y mientras se reunían, gobernóse militar y dictatorialmente con una ley de sospechoso, digna de cualquier tiranuelo americano; con empréstitos forzosos repartidos *ad libitum* y con la enajenación de lo poco que quedaba de los bienes de los conventos: alhajas, ornamentos, preseas, libros, cuadros y hasta las campanas. Una horda de bárbaros penetrando en una ciudad sitiada no hubieran hecho en menos tiempo mayor estrago. ¡Gran día para esos bibliófilos y arqueólogos cosmopolitas, capaces de vender al extranjero hasta las tapas de los libros de coro y hasta los clavos de las puertas de las iglesias de su patria! Cuando se escriban, y, si Dios quiere, se escribirán en libro aparte, las hazañas del vandalismo revolucionario, ha de asombrar a los venideros la infinita misericordia de Dios, que ha permitido que aún queden en España algún códice, alguna tabla o algún lienzo, en vez de pasarlo todo a mejores manos en justa pena de nuestra grosería, ignorancia y salvajismo. Cuando uno recuerda, v. gr., que el edificio de la Universidad de Alcalá fue vendido por 3.000 duros en papel, no puede menos de recordar involuntariamente a aquellos indios de la conquista, que trocaban sus perlas y su oro por cortezuelas de vidrio.

Las elecciones se hicieron revolucionariamente, llevando a las Cortes una mayoría de hombres nuevos y exaltadísimos, mal avenidos con la lentitud de procedimientos de los antiguos liberales y empeñados en remover la organización social desde el fondo a la superficie. Ante ellos compareció el Ministerio en 24 de octubre de 1836 a dar cuenta de su administración. Las memorias ministeriales parecían peroraciones de club. La de Gracia y Justicia era una filípica contra Roma y los frailes. «La fuerza de la civilización —decía el ministro Landero— rechaza a los regulares. La sociedad civil les debe la corrupción de las buenas doctrinas, la interrupción de saludables tradiciones y la propagación de errores groseros y de prácticas estériles pagadas con la sustancia del pueblo. Afortunadamente, no faltan en la Iglesia española varones eminentes, conservadores de la buena disciplina de la Iglesia primitiva. El Gobierno debe utilizar este elemento de reforma. La religión será así en la sociedad lo que debe ser, la garantía de la moral pública.»

Lo que aquellas Cortes desbarraron en materia eclesiástica, no puede fácilmente reducirse a pocas páginas. No era ya regalismo, ni jansenismo, ni cisma, ni herejía, ni nada que supiera a doctrina, sino puro y simple fanatismo y profunda y vergonzosa ignorancia de los más triviales rudimentos, no ya teológicos ni canónicos, sino de doctrina cristiana. Cuatro o cinco clérigos liberales, a quienes oían con estupor los legos restantes, asombrados de tanta profundidad dogmática, amenizaban todas las sesiones con catilinarias destempladas, ya contra el papa, ya contra los obispos, ya contra los frailes, ya contra todo ello revuelto y junto. «El actual Pontífice —exclamaba un señor Venegas— tiene esclavizada la Iglesia de España... Restablézcanse los concilios toledanos... La nación española jamás fue de san Pedro, ni había conocido a los pontífices romanos hasta el siglo XII. Yo no quiero tener ningún privilegio ni fuero eclesiástico... Que se dé educación liberal al clero... Yo soy católico; pero, si supiera que la religión era perjudicial al Estado, ahora mismo la abjuraba públicamente. Estoy dispuesto, si la salud de mi patria lo requiere, a reducirme a la comunión laica y, sin desempeñar ministerio alguno eclesiástico, irme a mi casa a ser un labrador, que es la ocupación más natural del hombre. Me glorío de ser ciudadano y no clérigo.»

El dictamen de la Comisión de Negocios Eclesiásticos, que proponía aplicar al Erario las temporalidades de los obispos extrañados, dio pretexto a una verdadera puja de anticlericalismo tabernario. González Alonso reclamó la observancia de los cánones de la primitiva Iglesia, legislación ciertamente cómoda y práctica, y añadió: «Diga lo que quiera Roma, yo le contestaré: no, no somos cismáticos; te reconocemos de esta y de esta manera; pero, si no quieres así, el Gobierno de España y la nación entera obrarán como les corresponde dentro de los límites de su soberanía». «El despotismo dura en la Iglesia hace ochocientos años —dijo Martínez de Velasco—, pero el Estado tiene autoridad ilimitada para reformar la disciplina. A la corte de Roma es menester combatirla de frente, es menester tratarla como a un león, como a una bestia feroz, o adularla o cortarle la cabeza.» «El mejor correctivo para la corte romana es no hacerle caso —le interrumpió con modos furibundos el señor Sancho, progresista de los legos—; las materias religiosas es menester mirarlas con alguna mayor indiferencia que hasta ahora.»

Pero a todos llevó la palma en aquel guirigay frenético el clérigo hebraizante García Blanco, diputado por Sevilla. A quien, como yo, tuvo la honra de contarse en algún modo entre sus discípulos de hebreo y de recibir de sus manos la investidura doctoral, no ha de serle grato amargar su cansada vejez con el recuerdo de los desvaríos políticos de sus mocedades; pero la justicia histórica exige imperiosamente hacer memoria de él como tipo acabadísimo del clérigo progresista de 1837, revolucionarlo de sacristía no comprendido por los revolucionarios de barricada. Suya fue aquella proposición, inverosímil en los fastos parlamentarios, para que no se bautizase a los niños con agua fría, sino con agua tibia. Suyo un plan de educación higiénica y moral para la reina, donde escrupulosamente se preceptuaba que ni en Palacio ni en veinte leguas a la redonda asomase ningún jesuita, porque «estos que por mal nombre llaman de la Compañía de Jesús, todo lo dejan contaminado, y donde anda esta familia, no queda la religión de Jesucristo tan pura como la dejó su autor».

«Los clérigos —dijo en otra ocasión García Blanco— somos empleados del Estado.» Y, partiendo de este luminoso principio, redactó y presentó a la aprobación de las Cortes un estupendo proyecto de arreglo civil del clero, entre cuyos artículos se contaban éstos, que, a pesar de abundar en genialidades propias y exclusivas de la índole excéntrica del autor, merecen transcribirse a la letra, porque su espíritu general era el de la fracción más avanzada del Congreso:

1.º Que no hubiese más número de eclesiásticos que los absolutamente precisos para el culto.

2.º Que su dotación se pagase por el erario público.

3.º Que se suprimiese el tribunal real apostólico del excusado, la Colecturía General y todas sus dependencias subalternas.

4.º Que la administración de sacramentos se hiciese gratuitamente.

5.º Que la división eclesiástica se conformase en un todo con la civil.

6.º Que el primado de España residiese constantemente en Madrid.

7.º Que se redujese el número de arzobispados.

8.º Que la presentación, confirmación y consagración de los obispos se hiciese conforme a los cánones del concilio XII de Toledo.

9.º Que se suprimiesen todas las colegiatas.

10.º Que en ninguna iglesia se permitiera más música que el canto llano, ni más instrumento que el órgano, y que se atajase el exceso de velas y flores contrahechas.

11.º Que no se consintieran pobres ni mesas de demanda o pepitorio a la puerta de las iglesias.

12.º Que no se tolerasen procesiones, estaciones ni rosarios por las calles.

13.º Que se trasladasen a las iglesias las cruces o imágenes sitas en las plazas, calles y portales.

14.º Que no hubiera en adelante más que una hermandad, asociación o cofradía en cada parroquia, debiendo ser su instituto promover un culto verdadero, puro y exento de superstición.

15.º Que se declarase abolida la inmunidad eclesiástica.

Propuso, además, García Blanco, en unión con don Fermín Caballero y otros, restablecer en todo su vigor el decreto de 15 de abril de 1821, que prohibía toda prestación de dinero a Roma. En el curso de estas discusiones llegó a decir el autor del *Diqduq hebraico* defendiendo la reducción del número de fiestas: «El pueblo no quiere ya más fiestas; la Iglesia le ha dicho que ayune y vaya a misa, y ni ha ayunado ni ha ido a misa. Nosotros, suprimiendo las fiestas, no hacemos sino sancionar lo que el pueblo ha hecho, como sucedió con el diezmo y con los frailes». «La España es un edificio viejo —añadía Venegas—, y es preciso acabar de derribarlo... Solo entonces tendré la satisfacción de renunciar al principio disolvente. Ahora es preciso arruinar.» Y Sancho, que como militar y lego no alardeaba de canonista al modo de los otros, sino de indiferente y despreocupado, les hacía coro con éstas y otras no menos trascendentales sentencias: «El que quiera misa, que la pague;[18] el que quiera religión, que la pague... ¡Oh si todos fueran como yo!...».[19]

De la misma vulgaridad y virulencia se resintió la discusión del proyecto constitucional. Ley mucho menos abstracta e ideológica que la de 1812 y algo más restrictiva y conservadora en lo que es puramente político, vino, sin embargo, a sancionar, en términos menos expresos, la unidad religiosa, dando con esto suficientísima prueba del progreso de las ideas librecultistas en España, o más bien del triunfo del indiferentismo en el ánimo de los legisladores, que ya ni se tomaban el trabajo de disimular con máscara hipócrita su alejamiento de la Iglesia y su olvido de todo lo que del orden sobrenatural depende. Exterioridades parlamentarias podían inducir a creer que la revolución se iba haciendo más cauta, racional y mesurada y que ella misma atendía a ponerse límites y barreras; pero en el orden de las ideas puras, lejos de retroceder, iba creciendo en osadía y dilatando sus conquistas. Nada significaba el huir de las fórmulas huecas del *Contrato social* y de las metafísicas declaraciones de los derechos del hombre, ni el dividir en dos Cámaras la antigua Cámara popular, ni el otorgar al Poder ejecutivo los derechos de suspensión y disolución de la Asamblea, cuando al propio tiempo (art. 11) se sustituía la explícita y valiente profesión de fe católica, única verdadera, que de grado o por fuerza incontrastable de la opinión hicieron los legisladores de Cádiz, con un artículo desdeñoso y vergonzante en que la nación se obligaba a mantener el culto y los ministros de la religión católica que profesaban los españoles.

Esta fórmula, escogida por un señor Acevedo, pareció a Argüelles y a sus compañeros de Comisión medio habilísimo de escamotear todas las dificultades, puesto que ni se sancionaba ni se dejaba sancionar la unidad católica, ni se autorizaba ni se dejaba de autorizar el ejercicio de otros cultos, ni se cerraba la puerta a las más radicales interpretaciones, ni tenían que pasar los legisladores por el sonrojo de proclamarse católicos, cosa que ya les parecía anticuada y de mal gusto.

---

18   Es plagio de unas palabras del convencional Cambon en 1792.

19   Véase, además de los *Diarios de Cortes*, principal fuente, no hay que decirlo, para toda esta época, la *Historia política y parlamentaria de España*, de Rico y Amat (Madrid 1862, Imprenta de las Escuelas Pías), tomo 3, cap. 42 a 44.

Los más radicales no se dieron por satisfechos y pidieron una terminante declaración de tolerancia. Y viose, por caso raro en todas las asambleas del mundo, llegar más adelante que ningún otro en tal vereda al ministro de Gracia y Justicia, que, en nombre de sus compañeros de Gabinete, solicitó que el artículo se añadiese estas palabras: «Ningún español podrá ser perseguido ni inquietado por motivos de religión mientras respete las ideas católicas y no ofenda la moral pública». Más que de tolerancia, tal declaración era de libertad de cultos, puesto que no prohibía ni limitaba el ejercicio externo de ninguno, sino solo los ataques y desafueros contra la Iglesia oficial y subvencionada.

Así se lo hizo notar Argüelles, que por lo demás sostuvo la enmienda con raros contradictorios argumentos, asintiendo en lo sustancial con el ministro, pero no en la cuestión de oportunidad y prudencia: «¿Bajo qué aspecto podrán las Cortes mezclarse en declaraciones ortodoxas, exponiéndose a aparecer incompetentes, como lo han sido las del año 12, y como lo serán todas las Cortes españolas que, so color de proteger una religión que no necesita más protección que los principios que la constituyen, vengan a hablar de tolerancia libertad de cultos?... Las leyes que quieren establecer la tolerancia producen efecto opuesta, provocan las contiendas, irritan los ánimos, excitan las disputas. Tiempo vendrá en que la legislación civil y canónica se limpie de todo resabio de intolerancia. Este congreso no es ningún concilio ecuménico, y solo puede sancionar el hecho irrecusable, notorio, de la unidad de la religión católica entre los españoles. Estos la profesan hoy; lo que harán en adelante, sería vana presunción nuestra quererlo desde ahora declarar».

Una sola voz, la del señor Tarancón, luego arzobispo de Sevilla, se alzó pidiendo el restablecimiento íntegro del artículo de la Constitución del 12, «memorable código, que manifestará a los pueblos que por el nuevo sistema político, no solo no se trata de innovar cosa alguna respecto de su creencia y culto religioso, sino que se le ofrece y dispensa de hecho protección exclusiva». Derrotado en esta pretensión, pidió a lo menos que se añadiese a lo de religión católica el epíteto de romana; pero Argüelles se opuso a todo trance con la gastadísima vulgaridad de ser la religión de la curia romana cosa distinta de la religión de Jesucristo que nosotros profesamos. ¿Qué entenderían Argüelles y todos aquellos padres conscriptos que le dieron la razón, por curia romana y qué por Iglesia de Jesucristo?

A esta altura anduvo, en lo general, el debate. Los progresistas más exaltados ni aun querían que se hablase en la Constitución de tolerancia ni de intolerancia. Don Fermín Caballero hizo, con su habitual claridad de entendimiento, esta confesión preciosa: «La nación no quiere la tolerancia, ni creo que la necesite, porque la que le hace falta está ya en las costumbres». López combatió con buen éxito, pero no sin amontonar dislates históricos semejantes a los de su contrario, la absurda opinión de Argüelles, que suponía a los españoles muy tolerantes hasta fines del siglo XV, y retrasaba hasta aquella época el advenimiento de la Inquisición. Sancho reclamó absoluta libertad para la manifestación externa de todas las opiniones, de palabra o por escrito. «No hay religión del Estado —afirmó—, sino de los individuos.»

A tan terminante afirmación de librecultismo, y aun de ateísmo oficial, respondió, con buen sentido, un individuo de la Comisión llamado Esquivel: «Si entre nosotros existieran hombres de distintas religiones, yo abogaría por la tolerancia y aun por la libertad religiosa; pero, si entre nosotros reina unidad de religión, ¿a qué establecer esos principios? Yo distinguiré siempre la libertad del pensamiento de la libertad de su manifestación. La tolerancia es precursora de la libertad. Ni una ni otra se consignan en las leyes».

Pero el lauro de aquella discusión fue todo para Olózaga, cuya elocuencia rayó aquel día más alta que nunca, por lo mismo que la verdad y la justicia movían su lengua. «En el estado actual de la sociedad española —dijo—, nadie puede temer seriamente ser molestado por sus opiniones religiosas. Si tras de la tolerancia de hecho consignamos la de derecho, será solo un estímulo mayor a los que no profesan nuestra religión para que un día nos hallemos con la pluralidad de cultos, o más bien de sectas... También a mí me sedujeron en otro tiempo las ideas del siglo XVIII, y creí que era fuente de riqueza y prosperidad para un Estado lo vario de los cultos. Pero luego que salí de mi patria y vi más de cerca las diferentes sectas, llegué a entender que uno de los mayores males que afligen a otras naciones es la libertad de creencias, y me felicité de que España conservara esa unidad de opiniones, que ¡ojala no se pierda jamás!»

Tras esto, encareció en frases vehementes y brillantísimas, vivificadas por los más puros afectos de patria y de hogar, las ventajas de la unidad religiosa, su benéfico influjo social, como lazo de armonía y solidaridad en la familia, como consuelo y refugio en las tormentas de la vida. «¿No sería un mal inmenso —así terminó— que agregásemos a tantos motivos de división otro más fuerte, que mezclásemos principios religiosos a la división política que nos trabaja? Yo compadezco a los que tienen que legislar en países donde hay diversidad de creencias... Nosotros tenemos, por fortuna, una religión que, entre todas, es la más favorable a las instituciones libres. A ella debimos que no fueran tan duras las instituciones de los siglos pasados. A ella debimos cierta unidad de sentimientos, que jamás hubiéramos logrado fuera de la religión. Comparando a España con Francia e Inglaterra, acaso debemos a nuestra religión que no se haya establecido entre nosotros la aristocracia de la riqueza de una manera tan perjudicial a la razón y tan ofensiva a la humanidad como en otros países. No hay nación de Europa donde la dignidad personal esté más alta que en España, donde la pobreza sea más honrada, donde a cada cual se le estime más por lo que es y en sí mismo vale.» E, interpretando la letra del artículo constitucional con un criterio que no era ciertamente el de la mayoría de sus compañeros de Comisión, declaró que aquel artículo, «lejos de anular la unidad religiosa, estaba animado interna y ocultamente por su espíritu, siendo la concisión del texto de la ley prueba no de indiferencia, sino de respeto, a la manera que en los funerales de aquella matrona romana brillaban las efigies de Bruto y de Casio por lo mismo que estaban ausentes». *Praefulgebant effigies eorum, ex eo quod, non videbantur.*

El poder de la palabra de Olózaga subyugó al Congreso y cortó toda discusión, aprobándose el artículo por 125 votos contra 34. García Blanco, Caballero, López y Madoz fueron de los votantes en contra.

Coronaron sus tareas revolucionarias aquellas Cortes suprimiendo, tras breve y no importante discusión, en 29 de julio de 1837, toda prestación de diezmos y primicias, y sustituyéndolos con una contribución de culto y clero, que el Gobierno cobraría, reservándose el repartirla a su gusto.

Tras el despojo del clero regular, el del secular. Declarábanse propiedad de la nación todos sus bienes, predios, derechos y acciones, ora fuesen adquiridos por compra, ora por donación o de cualquier otra suerte. Juntas diocesanas habían de administrarlos e irlos vendiendo por sextas partes, salvo siempre el derecho íntegro de los partícipes legos de los diezmos, que serían convenientemente indemnizados. Del producto de estos bienes se haría un fondo para el presupuesto del clero, supliéndose lo que no alcanzara con una contribución *ad hoc.*

Decididamente, la revolución social se estaba consumando. Donoso Cortés lo afirmó entonces en un célebre folleto. Pero no impunemente se siembra tempestades, y mientras la Asamblea proseguía elaborando con fanática efervescencia sus interminables leyes de despojo, aplicando al Tesoro público para gastos de guerra las alhajas de oro y plata, joyas y pedrería de catedrales, colegiatas, parroquias, santuarios, conventos, hermandades, cofradías y obras de caridad, y discutiendo absurdos proyectos de arreglo del clero, en que cismáticamente, y *auctoritate propria*, suprimían dieciocho obispados y ciento veinte colegiatas, lo cual Venegas llamaba arrancar la maleza, empezaban a sonar fuera las vociferaciones de otros energúmenos, que, hartos ya de matar curas y deseosos de más profano y sustancioso alimento, comenzaban a gritar desde Barcelona en himnos, proclamas y periódicos desaforados: «Muerte a los tiranos, abajo los tronos, república universal... ¿Sabéis quién son nuestros enemigos? Los aristócratas, esos que no quieren nivelarse con nosotros, que viven de nuestro sudor y que tienen derecho a ultrajarnos... A las armas...; derribemos sus derechos, derribemos sus cabezas, y con su sangre rejuvenecerá España». Foco de estos delirios socialistas, que comenzaban a fermentar en las fábricas, y que ya habían impreso muy singular carácter nivelador y terrorista a los motines de Barcelona y Reus desde 1835 en adelante, eran varias sociedades más o menos secretas, pero todas internacionales y dependientes de las francesas, y todas de puñal y gorro frigio, cuya existencia denunció a las Cortes el ministro Calatrava en 1837. Tales eran los hermanos de la bella unión, los defensores de los derechos del hombre, los vengadores de Alibeau (regicida francés que quiso matar a Luis Felipe) y, finalmente, los carbonarios y la Joven España, primitivos antros del republicanismo español. ¡Justicias de Dios! Los tiranos, los aristócratas, cuyo exterminio se pedía, ¿quiénes eran sino los progresistas de antaño, los expoliadores de los conventos, los degolladores de los frailes?

La inepcia del Gobierno, por una parte, el desenfreno de los clubs y del periodismo, por otra, y, finalmente, el general cansancio, el hambre de paz, de orden y de justicia, diéselos quien los diese, provocó una reacción, dio nueva fuerza al partido moderado, que entró a gobernar con refresco de hombres nuevos (Mon, Castro y Orozco, etc.), bajo la presidencia del viejo diplomático conde de Ofalia.

En las Cortes del 38 comenzaron a brillar los futuros leaders de aquel partido: Donoso, Pidal, Pacheco, Arrazola, Bravo Murillo.

El espíritu de aquel Congreso era ya muy otro que el de los anteriores. Tuvo, sí, la eterna flaqueza doctrinaria, la de respetar los hechos consumados, la de no suspender la venta de los bienes de la Iglesia, la de no restablecer el diezmo, aunque aplicaron la mayor parte de él a la dotación de culto y clero y al pago de las pensiones de los exclaustrados. Pero a lo menos fue reconocida la iniquidad del hecho, y hasta los más ardorosos liberales de otros tiempos encontraron palabras elocuentes para condenar y execrar la desamortización. Sintió conmovida su alma de poeta español el duque de Rivas ante el relato de la miseria y de los martirios de las pobres monjas, y estalló su indignación en palabras tan generosas, valientes y francas, que lindan a veces con la elocuencia. Dios le habrá tomado en cuenta tan buena acción, aunque los hombres aplaudan solo sus méritos literarios. Él fue de los primeros (no sé si el primero) que en un congreso español se atrevió a calificar de procedimiento bárbaro, atroz, cruel, antieconómico y antipolítico el de la expoliación de los bienes de las religiosas. «Todos sabemos —dijo— que la mayor parte de esos bienes eran producto de sus dotes, eran su propio capital. Haberlas despojado de éste, ¿no es un robo?... Y este atentado, ¿cómo se ejecutó? ¿En virtud de una ley? No: de la transgresión de una ley abusando de un voto de confianza. ¿Y todo para qué? Para que se enriquezcan una docena de especuladores que viven de la miseria pública...; para que los comisionados de amortización hayan fundado en poco tiempo fortunas colosales, que contrastan con la miseria de las provincias. Han desaparecido los conventos, se han malvendido sus bienes, se han robado sus alhajas y preseas, y ¿se ha mejorado en algo la suerte de los pueblos? No; los conventos han desaparecido; y ¿qué ha que, dado en pos de eso? Escombros, lodo, lágrimas, abatimiento.»

En defensa del diezmo habló razonada y profundamente en la sesión de 28 de mayo de 1838 don Pedro José Pidal, diputado por Asturias, carácter varonil y entero, *mens sana in corpore sano*, el hombre más docto en nuestra legislación e historia que poseía el partido moderado. Para él, la cuestión no solo era económica, sino política y religiosa, y así la examinó bajo los tres aspectos. Primer error económico de los contrarios, considerar el diezmo como una contribución, cuando solo era un gravamen, un censo que pesaba sobre los actuales poseedores de la tierra, y que en cierta manera modificaba su propiedad, puesto que ya la adquirieron con esta carga y descontando su valor de importe total. El capital cuyos réditos constituyen el diezmo no pertenece, pues, al dueño actual de la tierra, sino a la Iglesia y a los partícipes legos. Abolir la prestación decimal es renunciar de un golpe al capital y a los réditos del pueblo, y no ciertamente en beneficio del pueblo, sino de los grandes propietarios. Y, además, ¿con qué derecho un Estado, oprimido por una deuda tan inmensa como la que pesa sobre la nación española, puede disponer gratuitamente de sus bienes, en fraude y perjuicio de sus Acreedores? El mismo Mendizábal, en la memoria que presentó a las pasadas Cortes de 1837 para preparar la abolición del diezmo, confesaba que este inmenso donativo solo vendría a favorecer a los propietarios territoriales, por lo cual proponía que en cierto número de años no pudiesen subir el precio de los arriendos o contribuyesen al Estado con las dos terceras partes del aumento. Y las cargas afectadas al diezmo, ¿quién las pagará sino las demás clases del Estado, vejadas con una contribución enorme en obsequio a los dueños de tierras? «En suma —dijo Pidal—, la abolición del diezmo, lejos de ser una medida popular, es una medida de tendencias aristocráticas.» ¿Y será posible sustituirle otra contribución? Por muy difícil lo tendrá quien considere la dificultad de idear un impuesto que pese con igualdad sobre todas las riquezas y que no ahogue enteramente algunos de sus ramos, quien se haga cargo del desnivel y trastorno que la supresión del diezmo ha de causar en todo nuestro sistema económico, cimentado casi enteramente sobre la base de aquella prestación durante muchos siglos; quien considere que, aligerando la propiedad territorial de la carga casi única que sobre ella pesa, dejándose como se dejan subsistentes las que gravitan sobre los demás ramos de riqueza, sería absolutamente indispensable que la mayor parte de la contribución sustituida volviese a recaer sobre la agricultura en forma más perjudicial, más gravosa y, como nueva, más expuesta a desventajas e inconvenientes.

Y añadió con enérgica sensatez: «El partido liberal en España lleva consigo la nota de ser menos afecto al principio religioso, y debemos hacer que desaparezca esa opinión, que ha sido ya y aún puede ser muy funesta... El clero, si ha de ser lo que debe ser y lo que yo desearía que fuese, es necesario que tenga asegurada e independiente su decorosa subsistencia... Un clero abatido y dependiente será despreciado, y el desprecio de la clase recaerá sobre las doctrinas que debe difundir y propagar... No obliguemos a sus individuos a mendigar de oficio en oficina su sustento y a arrastrarse por las tesorerías». Y, al terminar su discurso Pidal, tan acusado de centralizador siempre, volvía con amor los ojos a aquella mutua independencia del clero, de la nobleza y de los concejos, principal garantía de la libertad pública en la Edad media. Los progresistas, por boca de Madoz, Olózaga y Luján, calificaron de anárquico y demagógico su discurso; muchos moderados le encontraron excesivamente ultramontano. Fue el mayor triunfo de aquella legislatura. ¡Lástima que Pidal se empeñase en sostener con tanto calor, no curado aún de las influencias de Sempere y otros regalistas del siglo XVIII, que los diezmos habían sido en su origen exclusivamente laicales! Contra Olózaga probó muy bien que el diezmo en Inglaterra era esencialmente idéntico al de España y mucho más gravoso que él.[20]

La cuestión eclesiástica volvió a presentarse en las Cortes de 1840. Pidal hizo una interpelación, pidiendo que se suspendiera la venta de los bienes del clero secular y anunciando un proyecto de ley de devolución de lo vendido.

El Gobierno no se atrevió a tanto, y nombró una comisión que diera dictamen sobre dotación de culto y clero. Los comisionados se dividieron, y hubo hasta cuatro votos particulares, predominando en todos el espíritu adverso a la desamortización. Mendizábal la defendió como pudo, pero acabó por resignarse a la suspensión. Martínez de la Rosa afirmó, en nombre del partido moderado, que

---

20 Pidal reprobó siempre la desamortización, y con más energía que nunca, en su contundente y eruditísimo discurso de 21 de diciembre de 1858 en defensa del concordato, vulnerado por los progresistas. Allí recordó que todos nuestros cuerpos legales, desde el *Breviario de Aniano* hasta la *Novísima*, sancionaban, casi en los mismos términos y copiándose unos a otros, la inviolabilidad, perpetuidad y firmeza de todas las cosas donadas a las iglesias. En cuanto al famoso texto de las Cortes de Nájera, probó, como Inguanzo, que semejante ley no se encontraba en parte ninguna. En este admirable discurso hizo Pidal explícita y loable confesión de su cambio de opiniones canónicas anterior a su entrada en la vida pública. «Yo había recibido una educación equivocada en materias eclesiásticas, había leído libros de cierta especie y era lo que se llamaba entonces un jansenista... La casualidad trajo a mis manos un libro de autor ultramontano. Leí el libro casi con desdén; pero cuando vi un texto que yo sabía de memoria, y vi que le traía sin las omisiones con que yo le sabía, me llamó la atención: fui a mirar el original, y vi que el ultramontano tenía razón», etc., etc.

ni uno solo de sus individuos ponía en tela de juicio la propiedad de la Iglesia. Así lo declararon, contra solos once votos, 125, algunos de ellos de progresistas.

En la defensa del diezmo íntegro, recia y aun hábilmente atacado por Pacheco y otros jurisconsultos conservadores, llevó la ventaja don Santiago Tejada, diputado por Logroño. El largo discurso que en 7 de julio pronunció defendiendo su voto particular como miembro de la Comisión de Culto y Clero, es de los más viriles y sesudos que jamás han sonado en el Parlamento español. No entró a discutir si el diezmo era una contribución o un censo, una prestación o una propiedad. Bastábale que fuera una institución no separable de la vida religiosa del pueblo español, por donde la Iglesia venía a ser partícipe de los frutos de la tierra. Era, pues, el diezmo, a la vez que carga perpetua de las tierras que lo pagaban, descontable y descontada de su precio total, un derecho positivo que había entrado en el dominio civil, que no podía ser atropellado sin acción ilegítima y opresora de la potestad pública. Ni basta hablar de indemnizaciones, cuando no se ha comenzado por la indemnización, sino por el despojo. Aun cuando fuera cierto que el diezmo es una imposición, desde el momento en que ha salido del dominio del Estado, pasando por título legítimo a manos de los particulares, ninguna autoridad tiene el Estado para atropellar un derecho sancionado por actos repetidos y formas solemnes, por el transcurso de los tiempos y por la prescripción de siglos. Ni la supresión del diezmo ha de influir en beneficio de los arrendatarios, puesto que forzosamente hará subir la cuota de los arriendos. Es un regalo de 400 millones, por el cálculo más corto, en favor de los grandes propietarios, en perjuicio del consumidor y del arrendatario y de un gran número de instituciones de caridad y de enseñanza.

Esta cuestión —añadió Tejada— no es para mí de números, sino de principios, y no solo de principios políticos, sino morales y religiosos... En ningún país de Europa se ha visto jamás al clero católico humillado hasta recibir el salario de una contribución vecinal... Dígase con franqueza el fin de tal propósito; lo que se quiere es que el sacerdote sea el ilota de las naciones modernas... Si hoy no se acatan los principios de eterna justicia en la persona moral de la Iglesia, mañana se violarán en otras personas. Quien respeta la percepción de las nueve décimas en el propietario, está obligado a respetar la parte restante en la Iglesia. En materias de propiedad, la autoridad legítima no tiene más derechos que los necesarios para protegerla y defenderla de todo ataque injusto. La protección que dan las leyes es la que pido para el clero..., justicia y no protección... Yo, señores, respeto lo antiguo y tengo fe en lo antiguo, porque en el seno de todas las instituciones que han atravesado los siglos hay un germen de vida y de porvenir patente a los ojos de quien de buena fe le busca. No hay propiedad más respetable que aquella cuyo origen se ignora y que tiene sus fuentes tan remotas como el curso del Nilo... El Dios que envía los rayos solares, que hace descender la lluvia, que fertiliza los campos y sazona los frutos, parece que quiere que una parte de esos mismos frutos pertenezca a los ministros de la religión, que le representan en la tierra. Esta es la idea moral, religiosa, profunda, que importa conservar en un país católico. Unamos desde luego nuestra naciente y aun combatida libertad con el principio religioso, que es antiguo en España, robusto, civilizador. La propiedad de la Iglesia ha sido en todos tiempos, y lo es hoy día, un principio de nuestro derecho público, sancionado además por pactos solemnes, por leyes interna-cionales o concordatos, con fuerza recíprocamente obligatoria. La Iglesia como asociación no ha sido constituida en España ni por el Estado ni por los reyes. Se constituyó ella a sí misma, como institución necesaria, inmortal, independiente de la sociedad general en sus medios y en sus fines.[21]

---

21   Sobre el diezmo se publicaron los siguientes folletos, y de fijo otros que yo no habré visto:
    Mi opinión sobre el diezmo, por don P. J. Pidal, diputado por Asturias. Madrid: 1838. Imprenta de D. E. F. de Angulo; 4.º, 14 + V páginas.
    Reflexiones sobre la continuación, supresión o modificación del diezmo, por D. J. J. B. (Madrid 1838, Imprenta de don Miguel de Burgos), 4.º, 51 páginas.
    De la naturaleza y efectos del diezmo, por don Wenceslao Toral (Madrid 1838, Imprenta de don Miguel de Burgos), 4.º, 64 páginas. (Es en favor del diezmo.)
    Apuntes sobre diezmos (Córdoba, Imprenta de don Rafael García Rodríguez, 1837), 4.º, 70 páginas.
    Voto particular y discursos del señor don Santiago de Tejada, diputado por la provincia de Logroño, sobre el diezmo y sobre la propiedad de los bienes de la Iglesia; en la discusión del dictamen de la Comisión nombrada por el Congreso, sobre dotación de culto y clero (Madrid, Imprenta del Colegio de Sordomudos, 1840), 4.º, 97 páginas.
    Voto particular sobre dotación del culto y clero, y discurso en sustentación del mismo voto, pronunciado en el Congreso de los diputados en la sesión del día 10 de junio de 1840, por el brigadier de Infantería don Luis Armero y Millares, consejero de la Clase Militar en el extinguido Supremo Consejo de Guerra, y diputado por la provincia de Pontevedra (Madrid, julio de 1840; Imprenta de don Miguel de Burgos).
    Carta sobre diezmos, escrita al excelentísimo señor don Juan Álvarez y Medizábal,

El diezmo no se restableció, y los progresistas, triunfantes en septiembre de 1840, continuaron vendiendo los bienes de la Iglesia y erigiendo en principio la anarquía y el despojo. Entre tanto, las relaciones con Roma proseguían cortadas desde que en 1835 había pedido los pasaportes el nuncio, quedando por único representante suyo el vicegerente de la Nunciatura. Gregorio XVI, en alocución de 1 de febrero de 1836, había reprobado todos los actos de la llamada Junta Eclesiástica, pero las alocuciones pontificias se recogían a mano real. Las ocho

---

Secretario de Estado y del Despacho Universal de Hacienda (Coruña, Imprenta de Iguereta, 1837), 4.º, 19 páginas.

Exposición que dirigen a las Cortes varios particulares legos en diezmos, en reclamación del proyecto de ley presentado a las mismas por el excelentísimo señor Secretario de Estado y del Despacho de Hacienda, sobre el modo de ocurrir a la dotación del culto y del clero, e indemnizar a los partícipes legos y al Estado, del importe de sus percepciones en diezmos (Madrid, Imprenta de don Norberto Llorenci, 1839), 4.º, 20 páginas.

Del diezmo y rentas de la Iglesia, por el doctor don Juan Varela (Madrid, Imprenta de D. E. Aguado, 1837), 8.º, 125 páginas.

Discursos del señor obispo de Córdoba pronunciados en las sesiones del Senado de 23 de junio y 13 de julio de 1888, y Contestación al señor Presidente de la junta principal de diezmos en 25 de abril de 1839, sobre diezmos y dotación del culto y clero (Madrid, imprenta calle del Humilladero, 1840), 4.º, 76 páginas.

Apuntes sobre diezmos (Madrid, imprenta calle de Cervantes, 1837), 4.º, 37 páginas.

Memoria leída en la sección de Ciencias Políticas y Morales del Ateneo de Madrid el 15 de febrero de 1837, sobre si conviene o no abolir los diezmos en España, por don Manuel Alonso de Viado (Madrid, Imprenta de don Tomás Jordán, 1837) (en favor del diezmo), 4.º, 16 páginas.

Memoria sobre el diezmo, por don Félix José Reinoso (en el tomo 2 de sus *Obras*, publicados por los Bibliófilos de Sevilla).

Como documentos oficiales véanse:

—Proyecto del Gobierno de su majestad para sufragar los gastos del culto y la manutención del clero, y sobre la subrogación de las rentas decimales, supuesta la abolición del diezmo (Madrid, en la Imprenta Nacional, 1837), 4.º, 51 páginas. (Memoria presentada por Mendizábal.)

—Proyecto de ley para la subrogación del diezmo y primicia, suprimidos, que presentó el Ministro de Hacienda en el Congreso de los señores diputados el día 14 de septiembre de 1839 (Madrid en la Imprenta Nacional, 1839), 4.º, 18 páginas.

—Dictamen sobre la reforma y arreglo del clero, leído a las Cortes en la sesión de 21 de mayo de 1837; 4.º, 17 páginas.

metropolitanas de España se hallaban huérfanas por muerte o destierro de sus prelados, y lo mismo casi todas las sedes episcopales. Saqueadas y vueltas a saquear las iglesias, vejados los cabildos por la brutalidad de los jefes militares, prohibidas las ordenaciones, no quedaba a los seminaristas españoles otro recurso que emigrar y hacerse ordenar en Francia o en Italia. Lo que fue nuestro estado religioso en aquella fecha, solo se comprende leyendo el libro del cardenal don Judas José Romo *Independencia constante de la Iglesia hispana* y necesidad de un nuevo concordato, dirigido en forma de exposición a María Cristina en 1840. El ilustrísimo autor, obispo entonces de Canarias y luego arzobispo de Sevilla, llega a envidiar la libertad que disfruta la Iglesia bajo la democracia de los Estados Unidos, en vez de la mentida protección con que en España se la tiraniza.[22] «La Iglesia española —añadía Balmes en 1843— se endereza rápidamente no a la ruina, sino al anonadamieto.»[23]

IV. Cisma jansenista de Alonso durante la regencia de Espartero

Fueron los tres años de gobierno del Regente lastimosa recrudescencia de furor anticlerical y anacrónico alarde de canonismo regalista. Comenzó la junta revolucionaria de Madrid por suspender de sus funciones a tres jueces del Tribunal de la Rota (uno de ellos don Félix José Reinoso), al vicegerente de la Nunciatura Apostólica, don José Ramírez de Arellano, y al abreviador interino del Tribunal de la Rota. Quejóse Ramírez a la Secretaría de Estado en 5 de noviembre de 1840, alegando que el Tribunal de la Rota era tribunal apostólico y que conocía solo de causas eclesiásticas, no sujeto en modo alguno a las disposiciones civiles y creado por motu proprio pontificio.

---

22   La dureza con que en algunas partes de este libro trata el cardenal Romo a los carlistas provocó una acerba respuesta del padre Magín Ferrer, religioso mercenario emigrado en Francia, con el título de Impugnación a la *Independencia constante de la Iglesia hispana* y necesidad de un nuevo Concordato (cuatro tomos en 8.º). Contestó el obispo de Canarias en un tomo de Cartas (1840, Imprenta de Aguado). Y replicó el padre Ferrer en otro que se titula Carta dirigida al excelentísimo señor obispo de Canarias por el padre fray Magín Ferrer (Barcelona 1847). Sobre el mismo asunto publicó Balmes dos largos artículos en *La Sociedad* (meses de abril y mayo de 1843).

23   Hasta en las costumbres de una parte del clero influyó desastrosamente aquel trastorno de los siete años. Entonces se vio aparecer, a par del cura liberal y patriota, el repugnante tipo del cura calavera que descubrieron Larra y Espronceda.

Seguían entre tanto las juntas revolucionarias de provincias, animadas por tan liberal ejemplo, encarcelando y desterrando obispos. Así lo hizo la de Cáceres, al paso que las de Granada, La Coruña, Málaga y Ciudad Real se propasaban a dejar cesantes a deanes, dignidades, canónigos y curas de sus respectivas catedrales o colegiatas, sustituyéndolos con otros de su mayor confianza.

En tal estado de violencia y cisma, la Regencia provisional, lejos de apagar el fuego, le echó nueva leña, apoyando, so pretexto de fuerza, a un don Valentín Ortigosa, clérigo de prava doctrina,[24] que anticanónicamente se había intrusado en el gobierno eclesiástico de la diócesis de Málaga, con todo y tener ésta vicario capitular legítimamente electo y haber incurrido el Ortigosa en grave sospecha de herejía.

Volvió a protestar de tal escándalo Ramírez de Arellano en 2 de noviembre de 1845, pero la Regencia, muy al contrario de enmendarse, prosiguió desbocada en el camino de cisma. Ya con fecha 14 del mismo mes de noviembre había reformado, propria auctoritate, la división de parroquias de la corte, estableciendo veinticuatro nuevas so pretexto de tratarse de un punto de disciplina externa, que concernía solamente a la potestad civil.

Nueva protesta de Arellano, nuevas tropelías de la Regencia, que hizo pasar sus exposiciones al Tribunal Supremo de Justicia. Respondieron los fiscales López y Alonso con las más vulgares doctrinas del siglo XVIII, y, conformándose a ellas, propuso el Tribunal extrañar de estos reinos al vicegerente de la Nunciatura y ocuparle las temporalidades. Oyóle de buen grado la Regencia, y por decreto de 29 de diciembre intimó el destierro a Arellano, cerró la Nunciatura, suprimió el Tribunal de la Rota y facultó al Tribunal Supremo para conceder todo género de gracias eclesiásticas. En el decreto se llamaba a Ortigosa obispo electo de Málaga.

¡Buenos procedimientos para facilitar la reconciliación con Roma! Gregorio XVI, en consistorio secreto de 1.º de marzo de 1841, los calificó de violación manifiesta de la jurisdicción sagrada y apostólica, ejercida sin contradicción en España desde los primeros siglos de la Iglesia. Esta alocución pontificia fue golpe profundo para el débil y desatentado gobierno del Regente. Pero, queriendo, con todo eso, hacer vano y aun irrisorio alarde de fuerza, lanzó en 30 de julio de 1841 el ministro de Gracia y Justicia, don José Alonso, un manifiesto

---

24 Son palabras de Gregorio XVI en la alocución *Afflictas in Hispania res...*

henchido de diatribas contra la curia romana, hasta calificar las palabras pontificias de «declaración de guerra contra la reina Isabel, contra la seguridad pública y contra la Constitución del Estado», de «manifiesto en favor del vencido y expulsado pretendiente», de «provocación escandalosa al cisma, a la discordia, al desorden y a la rebelión», de «tea incendiaria arrojada por el padre común de los fieles sobre el no bien apagado incendio». Decíase tras esto que «ya no estábamos en los tiempos, de odiosa memoria, en que a un golpe del Vaticano temblaban los tronos y se agitaban las naciones», con toda la demás jeringonza regalística aprendida en las viejas consultas del Consejo de Castilla.[25]

Pero el jansenismo había pasado de moda al hundirse la monarquía absoluta, y en los oídos de los católicos españoles y de los liberales mismos empezaban a sonar como tediosas y anticuadas esas reminiscencias del *Juicio imparcial* y del *Expediente del obispo de Cuenca*. En cambio, labraban mucho en los ánimos, e iban concitando voluntades contra el infeliz gobierno del Regente, aquellas solemnes palabras de Gregorio XVI conminando con las censuras y penas espirituales a los invasores de los derechos de la Iglesia: «Tengan piedad de su alma enredada en lazos invisibles; piensen que el juicio es más duro contra los que mandan y que hay poderosa presunción contraria en el mismo juicio si alguno de ellos llega a morir fuera de la comunión y preces de los cristianos».

A semejanza de los niños, que, gritando mucho, quieren espantar al coco, creyeron los progresistas mortificar a Roma con meterse a legislar a diestro y siniestro en materias eclesiásticas. Un decreto de 19 de abril de 1841 suscrito por don Álvaro Gómez Becerra, echó abajo la congregación de la Propaganda de la Fe, embargando sus libros y caudales so pretexto de escándalo y bullicios. En la *Gaceta* de 4 de enero de 1841 apareció un extracto de la *Disertación* de Llorente sobre división de obispados. El Tribunal Supremo dijo en una consulta que el patronato real era independiente de toda concesión pontificia.

En 31 de diciembre del mismo año, Alonso, canonista al modo del siglo XVIII, admirador y editor de Campomanes, presentó a las Cortes un proyecto de

---

25 Es autor del libro *Recopilación y comentarios de los fueros y leyes del antiguo reino de Navarra* que han quedado vigentes después de la modificación hecha por la ley sancionada de 16 de agosto de 1841, por don José Alonso, Magistrado y Regente que fue de varias Audiencias del reino. Fiscal y Magistrado que ha sido del Tribunal Supremo de Justicia, ex Ministro de Gracia y Justicia y Diputado a Cortes por el cuarto distrito de Madrid. Madrid: Imprenta de Saavedra y compañía, 1848; dos tomos, folio menor.

jurisdicción eclesiástica, que solo dejaba en pie la ordinaria de los diocesanos..., según los cánones de la Iglesia española, debiendo terminarse toda causa en el tribunal de los metropolitanos. La nación renunciaba a los privilegios y gracias en virtud de los cuales se restablecieron en estos reinos la Rota y la Nunciatura y declaraba abolido el tribunal de las órdenes militares y toda jurisdicción exenta, agregando sus iglesias a la circunscripción diocesana en que estuviesen enclavadas. Desaparecían los expolios y vacantes y su Colecturía General, los tribunales contenciosos de los conservadores eclesiásticos y los llamados de visita. Se encargaba a los obispos y a sus delegados «circunscribirse a lo puramente espiritual y eclesiástico, absteniéndose de decretar entredichos que perturben la tranquilidad de los pueblos». Se suprimían el Vicariato Castrense y el Tribunal de Cruzada, mandando, para colmo de irrisión, a los jueces de primera instancia entender en las causas de bulas y composiciones. El artículo 18 decía a la letra: «Los abusos que se cometan en el ejercicio de la jurisdicción eclesiástica se reprimirán, por medio de los respectivos *Recursos de fuerza*, en los tribunales superiores nacionales del distrito en que resida el prelado que los cometiere..., los cuales, además de la facultad de alzar las fuerzas, la tendrán para corregir los excesos por medio de apercibimientos, condenación de costas, multas y hasta extrañamientos del reino y ocupación de temporalidades». Las apelaciones de la sentencia de un metropolitano se harían al metropolitano de la provincia eclesiástica más inmediata, sin que cupiera otro recurso contra la condenación en segunda instancia que la revisión del juicio en concilio provincial o la protección de los jueces reales. Imponíase a los tribunales eclesiásticos el uso del papel sellado y el mismo arancel que a los tribunales seculares.

El preámbulo que encabezaba este descabellado decreto pasaba de jansenista, para rayar en protestante. Negábase sin ambages el primado de honor y de jurisdicción al papa, afirmándose que en el conjunto de los obispos residía solidaria y esencialmente la plenitud del sacerdocio cristiano, por donde, sin contar con el primado de Roma, podían decidir en materias de fe y dispensar de toda suerte de impedimentos, aunque Roma, halagada con las falsas decretales, se hubiese ido arrojando las facultades espirituales concedidas a sus coepíscopos.

Creció con esto la agitación, y decíase de público que el Regente, dominado por influencias inglesas, se había propuesto romper absolutamente con Roma y constituir aquí una iglesia cismática more anglicano. Pero todo fue humo de pajas, limitándose Alonso, con esa falta de inventiva característica de los progresistas, a exhaumar el decreto de Urquijo cuando la muerte de Pío VI y presentar a las Cortes, en 20 de enero de 1842, un proyecto de ley contra las reservas apostólicas, acompañado de un retumbante preámbulo, zurcido de retazos de Febronio, de Pereira y de Llorente. El decreto venía a reducirse a estos principales capítulos:

1.º La nación española no reconoce, y en su consecuencia resiste, las reservas que se ha atribuido la Silla Apostólica, con mengua de la potestad de los obispos.
2.º Se prohíbe toda correspondencia que se dirija a obtener de la curia romana gracias, indultos, dispensas y concesiones eclesiásticas de cualquier clase que sean.
3.º Serán retenidos y entregados, en el término de veinticuatro horas, a las autoridades civiles todo breve, rescripto, bula, letras o despachos de la curia romana.
4.º Se prohíbe acudir a Roma en solicitud de dispensas de impedimentos. Los obispos dispensarán, por sí o por sus vicarios, "mientras tanto que en el Código civil se hace la debida distinción entre el contrato y el sacramento del matrimonio".
5.º Por ningún título volverá a salir de España, directa o indirectamente, dinero para Roma, so pena de pagar quien tal hiciere una multa del doble de lo enviado.
6.º En ningún tiempo se admitirá en España nuncio o legado de su santidad con facultades para conceder dispensas o gracias.
8.º La nación no consiente la reserva introducida de confirmar en Roma y expedir bulas a los prelados presentados para las iglesias de España y sus dominios.
9.º Será castigado so pena de extrañamiento y ocupación de temporalidades el obispo que solicite la confirmación de Roma.
10.º Las consultas que se dirijan a Roma sobre puntos dogmáticos serán antes examinadas por el Gobierno, que retendrá las que no juzgare convenientes.

Inútil es advertir que tales monstruosidades quedaron en el papel, y ni fueron leyes ni llegaron a discutirse siquiera, ni eran acaso en la intención de sus autores otra cosa que una altisonante pasmarotada ad terrorem.[26] Balmes las combatió en *La Sociedad*; don Pedro J. Pidal, en la *Revista de Madrid*, y fue tal la reprobación unánime de los moderados y de muchos progresistas, que Alonso no se atrevió a insistir en sus pedantescas lucubraciones, harto anacrónicas para 1842, cuando ya los liberales de la generación nueva, avezados a procedimientos más radicales, no entendían jota de toda esa baraúnda de reservas, temporalidades, retenciones y falsas decretales, y se iban tras del grande empírico Medizábal, que, sin tantos cánones de concilios toledanos y sin quemarse las cejas estudiando aquel grueso librote *De statu Ecclesiae*, había hecho de la Iglesia española mangas y capirotes, restituyéndola, como diría Alonso, a su primitiva pureza, es decir, a aquellos tiempos en que las cruces eran de palo y los procónsules de hierro.

Por lo demás, continuaba el despojo. Una ley de 19 de julio de 1841 desamortizó los bienes de las capellanías colativas. Cayó por tierra la ley del Culto y clero de 1840, que destinaba a estos fines el 4 por 100 de los productos agrícolas, y fue sustituida con un presupuesto de 108 millones y medio, que el país llegó a pagar, pero que la Iglesia no llegó a cobrar nunca ni por semejas. En cambio, se echaron al mercado a toda prisa los bienes del clero secular, pagándose a ínfimo precio en varias clases de papel, que para ello se inventaron, y solo un 10 por 100 en metálico. No solo la propiedad territorial, sino el oro y la plata labrada de las iglesias y hasta los retablos y los dorados de los altares, se sacaron, con insigne barbarie, a pública subasta. Cada día se arrojaba nuevo alimento a las hambrientas fauces del monstruo revolucionario, y nada bastaba a saciarle. El ministro de la Gobernación decía en una circular de noviembre de 1842:[27] «El rematante que se ha presentado en Cádiz ha tenido el gusto de

---

26 Balmes recopiló todos los documentos relativos a este conato de cisma en un artículo de su revista *La Sociedad* (tomo 3, edición de 1867, página 128 a 163).

27 Véase *Historia eclesiástica de España*, de don Vicente de la Fuente, tomo 6, página 230. Allí mismo se consigna el hecho peregrino de no haber alcanzado, a mediados de 1842, los bienes nacionales a cubrir los gastos de las oficinas de amortización, resultando perjudicado el Gobierno en 14.570 reales.
Un administrador de bienes nacionales de un lugarejo de Extremadura puso en sus cuentas 60.000 reales por gastos de impresiones. De estos casos pudieran citarse innumerables. Así se hizo la desamortización.

ver que de 66 conventos suprimidos en aquella provincia, solo nueve tienen cerradas sus iglesias».

Agotado ya el venero de las iglesias, se echó el Gobierno, a título de patrono, sobre los fondos de la Obra Pía de Jerusalén, centralizándolos en 1841 y agregándolos al presupuesto de ingresos por valor de 1.369.603 reales. Una real orden de 31 de julio de 1842 suscrita por Calatrava reparó en parte la absurda iniquidad de incautarse de mandas testamentarias y agregó estos fondos a los de Cruzada.

Obligado acompañamiento de la rapiña oficial y organizada eran las persecuciones de obispos, una de las especialidades en que más han brillado los gobiernos progresistas. Convertidos Gómez Becerra y Alonso en pontífices máximos, comenzaron por deportar a Marsella al septuágenario obispo de Menorca, don fray Juan Antonio Díaz Merino, por el nefando e inexplicable crimen de haber introducido en su diócesis el rezo de santa Filomena, aprobado por la Santa sede, y de haberse autorizado a sus feligreses para usar de los privilegios de la bula (13 de febrero de 1842). Al poco tiempo, el obispo de Calahorra y La Calzada, don Pedro García Abella, dirigió a las Cortes una representación contra las proyectadas reformas eclesiásticas. Los ministros, no queriendo ser menos que en sus tiempos el conde de Aranda, hicieron que el Tribunal Supremo le encausase, y ellos entre tanto le confinaron por cuatro años a la isla de Mallorca. Otras protestas iguales contra los proyectos de cisma valieron al obispo de Plasencia, don Cipriano Varela, dos años de confinamiento en un pueblo de la provincia de Cádiz, y al gobernador eclesiástico de Guadix, pena de cuatro años de destierro, impuesta por la Audiencia de Granada (julio de 1842). El jurado primeramente, ya teníamos jurado, y luego el Tribunal Supremo intervinieron en la causa de don Judas José Romo, obispo de Canarias, autor de un *Memorial sobre incompetencia de las Cortes para el arreglo del clero*. Fue hábil la defensa que hizo el abogado don Fermín Gonzalo Morón, hombre de más ingenio que juicio. Resultado, el de siempre: salir condenado el obispo en dos años de destierro y pago de costas, como culpable de desobediencia, por haber declarado que los obispos electos no podían ser nombrados vicarios o gobernadores eclesiásticos por los cabildos (25 de octubre de 1842).[28]

---

28   La Fuente, *Historia eclesiástica de España*, tomo 6, página 233.

La intrusión de los gobernadores era, en efecto, una de las mayores plagas de la Iglesia española por aquellos días. Convencido nuestro Gobierno desde 1835 que el papa no había de confirmar los obispos que él presentaba, y convencidos los mismos electos, clérigos liberales por la mayor parte, de que sus bulas de confirmación no vendrían nunca, nació de este mutuo convencimiento la idea de obligar a los cabildos a elegir por vicarios y gobernadores a los obispos propuestos. Así se intrusó en la Iglesia de Toledo don Pedro Fernández Vallejo, así La Rica en Zaragoza, y así otros en Oviedo, Jaén, Málaga y Tarazona. Vallejo, para justificarse, llegó a publicar cierto *Discurso canónico-legal sobre nombramientos de gobernadores* (1839), que fue contestado por el obispo de Pamplona, Andriani.[29] Cuarenta y tres curas de Toledo y muchos de la Alcarria se negaron a reconocer a Vallejo, pero el Gobierno los encausó, desterró y prendió, recogiendo, además, a mano real el breve en que su santidad desaprobaba la elección de Vallejo.

En el mismo estado de cisma se hallaban las demás iglesias. La Rica, gobernador eclesiástico de Zaragoza, llegó a publicar en 1 de mayo de 1841 una pastoral contra el papa, con grande escándalo y desaprobación de su cabildo. La Audiencia de Zaragoza dio la razón a La Rica y condenó a ocho años de destierro y ocupación de temporalidades a los capitulares que habían firmado la protesta contra su vicario. El cabildo de Lugo hizo otro tanto, y la respuesta de los ministros del Regente fue encarcelar en un día a todos los canónigos. El promotor fiscal, grande y decidido patriota, pidió contra ellos pena de muerte, pero la Audiencia de La Coruña se contentó con un mes de prisión y las costas. A punto llegaron los conflictos de asustarse y renunciar algunos de los gobernadores intrusos, entre ellos el mismo Vallejo, así que, llegada de Roma la alocución *Afflictas in Hispania res*,[30] vieron a Alonso lanzarse despeñado por el camino del cisma y exigir de los eclesiásticos, en circular de 14 de diciembre, atestados de fidelidad política constitucional, que casi todos se resistieron a solicitar, provocando así nuevas persecuciones.

---

29   *Juicio analítico sobre el Discurso canónico legal del excelentísimo señor don Pedro Vallejo* (Madrid, Imprenta de Aguado, 1839).

30   Véase esta alocución en los apéndices al tomo 6 de la *Historia eclesiástica de España*, del doctor la Fuente (página 382 y siguientes).

Queríase formar a todo trance una generación de eclesiásticos jansenistas que fuesen el núcleo de la fantástica Iglesia hispana, anunciada en el proyecto de Alonso. Con tal mira, se reimprimieron o tradujeron los peores libros del siglo XVIII, especialmente el *Ensayo* del abate Jenaro Cestari, émulo de Giannone, sobre el espíritu de la jurisdicción eclesiástica en la ordenación de los obispos.[31] Se impuso como texto de filosofía moral, fundamentos de religión, lugares teológicos, teología dogmática y teología moral el curso del Lugdunense,[32] prohibido por la Santa sede desde 1792. Y para historia eclesiástica, el epítome de Gmeiner, libro no ya jansenista, sino protestante, que con escándalo de los católicos se había impreso en la oficina de Ibarra y corría en manos de los estudiantes españoles desde 1822. Era lo único que faltaba para hacer odiosa a los ojos de los obispos la teología de las universidades, último refugio del anacrónico y moribundo *portroyalismo*. Pero repito que en 1841 los estragos tenían que ser pequeños, no solo por tratarse de doctrinas caducas y definitivamente enterradas con Tamburini y Scipión Ricci, sino porque la persecución había depurado, templado y vigorizado al clero español, uniéndole estrechísimamente con su cabeza y limpiándolo de toda lepra intelectual del siglo XVIII. Cuando en nuestros días el galicanismo levantó por última vez la frente; cuando,

---

31   El traductor fue D. M. P. G., que añadió muchas notas y documentos concernientes a la disciplina de la Iglesia de España (Véase una excelente refutación de este libro en los números 3, 4 y 5 de *La Censura*, 1844, revista bibliográfico-católica, que dirigía don Juan Villaseñor y Acuña).

32   Los errores teológicos del Lugdunense (Mr. Montacet, arzobispo de Lyón, que no escribió materialmente el *Curso teológico*, obra de algunos padres del Oratorio, pero sí le autorizó en un mandamiento pastoral, que va al frente de la obra, y contribuyó más que ninguno a pervertir la enseñanza teológica en Francia) pueden verse minuciosamente expuestos y desmenuzados en el excelente opúsculo de un jesuita español anónimo, que se intitula Examen del curso de Instituciones teológicas del Arzobispado de León, conocidas bajo el nombre de *Teología Lugdonense*, condenadas solemnemente por decreto de la santa silla Apostólica de 17 de diciembre de 1842. Precédenle unas notas históricas muy interesantes, y se añade por apéndice la reimpresión más correcta y aumentada de las *Observaciones* publicadas en Madrid el año pasado sobre dicha *Teología* (Madrid, oficina de Martínez Dávila, 1825). Reimpreso en *La Censura* (1844), números 18 a 29 (Imprenta de don José Félix Palacios), donde también se publicaron dos artículos originales contra el libro de Gmeiner (Gmeinerii Xaverii epitome historiae ecclesiasticae N. T. in usum praelectionum academicarum. Matritii ex typographia Ibarrae, anno 1822; dos tomos en 4.°).

a despecho de la bula *Auctorem Fidei*, tornó a afirmarse y a escribirse que el papa es solo *caput ministeriale Ecclesiae*, la Iglesia española, sin excepción alguna, se mostró tan ultramontana y tan papista como en los áureos días del siglo XVI, libre ya del duro tributo que en toda una centuria de oprobio pagaron sus canonistas a las decisiones de los doctores parisienses y al *magister dixit* de la Sorbona.[33]

V. Negociaciones con Roma. Planes de enseñanza

Los años que corrieron desde 1844 a 1853 fueron, si no de paz, por lo menos de relativa tregua entre la Iglesia y los poderes civiles. Los gobiernos más o menos conservadores que en estos nueve años se sucedieron no salían del partido de

---

33 Solo un prelado español pareció favorecer, aunque indirectamente, las tentativas de Alonso contra Roma. Fue éste don Félix Torres Amat, obispo de Astorga, aventajadísimo entre nuestros traductores de la Sagrada Escritura. El motivo que le indujo a ponerse enfrente de Roma fue cariño imprudente a la memoria de su tío, el arzobispo de Palmira, cuyas *Observaciones pacíficas* habían sido puestas en el *Índice* desde 1824 por las razones que ya en otro lugar quedan dichas. El arzobispo no quiso retractarse nunca, y en tal terquedad murió. Su *Diseño de la iglesia militante* sufrió muy luego igual prohibición que las Observaciones. El editor, obispo de Astorga, en vez de someterse con rendida docilidad, lanzó en 6 de agosto en 1842 una escandalosa pastoral defendiendo la venta de los bienes nacionales y las nuevas opiniones políticas que el Gobierno había adoptado y exhortando a sus diocesanos a someterse a ellas y a no creer en la omnipotencia de la curia romana, que por motivos políticos y miserables intrigas había prohibido varias obras, entre ellas las del arzobispo de Palmira, prohibición que calificaba de anticanónica e ilegal. Esta pastoral fue prohibida inmediatamente en Roma (17 de agosto de 1843), y contra ella publicó un anónimo catalán, oculto con las iniciales J. C., cierto folleto intitulado *Algunas serias reflexiones sobre la Carta pastoral del ilustrísimo señor don Félix Torres Amat, obispo de Astorga*, de 6 de agosto de 1842 (Barcelona, Imprenta de Tauló, 1842). Torres Amat entró en controversia con el anónimo, y aun hizo otra cosa peor, que fue imprimir nueva y más enconada pastoral rebelándose contra la condenación pontificia con diversas logomaquias y distingos, hablando mucho de las falsas decretales isidorianas, de la confirmación de los obispos por el metropolitano o por el obispo antiquior y del despojo de la antigua disciplina que habíamos sufrido los españoles del siglo XII. Balmes impugnó en *La Sociedad* esta apología del obispo de Astorga. Dicen que éste se retractó y sometió a la hora de la muerte (29 de diciembre de 1847). El doctor la Fuente insertó en la primera edición de su *Historia eclesiástica* un documento que parece probarlo, pero en la segunda edición le suprimió, y tengo motivos para creer que hizo bien en suprimirle, y que por lo memos debe suspenderse el juicio. El disfavor que estas tristes polémicas arrojaron sobre

acción ni traían el instinto demoledor característico de los progresistas; atendían más bien a consumar, a justificar, a legalizar lo hecho. No era en todos afán de recoger y disfrutar pacíficamente los frutos de la obra revolucionaria. Había entre los moderados quien de buena fe buscaba la concordia con el papa; católicos sinceros que habían atravesado con la conciencia íntegra el período de prueba de los siete años; hombres que abominaban de la desamortización y querían precaverla para en adelante, y ya que no devolver lo vendido y anular las ventas, como el estricto derecho exigía, a lo menos indemnizar completamente a los despojados y asegurar al clero una dotación independiente del alza y baja de los fondos públicos. Algo se hizo, mucho más se intentó, y a lo menos se llegó al restablecimiento de la paz con Roma, sin cuya autoridad nada podía emprenderse y ejecutarse.

La idea del concordato no era solo de los moderados. El cardenal Romo había escrito en 1840 un libro notable para inculcarla. Pudieron combatirle algunos intransigentes desde Francia, respondiendo ásperamente a durezas no menores del obispo de Canarias, pero la mayor parte del Episcopado español, y con él el país, se inclinaba a esos tratos de paz mucho más que al pesimismo desalentado de que era intérprete fray Magín Ferrer. Lo que todos veían era el deplorable estado de los negocios eclesiásticos desde la muerte del rey. Absolutamente rotas las relaciones con el papa y trocada ya la ruptura en abierta hostilidad; expulsado el vicegerente Arellano, último resto de representación de la Santa sede entre nosotros; recogidas a manos reales las alocuciones de Gregorio XVI y cerrado el Tribunal de la Nunciatura. En el interior,

---

la memoria de Torres Amat ha perjudicado en extremo a la popularidad y difusión de su Biblia, muy superior, por la pureza del lenguaje y el conocimiento de los textos originales, a la pedestre versión del padre Scio, pero tildada generalmente de escasez de notas en los pasajes más difíciles.

Fue el doctor don Jaime Cabot, beneficiado de santa María del Mar, de Barcelona, autor también de las *Conferencias entre don Lino y don Cleto*, sobre la *Apología católica*, que el ilustrísimo señor don Félix Torres Amat, obispo de Astorga, hizo de las observaciones pacíficas del señor Amat, arzobispo de Palmira.

La réplica de Torres Amat se titula *Apología católica* de las observaciones pacíficas del ilustrísimo señor arzobispo de Palmira, don Félix Amat, sobre la potestad eclesiástica y sus relaciones con la civil, aumentada con algunos documentos relativos a la doctrina de dichas observaciones y su defensa y explicación de la pastoral del obispo de Astorga, de 6 de agosto de 1842 (Madrid, Imprenta de Fuentenebro, 1843).

vacantes las diócesis, desterrados los obispos, encarcelados y perseguidos en masa los cabildos, puesta en tela de juicio la legitimidad y aun la ortodoxia de los gobernadores, vulnerada la libertad del ministerio eclesiástico.

Tal estado no podía ser duradero. El mismo exceso del mal había traído una reacción católica vigorosísima, y los moderados, a quienes todo podrá negarse menos habilidad y entendimiento, trataron de aprovechar y aun de dirigir esta corriente en vez de ponerse locamente a luchar contra ella, como habían querido hacer los progresistas. Tratóse, pues, de que nuestro Gobierno apareciera como católico, incapaz de arrojarse a ningún arreglo eclesiástico sino de acuerdo con Roma, pero algo regalista a la par, muy interesado por los derechos de la Corona y de la nación y, lo que era peor, defensor hasta cierto punto de los intereses creados a favor de nuestras revueltas.

Lo primero que había que obtener del papa era el reconocimiento de la reina. Con esta mira fue enviado a Roma de agente oficioso don José del Castillo y Ayensa, hombre conciliador y culto, más conocido hasta entonces como helenista que como diplomático. Al mismo tiempo comenzaron las medidas reparadoras en favor de la Iglesia: se volvió a abrir de nuevo el Tribunal de la Rota por decreto de 20 de febrero de 1844, se autorizó a los dos para conferir órdenes y proveer curatos, se permitió el libre curso de las peces a Roma y, finalmente (y fue la disposición más importante de todas), se devolvieron al clero secular, por ley hecha en Cortes el 3 de abril de 1845, los bienes no vendidos. Todo indicaba tendencias a la reconciliación, que Roma no podía menos de ver de buen talante.

Castillo, sin embargo, encontró su empresa erizada de dificultades, y son de ver en la Historia que de estas negociaciones escribió muchos años después, el sesgo rarísimo y las contradictorias alternativas que aquella misión llevó. Poco importa para el historiador eclesiástico. Nuestro Gobierno no quería pactar sino sobre la base del reconocimiento, y Gregorio XVI le dilataba cuanto podía. Atribúyenlo muchos a presión del Austria, pero aun sin esto y a pesar de la reacción que en las cosas de España comenzaba a notarse, ¿cómo no había de tener reparo el jefe de la Iglesia en tratar con gobiernos inestables y movedizos como los nuestros, cuando aún estaban recientes los desafueros de Alonso, cuando aún humeaban los conventos, cuando los compradores de bienes nacionales seguían en pacífica posesión de lo vendido, cuando las leyes de dotación del culto y clero estaban pendientes todos los años del capricho de los legisladores? Natural era la desconfianza y el recelo del papa, natural su conducta expectante. Accedía, sí a nombrar obispos para las sedes vacantes y a remediar el deplorable estado de nuestra Iglesia, mas para impedir un arreglo definitivo se atravesaba siempre la cuestión política.

Castillo, después de muchas idas y venidas, que él refiere largamente en su libro, se adelantó a las instrucciones que había recibido, formó una especie de concordato en 1845 y alborotó a Madrid transmitiendo la noticia de que ya estaba firmado, cuando solo se había convenido en las bases. El alboroto dio por resultado un alza de los fondos públicos, seguida a los pocos días de un espantoso descenso cuando oficialmente se desmintió la noticia. Esta ligereza y apresuramiento de Castillo fue fatal al éxito de las negociaciones emprendidas. El Gobierno desaprobó todo lo hecho, le separó al poco tiempo de Roma y el concordato no se hizo hasta el año 51.

Pero ya en 1847 había consentido Pío IX en enviar a Madrid, como delegado apostólico, a Mons. Brunelli y en confirmar a los obispos que el Gobierno le fuera presentando. En 1848 no quedaba ya en la Península ninguna sede vacante. Aquel mismo año quedaron solemnemente reanudadas las relaciones diplomáticas con Roma, recibiendo el delegado, Mons Brunelli, poderes de nuncio.

La expedición a Italia en 1848, de concierto con las demás potencias católicas, para restablecer al papa en su gobierno temporal acabó de congraciarse con la Santa sede y facilitó la terminación de las negociaciones del concordato, en que principalmente intervino, como, ministro de Estado, don Pedro José Pidal, por más que la casualidad hizo que le suscribiera (en 16 de marzo de 1851) su sucesor Bertrán de Lis. El concordato es de los más amplios y favorables que ninguna nación católica ha obtenido. Su base es la unidad religiosa; el artículo 1.º dice a la letra, y téngase en cuenta para lo que después veremos: «La religión católica, apostólica, romana, que con exclusión de cualquiera otra continúa siendo la única de la nación española, se conservará siempre en los dominios de Su Majestad Católica con todos los derechos y prerrogativas de que debe gozar según la ley de Dios y lo dispuesto por los sagrados cánones». Mejor todavía que consignar el hecho de la unidad hubiera sido asentar el derecho exclusivo de la religión católica en España. Nunca hubiera holgado el poner la unidad religiosa a la sombra de un pacto internacional, por más que tengamos experiencia del desenfado con que la revolución atropella todo pacto, y más los que se hacen con potestades humanamente tan desvalidas como el papa.

Pero, aunque el Concordato haya sido roto o falseado dos o tres veces así por gobiernos conservadores como por gobiernos revolucionarios, siempre será cierto que tiene el valor y la fuerza de ley del reino y que, con arreglo a él, la enseñanza en universidades, colegios, seminarios y escuelas privadas o públicas de cualquiera clase ha de ser conforme en todo a la doctrina de la religión católica, quedando los establecimientos públicos de instrucción bajo la vigilancia de los obispos en materias de fe y costumbres. Se obligan además los poderes civiles a dispensar su patrocinio y apoyo a los prelados, siempre que le invoquen para el libre ejercicio de sus funciones, especial y señaladamente cuando se trate de oponerse a la propaganda herética o escandalosa, sin que con ningún color ni pretexto pueda ser perturbada ni atropellada la autoridad eclesiástica.

Hace años que todo esto es letra muerta. Nuestros gobiernos han tomado del Concordato la parte de león; se han aprovechado de la nueva demarcación de diócesis para suprimir obispados, pero no para crearlos nuevos, fuera del de Vitoria, no erigido hasta 1861. Desaparecieron las colegiatas y no se aumentaron grandemente las parroquias. Desapareció la Comisaría de Cruzada, pero no aquella famosa oficina ministerial llamada Agencia de Preces.

Las ventajas más positivas que la Iglesia sacó de aquel convenio fueron el reconocimiento pleno de su derecho de adquirir, la devolución de los bienes no enajenados, que habían de convertirse inmediatamente en títulos intransferibles del 3 por 100; la seguridad legal del modo y forma en que había de hacerse el pago de las dotaciones de culto y clero, la extinción de todas las jurisdicciones privilegiadas y exentas y, finalmente, la supresión de la teología universitaria, que los progresistas restablecieron *ab irato* en 1854, y que los mismos progresistas, con otro golpe no menos *ab irato*, volvieron a suprimir en 1868, con las mismas razones o sinrazones para lo uno que para lo otro; ejemplo notable de la lógica y consecuencia con que suelen proceder los reformadores.

A cambio de esto, el Concordato aseguró la tranquilidad de los compradores de bienes nacionales.

Fuera del Concordato, los únicos actos oficiales que pueden interesarnos en el largo período de los diez años referidos son los concernientes a imprenta y enseñanza. De muy diversas maneras ha sido juzgado el plan de estudios de 1845, poniéndole unos en las nubes, como verdadero impulso regenerador de nuestra enseñanza, y teniéndole otros, y yo con ellos, por desastroso, si no en su espíritu, a lo menos en sus efectos. Hay, con todo, circunstancias atenuantes, que de ninguna manera es lícito olvidar, si el juicio ha de ser recto. Quien nos oiga hablar de la ruina de nuestra antigua organización universitaria consumada por aquel plan, imaginará, sin duda, que de los esplendores, sabiduría y grandeza del siglo XVI pasamos súbitamente a la actual poquedad y miseria. Se olvidan sin duda, o se quiere olvidar, que a la decadencia interior orgánica del antiguo sistema, tan vieja ya, como que databa del siglo XVII, se había añadido en todo el XVIII la lucha declarada del centralismo administrativo contra las franquicias universitarias, la tendencia niveladora, regalista y burocrática, que hacían a los Arandas, a los Rodas y a los Campomanes encarnizarse con aquellas instituciones que, por un lado, conservaban siempre las huellas de su origen eclesiástico, y por otro, reflejaban fielmente el espíritu de autonomía, de libertad privilegiada, de exención y propio fuero, característico de los siglos medios. El verdadero secularizador de la enseñanza fue Roda, abatiendo los colegios mayores, arrogándose el derecho de nombrar rectores y catedráticos, reformando, imponiendo y mutilando los *Planes de estudios* y vedando en las conclusiones públicas todo ataque a las regalías de la Corona. Desde entonces languidecieron rápidamente nuestras universidades; Carlos IV cerró once de un golpe; la guerra de la Independencia, el plan de 1821 y la desatentada reacción posterior acabaron de desorganizarlas. El de 1824 duró poco, se cumplió mal, y era, aunque bien intencionado, pobre, atrasado y ruin en comparación con el empuje que en otras partes llevaban los estudios. La guerra civil completó el desorden, lanzando a los estudiantes al campo y haciéndoles trocar años de aprendizaje por años de campaña. Un plan de libertad de estudios que en 1836 hizo el duque de Rivas, como ministro de la Gobernación, se quedó en el papel y no rigió un solo día.

En estudiar nadie pensaba; las cátedras estaban desiertas; dos o tres universidades tenían rentas cuantiosas, dada la pobreza de los tiempos y del país, pero los doctores de las restantes vegetaban en la miseria. El título de catedrático solía ser puramente honorífico y servir de título o mérito para más altos empleos de toga o de administración. Por amor a la ciencia, nadie se consideraba obligado a enseñar ni a aprender. La enseñanza era pura farsa, un convenio tácito entre maestros y discípulos, fundado en la mutua ignorancia, dejadez y abandono casi criminal. Olvidadas las ciencias experimentales, aprendíase física sin ver una máquina ni un aparato, o más bien no se aprendía de modo alguno, porque los estudiantes solían cortar por lo sano, no presentándose en la universidad sino el día de la matrícula y del examen. Si algo quedaba de lo antiguo, era la indisciplina, el desorden, los cohechos de las votaciones y de las oposiciones. Y no se crea que las universidades eran antros del viejo oscurantismo; en realidad no eran antros de nada, sino de barbarie y desidia. Durante la guerra civil predominaron en ellas los liberales. Hubo rectores que se pusieron al frente de la Milicia Nacional, y era caso frecuente que los catedráticos, para conciliarse la popularidad de su auditorio, explicasen con morrión y fornituras, así como, por el extremo contrario, solía verse a los jefes políticos y a los coroneles presidiendo consejos de disciplina o salas de claustros.

En suma: nada de lo que quedaba en las universidades españolas el año 45 merecía vivir; respondan por nosotros todos los que alcanzaron aquellos tiempos y vieron por dentro aquella grotesca anarquía del cuerpo docente. En este sentido, el plan de estudios era de necesidad urgentísima, y fue gloria de don Pedro J. Pidal haberle mandado formar. Y aquí cumple advertir, porque justicia obliga, que nunca estuvo en su mente, y así lo declaró cien veces de palabra y por escrito, convertir aquella reforma en un plan de enseñanza anticlerical, antes reprobó siempre el espíritu de honestidad a la Iglesia que informa el libro *De la instrucción pública en España*,[34] publicado años después en defensa e ilustración de aquel plan por un subalterno suyo, oficial de la Dirección entonces, don Antonio Gil y Zárate, que tuvo parte no secundaria en la redacción del proyecto, juntamente, con los señores Revilla y Guillén. El libro de Gil y Zárate es oración pro domo sua, y aun para esto no hubiera sido preciso amontonar tantas impertinencias contra los papas, los jesuitas y los escolásticos.

---

34 Madrid, Imprenta del Colegio de Sordomudos; tres tomos, el 1.º, de 371 páginas; el 2.º, de 340, y el 3.º, de 382.
El señor Gil y Zárate quiere atribuirse toda la gloria y la responsabilidad del plan. Hace bien, y nadie ha de disputársela.

El plan se hizo como en 1845 se hacían todas las cosas; con bastante olvido de las tradiciones nacionales, sin gran respeto a la entidad universitaria, enteramente desacreditada ya por las razones que quedan expuestas; en suma: tomando de Francia modelo, dirección y hasta programa. Se centralizaron los fondos de las universidades, se les sometió a régimen uniforme, y desde aquel día la Universidad, como persona moral, como centro de vida propia, dejó de existir en España. Le sustituyó la oficina llamada instrucción pública, de la cual emanaron programas, libros de texto, nombramientos de rectores y catedráticos y hasta circulares y órdenes menudísimas sobre lo más trivial del régimen interno de las aulas. A las antiguas escuelas, en que el Gobierno para nada intervenía, sucedieron otras en que el Gobierno intervenía en todo, hasta en los pormenores de indumentaria y en el buen servicio de los bedeles. Nada menos español, nada más antipático a la genialidad nacional que esta administración tan correcta, esta reglamentación inacabable, ideal perpetuo de los moderados. Nada más contrario tampoco a la generosa y soberbia independencia de que disfrutan las grandes instituciones docentes del mundo moderno, las universidades inglesas y alemanas. ¿Quién concibe a Max Müller o a Momsen ajustando el modo y forma de su enseñanza al capricho de un oficial de secretaría o de un covachuelista sin más letras que las que se adquieren en la redacción de un periódico o en la sala de conferencias?

Nadie más amigo que yo de la independencia orgánica de las universidades. Nadie más partidario tampoco de la intervención de la Iglesia en ellas, no de la inspección laica e incompetente de ministros y directores más o menos doctrinarios. La Universidad católica, española y libre es mi fórmula. Por eso me desagrada en dos conceptos el plan de 1845, piedra fundamental de todos los posteriores. Por centralista, en primer lugar, y en segundo, porque, sin ir derechamente contra la Iglesia, a lo menos en el ánimo del ministro que le suscribió, acabó de secularizar de hecho la enseñanza, dejándola entregada a la futura arbitrariedad ministerial. A la sombra de ese plan impuso Gil y Zárate, como única ciencia oficial y obligatoria, la filosofía ecléctica y los programas de Víctor Cousin. A la sombra de ese plan derramaron Contero Ramírez y Sanz del Río el panteísmo alemán, sin que los gobiernos moderados acudiesen a atajarlo sino cuando el mal no tenía remedio. A la sombra de otros planes derivados de ése podrá en lo sucesivo un ministro, un director, un oficial lego, hábil solo en artes hípicas o cinegéticas, pero aconsejado por algún metafísico trascendental, anacoreta del diablo, llenar nuestras cátedras con los iluminados de cualquiera escuela, convertir la enseñanza en cofradía y monipodio mediante un calculado sistema de oposiciones e imponer a más irracional tiranía con nombre de libertad de la ciencia; libertad que se reducirá, de fijo, a encarcelar la ciencia española, para irrisión de los extraños, en algún sistema anticuado y mandado recoger en Europa hace treinta años. ¿Qué le queda que ver a quien ha visto al krausismo ser ciencia oficial en España?

De imprenta se legisló también, y con mayor firmeza. La ley de 9 de abril de 1844 prohibió en su título 15 la publicación de obras o escritos sobre religión y moral sin anuencia del ordinario. Esta restricción se conservó en todos los decretos posteriores, y de hecho apenas permitió imprimir ninguna producción francamente herética en aquellos diez años.

Vencida por el general Narváez en las calles de Madrid la revolución del 48, vegetó oscuramente en las sociedades secretas hasta el 54, dando por únicas muestras de sí pronunciamientos frustrados y conatos de regicidio.[35] La masonería se había organizado con nuevos estatutos en 1843, de concierto con los Grandes Orientes de Francia e Inglaterra. El rito escocés antiguo y aceptado, de 33 grados, proseguía siendo el único en España, sin perjuicio de admitir a los visitadores extranjeros de otros ritos. Se dividió el territorio de España en cuatro departamentos, regidos por logias metropolitanas. Un tal Dolabela, nombre de guerra, figuraba como gran maestre de la francmasonería Hesférica Reformada. Los departamentos se subdividieron en distritos, que tomaron nombres pomposos de la antigua geografía de España: Carpetano, el de Madrid; Laletano,

---

35 Tales fueron el de don Ángel Martínez de la Riva, redactor de un periódico progresista y hoy monje trapense, según mis noticias, en 1847, y el del clérigo riojano (ex fraile gilito) Martín Merino en 1852. Este último era un specimen curioso y no indigno de memoria entre nuestros heterodoxos. Profesaba las más radicales doctrinas políticas y religiosas, pero su carácter sombrío, misantrópico y solidario le había tenido en la oscuridad hasta que el crimen la sacó de ella. Era un pedante de colegio, sin alma y sin entrañas, al modo de los de la revolución francesa, igual a ellos en la terquedad de carácter, en fanatismo indómito y en la arrojada temeridad. No carecía de cierta erudición clásica, que solía aplicar opportune et importune. En la capilla citó versos de Juvenal, y comparó su hopa de ajusticiado con la púrpura de los césares. He visto, en la biblioteca de Pidal, ejemplares de Horacio y Juvenal, que pertenecieron al regicida, salpicados de notas de su mano, ya en aclaración de los pasajes oscuros, ya para aplicar el texto a sus enemigos políticos. Así, v.

el de Barcelona; Cántabro, el de Santander; Itálico, el de Sevilla, etc., etc. Hubo caballeros Kadoch, príncipes del real secreto, tesoreros, cancilleres y demás farándula. La armonía entre los hermanos duró poco, y los más avanzados se separaron hacia 1846 para entenderse con las logias de Portugal y constituir la francmasonería irregular o ibérica, a la cual quizá deba achacarse la revolución de Galicia.

VI. Revolución de 1854. Desamortización. Constituyentes. Ataques a la unidad religiosa

No hubieran triunfado en la revolución del 54 los progresistas sin la ayuda de varios jefes militares y de muchos tránsfugas moderados y de otras artes, que constituyeron el partido llamado de la Unión Liberal, partido sin doctrina, como es muy frecuente en España. Principios nuevos no trajo aquella revolución ninguno, ni fue en suma sino uno de tantos motines, más afortunados y más en grandes que otros. Con todo, en aquel bienio empezaron a florecer las esperanzas de una bandería más radical, que iba reclutando sus individuos entre la juventud salida de las cátedras de los ideólogos y de los economistas. Llamáronse demócratas; reclamaban los derechos del pueblo, en el único país en que no habían sido negados nunca, clamaban contra la tiranía de las clases superiores, en la tierra más igualitaria de Europa; contra la aristocracia, en una nación donde la aristocracia está muerta como poder político desde el siglo XVI y donde ni siquiera conserva ya el prestigio que da la propiedad de la tierra; plagiaban los ditirambos de Proudhon o de Luis Blanc contra la explotación del

---

gr., la descripción del Cancerbero está puesta en cabeza del general Narváez. Otras veces aprovecha la ocasión Merino para extraños alardes de fatalismo, ateísmo y pesimismo. Al margen de una sentencia moral de Horacio escribió: Esto vale más que los cuatro evangelios juntos.

Sobre la organización de las logias en este período, véase Clavel, *Francmasonería*, página 792), y la Fuente, *Sociedades secretas*, tomo 2 (página 134 y siguientes). En 1852 fue sorprendida una logia en Gijón y en ella el hermano Cabrera con otros adeptos. Al poco tiempo, un italiano domiciliado en Barcelona denunció a las autoridades de aquella plaza la existencia de la logia internacional de Gracia, compuesta de veinte individuos, algunos de los cuales fueron a presidio.

De opúsculos masónicos de esta época solo merecen recordarse los *Estatutos Generales de la Masonería según el rito escocés antiguo y aceptado por el Gr. Or. N. de España*. Al Oriente de Mantua, 1847; 8.º, 108 páginas.

obrero y la tiranía del capital, aplicándolos a la pobrísima España, donde no hay industria ni fábricas y donde los grandes capitales son cosa tan mitológica como el ave fénix de Arabia. El tipo del demócrata de cátedra, tal como estuvo saliendo de nuestras aulas desde 1854 a 1868 no ha de confundirse con el demagogo cantonalista, especie de forajido político, que nunca se ha matriculado en ninguna universidad ni ha sido socio de ningún ateneo. El demócrata de cátedra, cuando no toma sus ideales políticos por oficio o *modus vivendi*, es un ser tan cándido como los que en otro tiempo peroraban en los colegios contra la tiranía de Pisístrato o de Tiberio. Para él, el rey, todo rey, es siempre el tirano, ese ente de razón que aparece en las tragedias de Alfieri hablando por monosílabos, ceñudos, sombríos, e intratable para que varios patriotas le den de puñaladas al fin del quinto acto, curando así de plano todos los males de la república. El sacerdote es siempre el impostor que trafica con los ideales muertos. Por eso, el demócrata rompe los antiguos moldes históricos y comulga en el universal sentimiento religioso de la humanidad, concertando en vasta síntesis los antropomorfismos y teogonías de Oriente y Occidente. A veces, para hacerlo más a lo vivo, suele alistarse en algún culto positivo, buscando siempre el más remoto y estrafalario, porque en eso consiste la gracia, y, si no, no hay conflicto religioso, que es lo que a todo trance buscamos. El ser ateo es una brutalidad sin chiste, propia de gente soez y de licenciados de presidio; el verdadero demócrata es eminentemente religioso, pero no en la forma relativa y falta de intimidad que hemos conocido en España, sino con otras formas más íntimas y absolutas. Así, v. gr., se hace protestante unitario, cosa que desde luego da golpe, y hace que los profanos se devanen los sesos discurriendo qué especie de unitarismo será éste, si el de Paulo de Samosata, o el de Servet, o el de Socino. Y yo tuve un condiscípulo de metafísica que, animado por los luminosos ejemplos que entonces veía en la universidad, tuvo ya pensado hacerse budista, con lo cual, ¿qué protestante liberal hubiera osado ponérsele delante?

Los progresistas viejos se encontraron sorprendidos en 1854 ante aquel raudal de oscura hieroglífica sapiencia. Por primera vez se veían sobrepujados en materia de liberalismo, tratados casi de retrógrados y envueltos además en un laberinto de palabras económicas, sociológicas, biológicas, etc., etc., que así entendían ellos como si les hablasen en lengua hebraica. ¡Qué sorpresa para los que habían creído hasta entonces que la libertad consistía sencillamente en matar curas y repartir fusiles a los patriotas! ¡Cómo se quedarían cuando Pi y Margall salió proclamándose panteísta en su libro de La reacción y la revolución! Pero de todas suertes, los progresistas mandaban, y no que, rían darse por muertos ni por anticuados. En estas cosas de panteísmo y de economía política, les ganarían otras, pero ¡lo que es a entenderse con los obispos, eso no! De retenciones de bulas sabían más ellos, y, a mayor abundamiento, tenían en el Ministerio de Gracia y Justicia al famoso canonista don Joaquín Aguirre, catedrático de disciplina eclesiástica en la Universidad Central y autor de un *Curso* que todavía sirve de texto.[36] Aguirre, pues, llevó al gobierno todas sus manías de jansenista y hombre de escuela. El concordato quedó roto de hecho, cerrada la Nunciatura, restablecida la teología en las universidades, suspendida la provisión de prebendas. Se dieron los pasaportes al nuncio. Se deportó a los jesuitas, se desterró al obispo de Urgel y hasta se prohibieron las procesiones en las calles. Entre tanto, Pío IX en 8 de diciembre de 1854 había definido, con universal regocijo del mundo cristiano, el dogma de la Inmaculada Concepción. Un periódico de Madrid, *El Católico*, publicó la bula *Ineffabilis Deus*. Aquí del *exequatur*; Aguirre no quiso consentir en manera alguna que las regalías quedasen menoscabadas, encausó al periódico, retuvo la bula, y si al fin la dio el pase en mayo de 1855, fue con la cláusula restrictiva de «sin perjuicio de las leyes, reglamentos y demás disposiciones que organizan en la actualidad o arreglen en lo sucesivo el ejercicio de la libertad y de imprenta y la enseñanza

---

36 Aunque el libro de Aguirre está escrito con habilidad capciosa y no parece tan violento como sus actos y discursos ministeriales, es obra algo más que regalista, donde se habla de la administración eclesiástica; se defiende cierto sistema intermedio sobre la supremacía pontificia; se expone con palabras ambiguas el fundamento de las apelaciones y de las reservas; se muestra declarada tendencia anti-infalibilista y galicana; se afirma que las decisiones pontificias reciben mayor fuerza si un concilio las examina y confirma; se defiende a capa y espada el *exequatur* o pase regio (que Aguirre practicó de la manera que se dirá en el texto); se enseña como doctrina corriente que los gobiernos seculares pueden echar de sus sillas a los obispos mediante providencia gubernativa o sentencia judicial y que los obispos presentados pueden ser vicarios capitulares en sede vacante a pesar de los numerosos rescriptos pontificios en contra; se da por opinión segura que la potestad secular puede intervenir con la eclesiástica en la creación o erección de nuevos obispados; se profesan las más anchas doctrinas desamortizadoras; se insinúa que el Estado puede poner impedimentos al matrimonio y se ponen por apéndice los decretos de Urquijo.

pública y privada, de las demás leyes del Estado, de las regalías de la Corona y de las libertades de la Iglesia española». Los obispos reclamaron contra estas salvedades absurdas, que suponían en el Gobierno el derecho de confirmar o anular declaraciones de dogmas. Solo después de vencida la revolución, otro ministro de Gracia y Justicia, Seijas, dio por testadas y preteridas las cláusulas de Aguirre y dejó correr la bula lisa y llanamente, como suena. Más le hubiera valido anular una pragmática irracional, vestigio de antiguos errores, y que hoy ni siquiera encaja en los principios de los enemigos de la Iglesia. Algo fue, con todo, confesar que tales bulas dogmáticas no estaban sujetas a revisión ni a retención.

Los atropellos regalísticos de Aguirre encontraron firmísimo contradictor en la persona del virtuoso y enérgico obispo de Barcelona, don Domingo Costa y Borrás, con quien la revolución se ensañó, arrojándole de su diócesis a título de faccioso. Aguirre se empeñó en polémicas canónicas con él y salió muy maltrecho. Al poco tiempo, otro obispo, el de Osma, padre Vicente Horcos, tuvo la alta osadía de citar en una pastoral la bula *In Coena Domini*. El crimen era tan horrendo, que fue menester desterrarle enseguida a Canarias. Por entonces era ministro don Patricio de la Escosura, uno de los tipos más singulares que han cruzado por nuestra arena política y literaria, hombre de más transformaciones que las de Ovidio y más revueltas que las del laberinto de Creta. Escosura, pues, fue el encargado de dar en las Cortes cuenta de aquella insigne arbitrariedad, y comenzó su discurso con estas palabras: «Un tal Vicente de Osma...». Al poco tiempo ardieron en un motín las fábricas de Valladolid, y Escosura achacó el crimen a los jesuitas.

En tales manos había caído el clero español. Se puso en venta lo que quedaba de los bienes de la Iglesia y, para dar un paso más liberal y avanzado, se presentó francamente la cuestión de libertad de cultos.

En ella entendieron las Constituyentes del 55, debiendo recordarse aquí lo que intentaron y discutieron, no por la copia de doctrina (que fue ninguna) vertida en sus discusiones, sino por la luz que dan sobre el progreso que habían hecho las ideas revolucionarias desde 1837. La comisión constitucional, compuesta en su mayor parte por antiguos progresistas,[37] empezó por presentar una base capciosa, indirecta y ambigua, pero que llevaba expresa la declaración de tolerancia. La nación (así decía) se obliga a mantener y proteger el culto y los ministros de la religión católica que profesan los españoles; pero ningún español ni extranjero podrá ser perseguido civilmente por sus opiniones mientras no las manifieste por actos públicos contrarios a la religión. Pero ¿qué son actos públicos? ¿Ni a quién se persigue civilmente por opiniones no manifestadas de un modo exterior? Acto público es el libro, el periódico, la cátedra. El artículo, pues, o no quería decir nada puesto que de los pensamientos ocultos solo Dios es juez, o venía a autorizar implícitamente cualquier género de propaganda contra el catolicismo.

Así lo entendieron todos los obispos españoles, que con un solo corazón y una voz sola acudieron a las Cortes pidiendo una terminante declaración de unidad religiosa.[38] Así los numerosos ayuntamientos y los infinitos españoles de todos los partidos, que inundaron literalmente la mesa del Congreso de exposiciones y protestas contra la segunda base.

La discusión en el Congreso fue más larga que importante. Se presentaron hasta trece enmiendas, la mayor parte en sentido librecultista. Una de ellas, firmada por don Juan Bautista Alonso, merece recordarse por lo extravagante de los términos con qué empezaba: La nación española vive y se perfecciona dentro de la nacionalidad humana. Habló en pro del libre examen el republicano Ruiz Pons, catedrático de Zaragoza. Añadió don Cipriano S. Montesino que la libertad religiosa era la primera de todas, y que sin ella ninguna estimación merecía la libertad política. Y, como ingeniero y economista, invocó el principio de concurrencia, «tan benéfico en religión como en política, industria, artes y ciencias, porque la libertad es el progreso y la vida, y la discusión de los ajenos ejemplos depura las creencias y mejora las costumbres».

No se elevaron a más altura los restantes progresistas. «El derecho más precioso —dijo Corradi— es el que todo hombre tiene de adorar a Dios según

---

37 La formaban don Vicente Sancho, don Martín de los Heros, don Modesto Lafuente, don Antonio de los Ríos y Rosas, don Manuel Lasala, don Cristóbal Valera y don Salustiano Olózaga.

38 Véase la colección intitulada *La segunda Base. Reseña histórica y documentos relativos a la base religiosa aprobada por las Cortes Constituyentes de 1853* (Publicación de la Regeneración). Madrid, Imprenta de don Tomás Fortanet, 1855, 4.º, 180 páginas.

su conciencia... No cerremos nuestras puertas como los déspotas teocráticos de Egipto, que sacrificaban al extranjero que osaba poner el pie en su territorio.»

Reminiscencias de colegio, que completó don Francisco Salmerón y Alonso, hermano del luego famoso filosofante don Nicolás, extasiándose ante la idea de las felicidades que iban a caer sobre España el día en que «la Trinidad descendiera al palenque, donde se engríen los brahmanes con su Trimurti»..., y en que «nuestra religión pusiera sus emblemas frente al sabeísta que adora al Sol». Apenas acierta uno a comprender que un hombre en sana razón haya podido llegar a persuadirse que podía venir día en que los españoles abrazasen el sabeísmo o el fetichismo. Cada vez que leo este y otros discursos de nuestro Parlamento, que parecen una lección de historia mal aprendida, amasijo de especies y de nombres retumbantes recogidas la noche anterior en cualquier libro, me lleno de asombro al ver cuán desatinada idea tenemos en España de la elocuencia parlamentaria y al considerar la risa inextinguible que tales temas de retórica provocarían en un Parlamento británico. Dicen que nuestra tribuna es la primera del mundo: ¡beatos los que lo creen, porque es señal de que todavía conservan intacto el don precioso de la inocencia bautismal!

En pos del señor Salmerón se levantó un economista, profesor de la Universidad, el señor Figuerola, que defendió la libertad religiosa con este clarísimo, llano y apacible argumento, que Sanz del Río había hecho aprender memorialiter a sus discípulos, compañeros y adláteres, poniéndole, además, a guisa de frontispicio, en su *Doctrinal de historia*. «La verdad conduce a la unidad, porque, desenvolviéndose todos los seres según la armonía de su creación, no cambiando de forma, sino manifestando todas las formas elementales que el ser tenga en sí, puede encontrarse la armonía de ese mismo ser, que conduce a la belleza, a la contemplación de la unidad.» Los progresistas se quedaron como quien ve visiones; pero comprendieron que aquello era muy hondo y asimismo muy liberal, y aplaudieron estrepitosamente al orador.

En defensa del dictamen de la Comisión habló el antiguo *Fray Gerundio*, el popular y bienintencionado historiador para uso de las familias, don Modesto Lafuente. Pero aconteciole lo que al profeta Balam, y, en vez de maldecir a los israelitas, acabó por bendecirlos, es decir, por ensalzar los bienes de la intolerancia dogmática, después de haber execrado las hogueras inquisitoriales. «Sin unidad católica —dijo—, no hubiéramos tenido existencia nacional, o hubiéramos tardado muchos más siglos en tenerla... A la unidad religiosa, al sentimiento católico, a la firmeza y perseverancia en la fe, debe la nación española el ser nación, el ser independiente, el ser grande, el ser libre.»[39]

Todo esto no sería muy nuevo ni muy recóndito, pero era tan verdad, que logró la honra de promover todo género de rumores descorteses en la mayoría, decididamente hostil a Lafuente y a los que querían interpretar la segunda base en el sentido más restricto. El mismo Olózaga anduvo menos valiente que en su discurso de 1837, del cual fue Paráfrasis en lo sustancial el de 1855.

Acostáronse a su sentir otros progresistas antiguos, como el ministro de Estado, Luzuriaga, el cual tuvo la honradez de negar, en medio de estrepitosa gritería, que estuviese representada en aquel Congreso la opinión general del país. «Quizá no pueda responderse de la conservación del orden público —añadió—, quizá vuelva a encenderse la guerra civil si votamos la tolerancia de cultos.» Y Aguirre observó que, de sancionar la libertad religiosa, vendría por consecuencia ineludible la libertad de enseñanza, en beneficio exclusivo de los fanáticos y de los jesuitas. «Eso no —gritó el demócrata Ruiz Pons—; a los jesuitas, prohibirles que enseñen.» «Y además —continuó Aguirre— perdería la nación el patronato, y las regalías, y todas esas grandes leyes que enfrenan los abusos del clero.» Y, en efecto, ¿cómo ha de ser compatible la libertad de cultos con el regalismo? De aquí que los antiguos canonistas no pudieran oír hablar de ella con paciencia. Adiós monopolio, adiós inspecciones de bulas, adiós Agencia de Preces. ¡Qué río Pactolo se iba a perder la nación y cómo vendrían a enmudecer todos los ruiseñores febronianos y pereiristas, los Alonsos, Aguirres, Montero Ríos y tutti quanti! Enseñar el regalismo vale hoy tanto como enseñar alquimia después del advenimiento de Lavoisier, o astrología judiciaria después de Laplace. No es de maravillar el terror pánico de Aguirre ante la idea de que el librecultismo iba a dejar cesante su sabiduría canónica, porque o no habría en lo futuro canonistas o éstos serían forzosamente ultramontanos.

La discusión andaba por los suelos. Un señor Godínez de Paz, que ciertamente no era ningún águila, tuvo el mal gusto de llamar a boca llena ignorante, estúpido y de malas costumbres al clero católico. Semejantes profundidades dieron pie a una elocuente y franca respuesta de Moreno Nieto, que inauguró

---

39 Lafuente publicó además un folleto con el título de La cuestión religiosa. Observaciones sobre la discusión de la base segunda.

con honra aquel día su carrera política, menos ecléctico entonces que en el resto de ella.

Defensores de la unidad religiosa sin cortapisas ni limitación fuéronlo en aquella asamblea Jaén, Ríos Rosas y Nocedal. El discurso del primero, diputado por Navarra, que no era filósofo, ni canonista, ni orador, ni político de profesión, sino español a las derechas, católico práctico y sincero y hombre sencillo y bueno, fue un acto de fe ardentísima, de valor personal a toda prueba y de integridad moral, limpia como el oro. Parecía la voz de la antigua España levantándose en medio de un club de sofistas entecos. La voz de aquel diputado navarro, rudo como montañés y candoroso como un niño, carácter rústico y primitivo, especie de almogávar parlamentario, liberal hasta el republicanismo, liberal hasta la anarquía[40] y capaz al mismo tiempo de ir al martirio y a la hoguera por la confesión de su fe católica, sonaba vibrante y solemne como voz de campana, que llama unas veces a la oración, y otras, a la defensa armada de los paternos hogares. ¡Qué discurso para pronunciarlo delante de un congreso volteriano! «Cuando oigo misa, cuando me acerco a los pies del confesor, que es mi médico espiritual..., vuelvo siempre con la alegría y la calma en el corazón, resignado y fuerte para todas las tribulaciones de la vida, y por eso voy con celo, con fe y con ansia de esa dicha a recibir el cordero inmaculado, que llena mi alma de felicidad.» Y quién tal decía no era un monje, ni un beato, ni un tartufe que hiciera vil y sacrílega granjería de las apariencias del culto, sino un hijo de la revolución, un hombre del pueblo municipalista y demócrata, a quien la misma monarquía estorbaba.

Ese mismo carácter singularísimo de verdadero representante popular prestaba autoridad inmensa a sus palabras cuando, apostrofando a los librecultistas, decía: «¿A quién representáis vosotros? A una porción mínima, microscópica, del pueblo español, a un centenar de delirantes que bullen en una u otra ciudad populosa, y que no conocen el país en que viven, ni su historia, ni sienten palpitar su alma al recuerdo de las hazañas inmortales, a que en esta nación ha dado origen la unidad del sentimiento religioso... La voluntad de la nación es la mía, y sería yo indigno de sentarme aquí, indigno de representar a mis comi-

---

40 En este mismo discurso no tuvo reparo en decir que «jamás la nación española había dado cima a mayores hechos que cuando había estado sin gobierno». Era de los pocos enemigos francos de la monarquía que tomaron asiento en aquellas Cortes.

tentes, que todos, absolutamente todos, opinan como yo, si yo hubiera hablado de otra manera». La nación no desmintió a Jaén, y de todos los ámbitos de la Península festejaron su discurso plácemes espontáneos y sin número.

De Ríos Rosas no podía esperarse tal ardor de fe ni tan encendidas protestas de catolicismo. El tempestuoso tribuno había navegado demasiado en las turbias aguas eclécticas y su discurso tenía que resentirse de cierta vaguedad calculada, a pesar de la franqueza con que abordó de frente la cuestión política, oponiendo principios orgánicos a principios disolventes, y la voz de los siglos al grito de las pasiones contemporáneas.

La religión de un pueblo —decía— es la sangre de sus carnes, la medula de sus huesos, el espíritu de su cuerpo... Aun los incrédulos, los tibios en la fe, los impíos y los ateos, la obedecen con la voluntad aun cuando la nieguen con el entendimiento.

Señores —continuó Ríos Rosas—, no me haré cargo de los argumentos llamados industriales que se hacen en favor de la tolerancia en un país al cual no emigran los irlandeses ni ricos ni pobres, al cual no emigran los americanos españoles ni pobres ni ricos y en que hay tantas, tan grandes, tan tristes y tan absurdas causas para que no se desarrolle nada y para que los extranjeros nos miren con horror y odio. Cuando tengamos paz, cuando tengamos justicia, cuando tengamos gobierno, entonces vendrán los capitales extranjeros. ¡Libertad de cultos! El culto de la libertad, el culto del derecho, el culto de la justicia, es lo que puede restituirnos nuestra pasada grandeza.

«No se quiere la libertad de cultos para aumentar nuestra propiedad, sino para proteger la indiferencia religiosa», afirmó Nocedal, cuyo brillante discurso, el último de los que en aquella discusión se pronunciaron, fue, más que todo, una ferviente apología del catolicismo español.

La base segunda se aprobó, al fin, por 200 votos contra 52, y contra el clamoreo desesperado de los pueblos, que, a despecho de los agentes de la autoridad y de los decretos de las Cortes, proseguían enviando exposiciones con millares y millares de firmas. En muchas partes los peticionarios fueron entregados a los tribunales de justicia.[41]

Con esto y con la exposición del rabino alemán Philipson a las Cortes, en nombre de los judíos descendientes de los que salieron de España, documento que conmovió todas las fibras patrióticas de los legisladores, y con aquella homérica risa de los constituyentes cuando el señor Nocedal tuvo el nunca bien execrado atrevimiento de nombrar a Dios todopoderoso, y con el chaparrón de proposiciones semiprotestantes de un señor Batllés, pidiendo la ruptura del concordato, la supresión de fiestas y el matrimonio civil, acabó de completarse el universal descrédito de aquellas Cortes reformadoras, clavadas para mientras dure la lengua castellana, en la eterna picota de El padre Cobos.

VII. Retención del Syllabus. Reconocimiento del reino de Italia y sucesos posteriores

Flor de una aurora fueron las bases constitucionales de 1855. La contrarrevolución de 1856 restableció la unidad religiosa[42] y volvió a poner en rigor el Concordato, pero no remedió los daños ni anuló los efectos de la desamortización comenzada. ¡Siempre la misma historia! Los progresistas, especie de vanguardia apaleadora y gritadora, decretan la venta o el despojo; los moderados o los unionistas acuden al mercado y se enriquecen con el botín, tras de lo cual derriban a los progresistas, desarman la Milicia Nacional y se declaran conservadores, hombres de orden, hijos sumisos de la Iglesia, etc., etc. El país los sufre por temor a nuevos motines, y lo hecho, hecho se queda; porque ¿quién va a lidiar contra hechos consumados? La hidrofobia clerical de los unos, nada duradero produciría si, después de harta y desfogada, no viniera en su ayuda la templanza organizadora de los otros.

Por un convenio adicional al Concordato, estipulado por Ríos Rosas y el cardenal Antonelli en 4 de abril de 1860, volvió a reconocerse, sin limitaciones

---

41   De lo que entonces se escribió sobre la segunda base solo merecen recuerdo los tres artículos, modelo de argumentación y severa lógica, que don Pedro José Pidal publicó en El Parlamento, y que fueron luego coleccionados en un folleto (La Unidad Católica en España, Madrid 1857, Imprenta de R. Labajos).

42   Es decir, el art. 11 de la Constitución de 1845 que a la letra decía así: «La religión de la nación española es la católica, apostólica, romana. El Estado se obliga a mantener el culto y sus ministros».

ni reservas, el derecho de la Iglesia a adquirir, se derogó en todas sus partes la ley desamortizadora de 1 de mayo de 1855, se autorizó la conversión de los bienes de la Iglesia en títulos intransferibles del 3 por 100, se aplicó al sostenimiento del culto toda la renta de la Cruzada y prometió solemnemente nuestro Gobierno no estorbar en manera alguna la celebración de sínodo diocesanos.[43]

Increíble parecerá que, aun después de estos solemnes tratados y, lo que es más singular, después de tanta trimurti y tanto sabeísmo como echaron por aquella boca los constituyentes de 1855, aun tengamos que contar hazañas regalistas que hubieran llenado de envidia a aquellos fiscales del siglo XVIII que llamaban a Carlos III nuestro amo. He aquí el fiel resumen de este anacrónico suceso.

Era en diciembre de 1864. La santidad de Pío IX acababa de condenar en la encíclica *Quanta Cura* y en el *Syllabus*, o catálogo de proposiciones adjunto, los más señalados y capitales errores modernos, que ya habían sido reprobados antes, cada uno de por sí, en ocasiones diversas. No faltaba entre ellos —claro es— el liberalismo, y también contra el antiguo regalismo y cesarismo había proposiciones claras y explícitas. Tales son la 20, contra los que afirman «que la potestad eclesiástica no puede ejercer su autoridad sin permiso y asentimiento del gobierno civil»; la 28, contra los que creen «que no es lícito a los obispos publicar, sin anuencia del Gobierno, las letras apostólicas»; la 49, donde se enseña «que la autoridad civil no puede impedir la libre comunicación de los obispos o los fieles con el romano pontífice»; la 41, en que se precave a los católicos contra el yerro de los que sostienen «que compete a la potestad civil, aun cuando la ejerza un príncipe infiel, un poder indirecto, aunque negativo, sobre las cosas sagradas y eclesiásticas», y aun la 42 y la 44, dirigidas entrambas a evitar la intrusión de los poderes temporales en las cosas que miran a la religión, costumbres y gobierno espiritual.

Claro se ve que semejante declaración apostólica echaba por tierra, *ipso facto* el pase regio con todas sus consecuencias. De ahí que nuestros obispos, de igual modo que los restantes del orbe católico, no se considerasen obligados a semejante anacrónica formalidad, y comenzasen en el mes de enero de 1865 a hacer la publicación de la encíclica con ceremonias solemnísimas y a

---

43   Véase el texto de este convenio en el apéndice al tomo 6 de la *Historia eclesiástica de España*, de don Vicente de la Fuente (página 400 a 405).

comentarla en sus pastorales, explicando a sus diocesanos el verdadero sentido de las cláusulas pontificias. La prensa liberal alzó contra ellos descompuesta gritería, pidiendo al Gobierno que los encausase, que los amordazase, que los desterrase. Entre ellos llevaba la voz el arzobispo de Valladolid, repitiendo con san Jerónimo: *Non novi Vitalem, Meletium respuo, Ignoro Paulinum... Ego interim clamito: si quis Cathedrae Petri iungitur, meus est.* «No conozco —añadía en su pastoral de 15 de enero— a los que lo someten todo, hasta la religión y la conciencia, a las apreciaciones y cálculos de la política, cualquiera que sea su nombre; miro con desdén a la revolución, por formidable y terrible que sea la actitud en que la veo colocarse... Nada temo a esos hombres que se dicen de ley,[44] y que solo la invocan contra la religión y el libre ejercicio de sus sagrados derechos, teniéndola por letra muerta cuando se trata de reprimir a los que la insultan y escarnecen... En el siglo en que vivimos, y en que tan ilimitada libertad disfrutan la prensa, la tribuna y la cátedra, sería absurdo anacronismo e injusticia insigne guardar la represión, las trabas y las cadenas solo para la Iglesia de Jesucristo... Almas innobles podrían exigirlo; pero únicamente es dado concederlo a los gobiernos poco estables y a los tronos que, faltos de firmes y sólidos cimientos y en alianza con la revolución, temen derrumbarse disgustándola.»

¡Altas y proféticas palabras, que antes de los cuatro años estaban cumplidas! ¡Qué fuerza no habría prestado la opinión católica a un gobierno moderado que hubiera tenido entonces el valor de abstenerse de un procedimiento anticuado, despótico, ilegal, hipócrita, que la revolución misma no solicitaba sino como medio indirecto de vejar y mortificar a la Iglesia y de arrastrar por consejos y chancillerías el prestigio de las palabras de eterna salud y vida emanadas de la Cátedra de san Pedro!

Desdichadamente, el ministro de Gracia y Justicia, que lo era entonces don Lorenzo Arrazola, católico en verdad, pero no inmune del virus regalista, como no lo estaba ninguno de los jurisconsultos nuestros que recibieron la calamitosa educación universitaria del siglo XVIII, envió el *Syllabus* el 17 de enero al Consejo de Estado, preguntando si procedía la retención o el pase, y, caso que se retuviera, en qué términos había de hacerse la suplicación a Roma. Ítem, cómo habían de aplicarse la pragmática de 1768 y los artículos correspondientes del

---

44 Los jurisconsultos regalistas.

Código penal al episcopado y al clero, que se habían dado prisa a publicar la encíclica.

Pero si nuestros jurisconsultos estaban todavía en la época de Campomanes, nuestros obispos no eran ya los que en el siglo XVIII solemnizaron con pastorales la expulsión de los jesuitas, ni los que presenciaron silenciosos o aquiescentes la elaboración del juicio imparcial, ni los que aplaudieron los decretos de Urquijo y propagaron la *Teología Lugdunense*. Otros eran los tiempos, y otro también el ladrido de los canes, vigilantes y no mudos. Al reto oficial del examen del Consejo del Estado respondió el obispo de Salamanca: «Nuestra resolución está tomada: antes obedecer a Dios que a los hombres». Respondió el de Calahorra: «Los actos del pontífice, irresponsables por su naturaleza, deben correr por el mundo católico con la libertad que el mismo Dios concedió a su palabra; el intento de limitar esta acción soberana e independiente envuelve o una contradicción grosera o una agresión impía». Respondió el de Cartagena: «En sabiendo que el papa ha hablado, no hay para los fieles otra luz más luminosa, ni otra regla más segura». «Nunca hay peligro en obedecer al papa —dijo el de Pamplona—, el peligro y la calamidad están en no obedecerle.» «Cuando Dios habla, el hombre debe callar para no oír más que su voz», escribió el arzobispo de Santiago.

Por el mismo estilo hablaron todos los restantes; mas, a pesar de tan unánime protesta, el Gobierno persistió en llevar la encíclica al Consejo de Estado, y en éste los pareceres se dividieron. Hubo un dictamen de la mayoría y otro de la minoría. El primero, mucho más radicalmente regalista que el segundo, en términos que el mismo Roda o el mismo Floridablanca le hubieran autorizado sin reparos, se atribuye generalmente, y creo que con razón, al señor don Francisco de Cárdenas, hombre de vasto saber jurídico, autor de una excelente Historia de la propiedad territorial en España.

Así la mayoría como la minoría partían del falso supuesto de que la encíclica y el *Syllabus* estaban, por su naturaleza y contenido, sujetos a las formalidades del Pase. Así la mayoría como la minoría opinaban que este pase fuese con la expresa cláusula de «sin perjuicio de los derechos, regalías y facultades de la Corona». La diferencia estaba solo en que Cárdenas y los suyos llevaban el regalismo hasta querer mutilar el documento pontificio, reteniendo cuatro cláusulas enteras, y suplicando a Roma contra ellas, y admitiendo condicionalmente tan solo todas las que se refieren a la intervención de la potestad civil en la promulgación de las leyes eclesiásticas, al derecho de la Iglesia para reprimir con penas temporales a los quebrantadores de estas leyes y a la obligación de obedecerlas cuando sean promulgadas sin asentimiento del soberano. Diferían además mayoría y minoría en la manera de apreciar la conducta de los obispos. Quería el primer dictamen que se les aplicase el artículo 145 del Código penal por haber contravenido a la pragmática de Carlos III de 1768, que se amonestase al nuncio si resultaba cierto que había trasmitido directamente la encíclica a los prelados y que se manifestase a éstos el desagrado con que Su Majestad había visto la inconveniencia por ellos cometida. Y, atendiendo al escándalo inseparable de los procedimientos judiciales, podría Su Majestad hacer uso del derecho de amnistía y entregar al olvido las faltas cometidas. La minoría, opinando que no había méritos para proceder contra los obispos y el clero, se contentaba con recordarles la pragmática de 1768 e indicar al cardenal secretario de Estado, por medio de nuestro embajador en Roma, cuán conveniente habría sido que la corte pontificia hubiese dado directa y oportunamente noticia del *Syllabus* al Gobierno español. En suma, toda la diferencia consistía en llamar los unos inconveniencia lo que a los otros les parecía poco conveniente.

Arrazola se conformó con el voto de la minoría más bien que con el de la mayoría, y en 6 de marzo autorizó por real decreto el pase de la encíclica *Quanta Cura* y del *Syllabus*, que, traducidos íntegramente, se insertaron el mismo día en la *Gaceta*, precedidos de unos considerandos eclécticos en que se daba un poco de razón a todo el mundo. Para en adelante, prometía el Gobierno armonizar el derecho del placitum regium con la libertad de la prensa y con los derechos de la Santa sede, procediendo de acuerdo con ésta. Por de pronto volvía solemnemente a declararse en vigor la pragmática de 1768 y las demás leyes del reino concernientes a la publicación de bulas, breves y rescriptos pontificios.

A los quince días, el cardenal Puente, arzobispo de Burgos, y sus sufragáneos los obispos de Palencia, Vitoria, Santander, Calahorra y León acudieron a Su Majestad preguntando qué leyes del reino eran ésas, puesto que por el concordato debían entenderse derogadas todas las que estorbasen la plena libertad de la Iglesia y el ejercicio de su autoridad. Además promulgado ya el *Syllabus*, ¿cómo se podía enseñar, sin nota de error, que al Gobierno es lícito impedir la publicación de las letras apostólicas? En suma, el *placet* y la pragmática del 68 eran incompatibles con la encíclica. Y, aun dando por supuesto el vigor legal de la pragmática, ¿qué tiene que ver las bulas y rescriptos pontificios de que ella habla con una bula puramente doctrinal y dogmática, en que el vicario de Jesucristo declara y define lo que solo él puede declarar y definir?[45]

Si los moderados tienen sobre su conciencia el intolerable anacronismo de haber sacado a relucir por última vez la potestad económica y tuitiva, que parecía va arrumbada para siempre en los libros de Salgado, Pereira, Cestari y demás almacenistas de regalías, sobre la Unión Liberal debe recaer exclusivamente el grave desdoro de haber sancionado en 1865 aquel monstruoso conjunto de iniquidades y usurpaciones, aquel triunfo de las artes maquiavélicas que llamamos reino de Italia. No se trataba, no, de aquella Italia una que vieron en sus sueños, resplandeciente de grandeza, de gloria y de hermosura, todos los grandes poetas, todos los artistas, todos los pensadores nacidos en aquella tierra privilegiada del genio y de las musas, desde Dante hasta Manzoni y César Balbo; no era la Italia papal y neogüelfa, no era siquiera la Italia gibelina, ni la que lidió las jornadas de Milán, ni la que sucumbió en los campos de Novara. No se trataba de sancionar victorias de la revolución armada en las calles, ni siquiera de rendir la frente ante el puñal carbonario. Todo esto tenía cierta especie de grandeza satánica, cierta odiosidad gigantesca, que hubiera sido valeroso y aun artístico arrostrar allá en otros tiempos, cuando la Santa alianza estaba enfrente, cuando la férrea mano de Austria pesaba con entero aplomo sobre Milán y Venecia. El apoyo dado entonces a la revolución (en 1821 o en 1848 por ejemplo) hubiera podido paliarse con el generoso pretexto de la libertad de los pueblos o con la justa reparación de increíbles violaciones de la justicia. Pero el reino de Italia que veníamos nosotros a reconocer a última hora, obra no de leones, sino de vulpejas, no significaba ciertamente la libe-

---

45   El dictamen del Consejo de Estado dio ocasión al distinguido canonista don Vicente de la Fuente para probar en su libro de *La retención de las bulas ante la historia y el derecho* que «el placet regium es, a los ojos de la historia, un anacronismo; a los ojos del derecho natural, una iniquidad; a los ojos de la experiencia, una precaución tan vejatoria como inútil, a los ojos del derecho divino, una usurpación; a los ojos de la libertad política, una tiranía; a los ojos de la piedad cristiana, una hipocresía».
Véase coleccionados los documentos relativos a este negocio en un opúsculo del actual obispo de Segorbe, don Francisco de Asís Aguilar, intitulado *El pase regio. Cuestión histórica y cuestión moral.* (Madrid, Imprenta de don R. P. Infante, 1875), página 48 a 60.

ración de Milán y de Venecia, no significaba la idea genuinamente italiana, no significaba tan solo el despojo tumultuario de príncipes más italianos que el príncipe alóbroge o cisalpino que venía a sustituirlos. Lo que significaba ante todo y sobre todo era la ruina temporal del Papado, que es lo más grande y lo más italiano de Italia; la secularización de Roma, de aquella Roma que para cabeza del gran cuerpo de su patria regenerada habían soñado todos los políticos italianos de otros tiempos. Y significaba otra cosa: el entronizamiento de la revolución sobre el despedazado Capitolio, la caída del poder más antiguo, más venerando entre todos los poderes legítimos y seculares de Europa, la justicia conculcada a los pies de la fuerza extranjera con bajas complacencias, alquilada para que fuera auxiliar o testigo mudo; el despojo sacrílego del patrimonio de la Iglesia, el menosprecio de sus rayos espirituales...; en una palabra, la victoria del racionalismo en el orden político. Y, reconocido y acatado esto, ¿qué trono podía contemplarse seguro? ¿Qué sociedad podía creerse fundada en sólido cimiento? ¿Qué valían títulos de razón ni prescripciones de derecho ante los cálculos tenaces de la ambición porfiada y avasalladora? ¡Oh cuán profético vaticinio el de Aparisi cuando, después de consumado por parte de España el reconocimiento, dirigía a la reina Isabel aquellas palabras shakespearianas, tan prontamente cumplidas: «¡Adiós, mujer de York, reina de los tristes destinos...!»

Contra el reconocimiento habló Aparisi con aquella su singular elocuencia, mezcla de pasión ardentísima, de melancolía nebulosa, de ternura infantil, de simpático pesimismo, de gracia valenciana y de vislumbres casi proféticas. Hablaron Seijas, Fernández, Espino y otros moderados. Habló, por último, Nocedal, con incisiva, vibrante y sarcástica elocuencia, preñada de temores y de amagos, rompiendo del todo con las tradiciones liberales, execrando el feo vicio del parlamentarismo, e invocando, como único refugio en la deshecha tempestad que se acercaba, los principios constitutivos de la vieja sociedad española, «vivos aún en esa inmensa masa de españoles que no pertenecen a partido ninguno, que no están representados en la mayoría ni en la minoría ni en los centros del Congreso, y que hacen de Dios y del rey una especie de culto reverente, con el cual se enlaza y entreteje el recuerdo de sus padres y el amor de sus hijos».[46]

---

46   Discursos de don Cándido Nocedal sobre el reconocimiento del llamado reino de Italia (Madrid, Imprenta de Tejado, a cargo de R. Ludeña, 1886), 137 páginas.

No hay que disimularlo —dijo Nocedal—; la Europa entera está, España también va estando ya, dividida en racionalistas y católicos. Cada cual tome su partido. Cualquiera otra cuestión, al lado de la que hoy preocupa los ánimos, sería pequeña, insignificante... La civilización moderna tiene hoy sobre sí un nublado grande, del cual no se sabe cómo saldrá; tiene abiertas sobre su cabeza todas las cataratas del cielo; tiene a sus pies abierto el cráter de todos los volcanes; porque hace tres siglos y medio que viene rebelde y en lucha contra el principio católico; porque ha traído el principio del libre examen a ser la base y el cimiento de todas las teorías hoy al uso; porque se comenzó por negar la autoridad de la Sede Apostólica, y se ha concluido por aplicarla a la revelación...; en suma, porque las libertades modernas han tenido la desventura de enlazarse, de casarse, muchas veces acaso sin querer, con el principio anticatólico.

La Unión Liberal en masa, a pesar de sus antiguas declaraciones, a pesar de lo que había estampado alguno de sus hombres en libro no fácilmente olvidable,[47] votó el reconocimiento, arrastrando a una buena parte de los moderados.

Renovóse la cuestión al año siguiente de 1866 con motivo de la contestación al discurso regio. Nocedal presentó y apoyó una enmienda manifestando «la honda pena y patente amargura que había causado en la nación el reconocimiento de un poder calificado de nefario por la Santa sede».

Tan vigorosa protesta no sirvió de otro efecto inmediato que de dar ocasión a un bizarrísimo discurso del señor Nocedal en la sesión de 21 de febrero de 1866, discurso cuya valentía pareció temeraria a los no avezados a arrostrar con frente serena los huracanes de la impopularidad. Llamó vandalismo y piratería a la unidad italiana, gobiernos abyectos a los que la habían reconocido, y añadió:

Actos como éstos han de traer sobre Europa un castigo justo, providencial, que, en mi concepto, no se hará esperar mucho, porque no se retarda largo tiempo la acción de la justicia sobre las transgresiones de las leyes divinas y humanas.

---

47   Italia y Roma. Roma sin el papa, por don Nicomedes Pastor Díaz.

¿Y qué razones se habían invocado en pro del reconocimiento? Los intereses permanentes de España.

Lo que exigen los intereses permanentes de España —respondió Nocedal— es que España sea el paladín constante y acérrimo del catolicismo y de la Santa sede... Desconocer esto, es desconocer el porvenir que nos señala la Providencia, es renunciar a nuestros futuros destinos, que pueden ser grandes, aunque hoy sean pequeños, y, sobre todo, es renunciar clara, visible y notoriamente a todo lo grande que nos ha legado nuestra historia, al nombre que nos dejaron nuestros padres, a nuestras tradiciones, a todo lo que de nosotros exigen la historia y la raza.

Este funesto divorcio, acabó por hundir el trono de doña Isabel. No parece sino que aquella monarquía, condenada fatalmente desde su mismo origen a ser revolucionaria, caminaba cada día con ímpetu más ciego y desapoderado a su ruina. Ciento setenta y nueve votos contra siete rechazaron aquella enmienda, y entre los que así sancionaban por segunda vez el triunfo de la fuerza sobre el derecho, de la revolución sobre la Iglesia, estaban casi todos los que hoy llaman conservadores liberales. Y en tanto que así, hiriendo sistemáticamente el sentimiento católico el sentimiento nacional y el sentimiento de la justicia, se ahuyentaba del lado del trono a todos los elementos que en otra ocasión hubieran sido su mejor defensa, por donde venía a cobrar nueva vida y se aparejaba a nueva y próxima resistencia armada aquel inmenso partido que tantas veces habían declarado los liberales vencido y muerto,[48] proseguía desatándose

---

48   A excitar los ánimos en las provincias vascas contribuyó en mal hora cierta intentona jansenística, de que conviene dar breve noticia. El ex magistrado Aguirre Miramón, diputado foral de Guipúzcoa, emprendió, en desacuerdo con el obispo de Vitoria, cierta división eclesiástica de aquella provincia, suprimiendo treinta y tantas parroquias. Sobre esta cuestión suscitóse áspera polémica entre el *Semanario Católico Vasco-Navarro*, que dirigía el canónigo Manterola, y el *Irurac-bat*, de Bilbao, mediando contestaciones impresas del obispo y la Diputación (1687). Todo ello contribuyó a producir en las Vascongadas cierta agitación religiosa, que debe contarse entre los precedentes de la última guerra civil.
En las Cortes de 1876 (Senado) pronunció Aguirre varios discursos defendiendo los fueros de las Provincias Vascongadas, contra don Manuel Sánchez Silva y otros, combatiendo el dictamen de la mayoría de la Comisión.

el espíritu revolucionario en la prensa, en la cátedra, en la tribuna, levantando ya francamente bandera antidinástica los progresistas y bandera antimonárquica los demócratas. Estos no habían perdido el tiempo desde 1854. Pi y Margall, popularizando las ideas proudhonianas y el sistema federativo; Sixto Cámara, propagandista vulgar y pedantesco, pero activo y fanático; Rivero (don Nicolás María), en quien con intermitencias y dejadeces meridionales centelleaba un entendimiento claro y sintético, a quien faltó cultura y reposo mucho más que facilidad para asimilárselo todo y lucidez para exponerlo; Castelar, que hizo a su lado las primeras armas en *La Discusión*, y que luego pasó a *La Democracia*; García Ruiz, director de *El Pueblo*... éstos y otros más oscuros publicistas, entre ellos algunos catalanes, diversos todos en origen político, en estudios y aficiones, separados hondamente en cuestiones de organización social, individualistas los unos, socialistas los otros, quienes federales, quienes unitarios, pero menos divididos entonces que lo estuvieron el día del triunfo, propagaban en la prensa ese radicalismo político que cuenta entre sus principios esenciales la ilimitada libertad de imprenta y la absoluta libertad de cultos, ya que no la separación de la Iglesia y del Estado. Varios motines republicanos o socialistas, a contar del de Loja de 1 de julio de 1861,[49] hicieron abrir los ojos a muchos sobre las fuerzas que iba allegando ese partido juzgado antes banda de ilusos. Ya las ideas no se quedaban en las cátedras de la universidad, ni en las columnas de *La Discusión*, ni en las reuniones de la Bolsa. De allí salían, gracias a la punible tolerancia y a la sistemática corrupción electoral de los gobernantes unionistas, a cargar las bocamartas de los contrabandistas andaluces y a ensangrentar el brazo de los sargentos del cuartel de san Gil en 1866. Aquel movimiento abortó; pero desde el momento en que los unionistas arrojados del Poder pusieron sus rencores al servicio de la coalición progresista-democrática, el triunfo de la revolución fue inevitable.

En vano quiso detenerla el último Gobierno moderado con providencias de represión y aun de reacción, acudiendo sobre todo a detener y restañar las cenagosas aguas de la enseñanza separando de las cátedras a los profesores manifiestamente anticatólicos, estableciendo escuelas parroquiales, dando al elemento eclesiástico entrada e influjo en el Consejo de la Instrucción Pública y en la inspección de las universidades. Fue honra del ministro de Fomento,

---

49   Véase el capítulo siguiente.

director de la Instrucción Pública antes, don Severo Catalina, ornamento grande del profesorado español y de las letras castellanas, aquella serie de 23 decretos, que hubieran podido curar las mayores llagas de nuestra instrucción superior si hubiesen llegado ocho o diez años antes. Cuando aparecieron aquellos decretos y aquellos elocuentes preámbulos, todo era tardío e ineficaz. La monarquía estaba moralmente muerta. Se había divorciado del pueblo católico y tenía enfrente a la revolución, que ya no pactaba ni transigía. En la hora del peligro extremo, apenas encontró defensores, y el pueblo católico le vio caer con indiferencia y sin lástima. Y aquí conviene recordar otra vez aquellas palabras de Shakespeare, traídas tan a cuento por Aparisi: «Adiós, mujer de York, reina de los tristes destinos...». Y en verdad que no hay otro más triste que el de aquella infeliz señora, rica más que ningún otro poderoso de la tierra en cosechar ingratitudes, nacida con alma de reina española y católica y condenada en la historia a marcar con su nombre aquel período afrentoso de secularización de España, que comienza con el degüello de los frailes y acaba con el reconocimiento del despojo del patrimonio de san Pedro.

Capítulo II. Esfuerzos de la propaganda protestante durante el reinado de doña Isabel. II. Otros casos de heterodoxia sectaria

I. Viaje de Jorge Borrow en tiempo de la guerra civil. II. Misión metodista del doctor Rule. Otros propagandistas: James Thompson, Parker, etc. III. Don Juan Calderón, Montsalvatge, Lucena y otros protestantes españoles. IV. Un cuáquero español: don Luis Usoz y Río. V. Propaganda protestante en Andalucía. Matamoros. VI. Otras heterodoxias aisladas: alumbrados de Tarragona; adversarios del dogma de la Inmaculada; Aguayo; su carta a los presbíteros españoles.

I. Viaje de Jorge Borrow en tiempo de la guerra civil

Aprovechándose de las alteraciones políticas narradas en los capítulos anteriores y de la tolerancia religiosa que, si no de derecho, a lo menos de hecho, dominó en España desde 1834 a 1839, desde 1840 al 1843 y desde 1854 a 1856, gastaron las sociedades bíblicas muchos esfuerzos y grandísima cantidad

de dineros en vulgarizar las Sagradas Escrituras en romance y sin notas y exten-
derlas hasta los últimos rincones de la Península.[50]

El primer emisario de tales sociedades que apareció en España fue un
cuáquero llamado Jorge Borrow, personaje estrafalario y de pocas letras, tan
sencillo, crédulo y candoroso como los que salen con la escala a recibir a los
santos reyes. Borrow ha escrito su viaje por España, disparatado y graciosísimo
libro, del cual pudiéramos decir como de Tirante el Blanco, que es tesoro de
recreación y mina de pasatiempos; libro, en suma, capaz de producir inextinguible risa en el más hipocondriaco leyente.

Comisionado Borrow por una de las sociedades bíblicas de Londres, llegó a
Lisboa en 11 de noviembre de 1835. Desde la caída de don Miguel y el triunfo
de los constitucionales, la venta de Biblias estaba tolerada en Portugal. Borrow
visitó varias escuelas, dirigiendo a maestros y discípulos impertinentísimas preguntas. En Evora solía sentarse junto a una fuente, en compañía de su protector,
don Jerónimo de Azueto, y allí hablaba de cuestiones bíblicas a los chiquillos o
les repartía *Nuevos Testamentos* de los de Juan Ferreira de Almeida.

En Badajoz se juntó con unos gitanos (sin duda por amor al color local), y en
su compañía llegó a Madrid montado en un borrico. Por el camino aprendió el
caló, catequizó a algunos de la cuadrilla y empezó a traducir a la jerga que ellos
hablaban el *Nuevo Testamento*. Ni siquiera llegó a enterarse de las inauditas

---

50   En 1806, sin lugar ni más señas que el nombre del impresor (S. Rousseau), se había
     impreso *El Testamento Nuevo de Nuestro Señor Jesucristo*, 12.º En 1811 (Bungay), *El
     Nuevo Testamento*, de Cipriano de Varela. En 1820, el *Nuevo Testamento*, traducido al
     español, de la *Vulgata* Latina (Shacklewell). En 1817 (sin lugar), el *Nuevo Testamento*. En
     1823 (Londres), *El evangelio según san Lucas* y los *Hechos de los Apóstoles*. En 1828
     (Londres), El sermón de J. C. en el monte, explicado en preguntas y respuestas. En 1845
     (Nueva York), El *Nuevo Testamento*, de Cipriano de Valera, revisado en 1831. En 1849
     (Glasgow, Imprenta de W. G. Blackie y C.), el mismo *Nuevo Testamento* de la misma
     revisión. En 1850 (Nueva York), la Biblia, del padre Scío. En 1 863 (Oxford), la de Cipriano
     de Varela.
     En Portugués: A santa Biblia contendo o Velbo e Novo Testamento. Traduzidos em portu-
     guez segondo a *Vulgata*. Pelo P. Antonio Pereira de Figueiredo, Londres, na Typograpbia
     de Bagster e Thoms, 1828; 4.º La Sagrada Biblia, contendo o Velbo e o Novo Testamento.
     Traduzida em porluguez pelo P. Joao Ferreira d'Almeida, Ministro Propagador do santo
     Evangelho em Batavia. Londres, impresso na off. de R. F. A. Taylor, 1819.
     De fijo habrá más ediciones, ni yo me he propuesto catalogarlas todas.

burlas que le hicieron los gitanos durante el viaje. En Talavera, uno de ellos se hizo pasar por judío con nombre de Abarbanel, y le persuadió mil portentosas mentiras de tesoros ocultos, del gran número de judíos disimulados que había en España, de las misteriosas reuniones que celebraban y del grande y temible poder que ejercían en la Iglesia y en el Estado.

Pertrechado con tan verídicas relaciones, se instaló Borrow en una posada de gitanos de la calle de la Zarza y empezó sus trabajos evangélicos. El embajador inglés le dio una carta para Mendizábal, que estaba entonces en el Poder, y que por enemigo de los frailes se creyó que ampararía la empresa. Pero Mendizábal, como buen hijo del siglo XVIII, se echó a reír del pobre Borrow; habló de la Sociedad Bíblica en términos de desprecio, y dijo que no quería atraerse todavía más que hasta entonces la animadversión del clero, y que, si algo habían de traer los ingleses, valía más que no fuesen Biblias, sino pólvora y dinero para guerrear contra los carlistas.

Por entonces perdió las esperanzas el emisario inglés; pero, caído al poco tiempo Mendizábal, entraron a sucederle Istúriz y Galiano, que tampoco dieron a don Jorge más que buenas palabras, acabando por remitirle al ministro de la Gobernación, duque de Rivas, y éste a su secretario Oliván, que, por decirlo así, aunque sea con frase vulgar, tomó el pelo a Borrow, asegurándole un día y otro que tendría mucho gusto en servirle, pero que se lo impedían los cánones del concilio de Trento.

Vino después el motín de La Granja, y, decidido Borrow a tentar fortuna, hizo un viaje a Sevilla y Cádiz, donde ya circulaban *Nuevos Testamentos* de edición de Londres, introducidos de contrabando por Gibraltar.

De vuelta a Madrid imprimió un *Nuevo Testamento* de la versión del padre Scío en la oficina tipográfica de don Andrés Borrego, propiedad de *El español*.[51]

---

51 Creo que también se enlaza con la acción propagandista de Borrow la siguiente edición catalana del *Nuevo Testamento*: *Lo Nou Testament de nostre Senyor JesuChrists traduit de la Vulgata llatina en llengua catalana ab presencia del test original* (Barcelona, estampa de Bergnes, 1836). La traducción es la misma que antes se había publicado en Londres, y cuyo autor creo que fue un tal Plans. Es sumamente incorrecta en la lengua.
    —«Stray notes on George Borrow's life in Spain.» Artículo de Wentworth Webster en el *Journal of the Gypsy Lore Society* (número de enero, 1889), páginas 150-153.
    Contiene pocos pero interesantes detalles sobre la estancia de Borrow en Cádiz, Sevilla, Madrid, Provincias Vascongadas y Navarra, fundadas en los informes del marqués de

Los tiempos eran de revolución; los gobernantes, progresistas; los motines y asonadas, diarios, y nadie se inquietaba por Biblias con notas ni sin ellas. Así es que Borrow no encontró obstáculo para poner su edición a la venta en todas las librerías de Madrid, y con los ejemplares sobrantes, determinó hacer propaganda en las provincias del Norte.

Dicho y hecho. Sin más compañía que un criado, griego de nación, porque Borrow tenía siempre la habilidad de tropezar con los aventureros más estrambóticos, fuese a Salamanca en su acostumbrada cabalgadura, depositó ejemplares en poder del librero Blanco y tiró anuncios y prospectos como enviado de la Sociedad Bíblica. Otro tanto hizo en Valladolid, Palencia y León, aunque en esta última ciudad hubo de costarle una denuncia el tráfico evangélico. Tampoco logró gran propaganda entre los maragatos de Astorga. En el Bierzo predicó bastante, y con dudoso fruto. En Lugo vendió buen número de *Testamentos* y en La Coruña estableció un depósito de ellos. Ayudóle mucho un librero de Santiago llamado rey Romero, gran liberal, y perseguido por ello en la reacción de 1824. Ya ciertos gallegos emigrados, entre ellos algunos marineros de El Padrón, habían traído a su casa opiniones heterodoxas, según Borrow cuenta. El cual, prosiguiendo su viaje por Pontevedra y Vigo, llegó hasta el cabo de Finisterre, no sin tener en Corcubión larga y sabrosa plática con un alcalde aficionado a Bentham.

De vuelta a La Coruña, encaminóse por El Ferrol, Vivero y Ribadeo a Asturias. En Oviedo encargó de la venta de los *Testamentos* al librero Longoria. Por Villaviciosa, Ribadesella y Llanes vino a Santander, donde, encontrándose ya sin *Testamentos*, prometió a un librero, que no nombra, enviárselos desde Madrid.

Estos viajes le ocuparon la mayor parte del año 37. Restituido a la corte, abrió en la calle del Príncipe una librería con rótulo de Despacho de la Sociedad Bíblica y extranjera, tomó de superintendente a un gallego. Pepe Calzado, y para llamar la atención, imprimió prospectos de colores. Todo a ciencia y paciencia del Gobierno.

En 1833 imprimió el Evangelio de san Lucas, traducido al caló por él mismo, y al vascuence por el médico Oteiza. Al cabo, el Ministerio del conde de Ofalia cayó en la cuenta, le prohibió vender sus libros, le mandó quitar el rótulo de la tienda y acabó por encarcelarle, soltándole a los pocos días por mediación

---

Santa Coloma, oficial carlista, que trató bastante a Borrow.

del embajador británico. El Evangelio en caló, por lo extravagante del caso, se vendió grandemente, y algunos ejemplares lograron altos precios, especulando con ellos los mismos agentes de orden público encargados del embargo.

Libre Borrow de la cárcel de villa, donde había sido compañero del famoso ladrón Candelas, tornó a montar en su jumento y emprendió otra heroica peregrinación por Villaseca y pueblos de la Sagra de Toledo, llevando a guisa de escudero a un tal López, marido de su patrona. Parece que allí causó bastantes desastres y aun introdujo sus libros como de lectura en la escuela pública de Villaseca. Tampoco se muestra descontento de la acogida que tuvo en Aranjuez y en algunas partes de la provincia de Segovia. No así en la de Ávila, donde el alcalde de cierto lugarejo echó el guante al escudero López, y se le hubiera echado al mismo Borrow a no ser por su cualidad de súbdito británico.

Hizo enseguida un viaje de algunos meses a Inglaterra, pero a fines de diciembre de 1838 ya le volvemos a encontrar en España. En Sevilla supo que el Gobierno había decretado el embargo de su mercancía evangélica y que los ejemplares se hallaban en poder del gobernador eclesiástico, con quien tuvo, sin resultado, una entrevista. Otro tanto le aconteció en Toledo. Pero nada bastaba a desalentarle. Seguido por su fiel López, volvió a emprender sus expediciones de caballero andante de la Biblia por Cobeña, Carabanchel, etc., hasta que López tropezó con la cárcel de Fuente La Higuera.

El Gobierno, asediado por las justas quejas del clero contra esta activa propaganda rural, envió circulares a todos los alcaldes de Castilla la Nueva para que procediesen al embargo de cuantos ejemplares toparan. Borrow limitó desde entonces su propaganda a Madrid, auxiliado eficacísimamente por Usoz[52] y por un eclesiástico, cuyo nombre calla. Sus agentes, entre ellos cinco mujeres, comenzaron a ofrecer de casa en casa *Testamentos* y luego Biblias cuando llegó una remesa de Barcelona, en cuya ciudad trabajaba otro propagandista, llamado Graydon. Algunos curas llegaron a explicar el Evangelio a los niños valiéndose de ejemplares de los impresos por Borrow. En Sevilla contribuyeron a difundirlos

---

52 De él dice Borrow en el prefacio de su obra: «don Luis de Usoz y Río me ayudó mucho en la edición del *Nuevo Testamento*. Durante mi residencia en España he recibido todo género de pruebas de amistad de este caballero, que en el tiempo de mis ausencias en provincias... suplió con diligencia mi puesto en Madrid y trabajó en secundar las miras de la Sociedad Bíblica, sin que le guiara otro motivo que la esperanza de que sus esfuerzos pudieran contribuir eventualmente a la paz, dicha y civilización de su país natal».

un librero, griego de nación, llamado Dyonisios; otro griego, Juan Crisóstomo, y un maestro de música. De Sevilla pasó Borrow a Sanlúcar y a Cádiz. El libro termina con la relación de su estancia en Marruecos.

Todo esto y mucho más puede leerse en el extravagantísimo libro de Borrow La Biblia en España,[53] juntamente con mil aventuras grotescas y especies y juicios singulares acerca de nuestras costumbres; indico todo ello de la sandia simplicidad y escasa cultura del autor, que le hacían creer por verdaderos los mayores y menos concertados dislates. En la lengua vulgar de los gitanos llegó a ser consumado, y de sus costumbres y modo de vivir escribió cosas de harta curiosidad, aunque sin ningún espíritu ni propósito científico.

II. Misión metodista del doctor Rule. Otros propagandistas: James Thompson, Parker, etc.

Casi al mismo tiempo que Borrow comenzó desde Gibraltar sus trabajos por encargo de la Sociedad Wesleyana, un misionero metodista llamado William H. Rule, cuyas *Memorias* andan impresas y no van en zaga al tratado de La Biblia en España,[54] Rule era un fanático de igual o mejor buena fe que el historiador de los gitanos, y su libro merece entero crédito en las cosas que le son personales.

El metodismo se había empezado a desarrollar entre la guarnición inglesa de Gibraltar desde 1792, a despecho de las persecuciones con que el poder militar, fiel servidor de la iglesia anglicana, quiso atajar los progresos de aquella secta disidente, mucho más moral que dogmática. Extinguirla fue imposible, y ya en 1804 hubo que transigir y autorizar el establecimiento de una conferencia, dirigida por el reverendo James M'Mullen, que asistió heroicamente a los apestados de la fiebre amarilla, azote de los puertos de Andalucía en los primeros años de este siglo. A Mullen sucedieron el reverendo William Griffith y el reverendo T. Davis, en cuyo tiempo la conferencia gibraltareña alcanzó honores de misión, y creció en número de fieles, soldados ingleses los más.

---

53 *The Bible in Spain*; or, the journers, adventures and imprisonments of an Englisman, in an attempt to circulate the Scriptures in the Peninsula By George Borrow, author of *The Gypsies of Spain*. Londres, Jhon Murray, Albermale Strect-1843; 8.º, X + 328 páginas.

54 *Memoir of a mission to Gibraltar and Spain*, with collateral notices of events favouring religious liberty, and of the decline of romish power in that country, from the beginuing of this century, to the year 1842. By the Rev. W. H. Rule... Londres, published by John Mason, at the Wesleyan Conference Office... 1844; 8.º, XI + 383 páginas.

Sabido es que la mayoría de la población pertenece en Gibraltar al culto católico, y que de los quince mil habitantes de aquella roca arrebatada a España, solo tres millares escasos están afiliados en otros cultos, siendo todavía mayor el número de judíos que el de protestantes. Entre éstos logran ventaja los metodistas, como secta popular, caritativa, nada teológica y acomodada a los gustos y entendimiento de gente ruda y de humilde condición, como suelen ser soldados y marineros. En torno suyo se agita, hablando cierta lengua franca, un pueblo mixto y nada ejemplar, de contrabandistas y refugiados españoles, de judíos, moros y renegados, materia dispuesta para recibir la semilla evangélica cuando el hambre les impulsa a ello. La población indígena y no trashumante es fervorosamente católica, habla el castellano, y hasta muy entrado este siglo se ha comunicado muy poco con los ingleses, que viven allí como en un campo atrincherado. El celo metodista creó, desde 1824 una misión española, dirigida por M. William Barber, que aprendió con grandes fatigas nuestra lengua, pero no llegó a convertir a nadie. La misión había venido muy a menos, o, por mejor decir, estaba casi muerta, cuando en febrero de 1832 el Comité de la Sociedad Wesleyana envió a Rule para que se pusiera al frente de ella. Rule dominó en poco tiempo el castellano, fundó una escuela pública y gratuita de niños, dio unas lecciones contra el Papado y logró alarmar a la población católica, que dirigida por el vicario fundó en noviembre de 1835 escuelas ortodoxas, bajo los auspicios de la Congregación *De Propaganda Fide*, para evitar el tráfico escandaloso que los protestantes comenzaban a hacer con la miseria so pretexto de la limosna de la enseñanza.

Rule, incansable en su propaganda y ampliamente favorecido con los auxilios pecuniarios de sus hermanos, tradujo en verso castellano, con ayuda de algún apóstata español no ayuno de letras humanas, los himnos de los metodistas, y, dirigiendo sus miradas más allá del estrecho recinto de los muros de Gibraltar, y aprovechándose de la libertad de imprenta, reinante de hecho en España desde 1834, comenzó a cargar a los contrabandistas españoles de opúsculos y hojas de propaganda para que las fuesen introduciendo y repartiendo por Andalucía. Tales fueron el *Prospecto de las lecciones sobre el Papado*, dos catecismos, el *Ensayo* de Bogue sobre el *Nuevo Testamento*, una *Apología de la iglesia protestante metodista* (1839), los *Pensamientos* de Nevins sobre el Pontificado (1839), las *Observaciones* de Gurney sobre el sábado, las *Contrariedades entre el romanismo y la Sagrada* Escritura (1840), la *Carta sobre tolerancia religiosa y abusos de Roma*, de Home (1840), la *Refutación de las calumnias contra los metodistas* (1841), el Andrés Dunn (1842), especie de novela, en que un campesino irlandés reniega de la fe de sus mayores; el *Cristianismo restaurado* (1842) y otros papelejos no menos venenosos, traducidos todos o arreglados y revisados por Rule e impresos a costa de la Américan Religious Tract Society, que es la que ha infestado a España con este género de literatura.

Las novedades políticas de España infundieron a Rule grandes esperanzas de obtener copiosa mies evangélica si se determinaba a venir en persona a España. Algunos forajidos españoles, que por *modus vivendi* se declaraban protestantes, como hubieran podido declararse saduceos o musulmanes, le hicieron creer que medio pueblo le seguiría y se convertiría a la fe de Wesley si un predicador como él acertaba a presentarse en España en aquella favorable ocasión en que ardían los conventos y se cazaba a los frailes como fieras. No conocía Rule la tierra que pisaba, pero mi lector sí la conoce, y habrá adivinado ya que el piadoso metodista se volvió a Gibraltar triste, descorazonado y con algunos dineros de menos, bien persuadido de que los pronunciamientos son una cosa y otra muy distinta las misiones y que los que hacen los primeros no suelen ser buen elemento para las segundas. Repartió, sí, gran número de Biblias y folletos; se las dio en comisión a varios libreros de Cádiz, Sevilla y Madrid; trabó disputas con clérigos españoles sobre la inteligencia de los sagrados Libros; buscó el conocimiento y trato del obispo Torres Amat y del padre La Canal,[55] y a esto se redujo todo. De vuelta a Gibraltar publicó, traducidos del griego y anotados, los *Cuatro evangelios* (1841) e intentó establecer una misión en el Campo de san Roque. El alcalde, cumpliendo su deber, le echó mano, y no lo hubiera pasado del todo bien el temerario propagandista si no se le ocurre implorar la protección del famoso obispo electo de Toledo, don Pedro González Vallejo, presidente en aquellos días del estamento de próceres.

---

55 Las palabras que les atribuye son tan graves, cismáticas y *sapientes haeresim*, que fuera temerario darlas por ciertas, aunque sean bien sabidas las tendencias jansenísticas de uno y otro. Más bien hemos de creer que Rule, persona harto ignorante en achaques teológicos, como lo suelen ser los metodistas, entendió mal y transcribió peor lo que le dijeron. A cada paso vemos ejemplos iguales de la ligereza con que publican los viajeros las conversaciones que dicen haber tenido con las personas importantes, a quien hacen el mal servicio de visitar y de preguntarles impertinencias.

En 1836, Rule aparece de nuevo trabajando clandestinamente en Cádiz con ayuda del jefe político Urquinaona, anticatólico furibundo con puntas de canonista, autor del descompuesto libelo *España bajo el poder arbitrario de la Congregación apostólica*. De Cádiz pasó el ministro metodista a Málaga, Granada y Loja, distribuyendo Biblias y aprendiendo la tierra y el estado moral de las gentes, que le dio poca esperanza de conversión. Solo alguno que otro cura mujeriego y embarraganado le pareció materia dispuesta para convertirse de piedra en hijo de Abrahán cuando le llegase el día. Llevó a Cádiz un maestro de escuela metodista, le hizo predicar en el muelle a los marineros, enganchó a tres o cuatro raquerillos de la playa para que fueran a oír la lectura de la Biblia y a aprender a escribir en la escuela evangélica, y con estos elementos dio por organizada la misión de Cádiz, el primer establecimiento protestante de la Península. Las autoridades de aquel puerto le protegían a banderas desplegadas, y el escándalo continuó hasta la llegada del gobernador militar, conde de Clonard, que mandó cerrar la escuela en 28 de enero de 1838. Rule acudió al Gobierno por el intermedio del embajador británico, lord Clarendon, y la misión se restableció a los pocos meses con una escuela de niños y otra de niñas, y, lo que es más, con predicaciones y servicio divino los domingos; que tal fue la unidad religiosa en España antes de la Constitución de 1845. Comenzaron a pagarse las apostasías, y en 26 de marzo de 1839 ingresaron los dos primeros neófitos en la iglesia protestante: una niña de las educadas en la escuela y su madre. Hubo, al fin, un alcalde de Cádiz que se decidió a intervenir y a suspender la escuela mientras de Madrid no llegasen órdenes terminantes autorizando su continuación (7 de abril de 1839). Rule se negó a obedecer, pretextando que las reuniones y conventículos eran en su casa, a puerta cerrada, y que todo allanamiento de domicilio estaba vedado por la ley constitucional. El Gobierno moderado de entonces dio la razón al alcalde, prohibiendo a M. Rule fundar, bajo cualquier pretexto, establecimientos de primera enseñanza o colegios de humanidades, ni celebrar en su casa meetings, conferencias o predicaciones encaminadas a difundir doctrinas contrarias a la unidad religiosa, primera ley del reino. El fanático metodista puso el grito en el cielo, escribió a Inglaterra, quiso provocar una intervención, pero nadie le hizo caso. Lejos de eso, lord Palmerston hizo entender a Rule y a los demás propagandistas, por medio del cónsul de su nación en Cádiz, que, si se obstinaba en atacar facciosamente la religión católica de España distribuyendo libros o predicando, el Gobierno británico no los protegería en ningún modo ni respondería de las consecuencias a que su temeridad los arrastrase abusando de su calidad de extranjeros. Y, en efecto, un agente de la Sociedad Metodista fue expulsado al poco tiempo de Cádiz, y preso otro agente en Algeciras y llevado a bayonetazos hasta las líneas de Gibraltar, sin que el ministro inglés se tomara el trabajo de defenderlos.

¡Gobierno seudoprotestante, hijo de la impía Babilonia!, dijo para sus adentros Rule, y prosiguió oscura y disimuladamente sus maquinaciones sectarias, hasta que el pronunciamiento de septiembre de 1840, y la regencia de Espartero, y los proyectos separatistas y cuasi-anglicanos de Alonso vinieron a llenarle de jubilosas esperanzas. Entonces acudió a las Cortes pidiendo la libertad de cultos, y, más o menos al descubierto, dirigió, desde su cuartel general de Gibraltar, los hilos de toda conspiración protestante, hasta la de Matamoros inclusive.[56]

---

56 De los opúsculos impresos por Rule he visto los siguientes:
—*Catecismos publicados por orden del Ayuntamiento de los Metodistas*, para uso de la juventud de sus Sociedades y Congregaciones. Traducidos del Inglés. *Catecismo primero para los niños de tierna edad*, con un apéndice, o breve *Catecismo de los nombres del Antiguo y Nuevo Testamento*. Gibraltar: Imprenta de la Biblioteca Militar. 1846; 12.º, 16 páginas.
—Ut supra, hasta donde dice: traducidos del inglés. *Catecismo segundo, para los niños.*
—*Auxilio Escriturario dispuesto para facilitar con utilidad la lectura de la Biblia...* Londres... 1838 (Imprenta de John Hill).
—*Apología de la iglesia protestante metodista*, por el Rev. G. H. Rule Ministro de la misma en Cádiz (¿1839?).
—*El Cristianismo Restaurado*, por el Rev. G. H. Rule, Ministro Protestante. En la Imprenta de la Biblioteca Militar de Gibraltar, a costa de la Sociedad de los Estados Unidos de América, para la circulación de tratados religiosos, 1842; 8.º, 127 páginas. En el mismo año e imprenta se publicó, traducida por el mismo Rule, la primera edición del Andrés Dunn (49 páginas, 8.º).
—*Himnos para uso de los Metodistas...* 1835; 12.º, 56 páginas.
Aunque el prólogo está firmado por Rule, no creo que él ni otro extranjero alguno sea el verdadero autor de estos himnos, entre los cuales hay algunos muy bien versificados y de grato sabor de antigüedad. Véase, como curiosidad bibliográfica, el 9.º:

Suenan en vuestra boca
del Señor Dios altísimos loores;

En 1845 apareció en Madrid otro agente de las sociedades bíblicas llamado James Thompson, bajo cuyos auspicios se fundó, antes de 1854, la Sociedad Evangélica española de Edimburgo, que tuvo por órgano un periódico, dirigido por lady Pedie, fanática presbiteriana, con el título de *Spanish Evangelical Record*. Casi al mismo tiempo (1852), Tomás Parker, de Londres, traductor del libro de *Los protestantes*, de Adolfo de Castro, comenzó a imprimir y repartir con profusión por Cádiz y los puertos del Mediterránea un periodiquillo protestante, o más bien serie de folletos en lengua castellana, con el título general de *El Alba*.

El Gobierno progresista del bienio no puso reparo alguno a esta propaganda, que era mayor en los cuarteles de la Milicia Nacional. En Sevilla, un ministro metodista, don Andrés Fritz, comenzó a celebrar conventículos religiosos, que nunca llegaban a veinte personas, en su casa. El dueño de la casa le intimó que las suspendiera si no quería desalojarla. Impreso anda en *El Clamor Público* y

---

dar a vosotros toca,
que sois sus servidores,
a su nombre inmortal gratos loores.
 El nombre dulce y tierno
del Señor, nuestro Dios, bendito sea,
y con cántico eterno
ensalzado se vea
ahora y siempre, en cuanto el Sol rodea.
 Mirad desde el Oriente
hasta donde, dejando nuestra esfera,
alumbra al Occidente;
veréis que dondequiera,
el nombre del Eterno reverbera.
 Mirad en este suelo,
que no hay nación de su dominio exenta,
mirad al claro cielo,
que allá su trono asienta;
y sobre el alto empíreo lo sustenta.
 ¿Quién como el soberano
Señor Dios nuestro, que tan alta silla
ocupa, y tan humano
desde el cielo se humilla
a mirar nuestro suelo: ¡oh maravilla!

otros periódicos de entonces un comunicado del ministro inglés lord Howden denunciando esto como un acto de persecución y fanatismo.

III. Don Juan Calderón, Montsalvatge, Lucena y otros Protestantes españoles

Fuera de Blanco White y de Usoz, el único protestante español digno de memoria entre los de este siglo, y no ciertamente por lo original y peregrino de su errores religiosos, sino por la importancia que le dieron sus méritos de filólogo humanista y la docta pureza con que manejaba la lengua castellana, es don Juan Calderón,[57] apóstata de la Orden de san Francisco.

Calderón era manchego, nacido en Villafranca, pueblecillo inmediato a Alcázar de san Juan, donde su padre era médico, en 19 de abril de 1791. El 19 de abril de 1806 entró en el convento de religiosos observantes de san Francisco, de Alcázar. Desde sus primeros años de noviciado, o a lo menos desde que estudió filosofía, se hizo incrédulo por el trato con otros frailes de su Orden, que lo eran también, contagiados por las lecturas enciclopedistas. Al principio creyó en la divinidad de Jesucristo; luego se redujo a la ley natural y al deísmo, y, finalmente, paró en el ateísmo. Señalado como liberal y catedrático de constitución en los años del 1820 al 1823, tuvo que emigrar a Bayona, donde la curiosidad o el hambre le llevaron a una capilla protestante, en que predicaba

---

57 No hay más biografía de él que la publicada por Usoz en un cuaderno de XI + 63 páginas, 8.º, que en la portada dice solo: don Juan Calderón... Año de 1855, y lleva por lema estos versos de Quevedo:

Las grandes almas que la muerta exenta,
de injuria de los años vengativa,
libra, cortés lector, docta lit imprenta.
En fuga irrevocable huye la hora;
pero aquélla el mejor cálculo cuenta
que en la lección y estudios nos mejora.

Empieza este cuaderno con cierta biografía de Calderón publicada en *La Esperanza* de 2 de julio de 1850 por un paisano y condiscípulo suyo. Sigue una carta de Calderón a un amigo suyo (¿Usoz?), con rectificaciones a dicha biografía, que reconoce exacta en lo sustancial. El cuerpo del opúsculo está constituido por una autobiografía, que Calderón escribió en Londres el 18 de junio de 1847 y dirigió en forma de carta a Benjamín Wiffen.

M. Pyt, enviado de la Sociedad Continental de Londres, que le proporcionó una Biblia sin notas juntamente con los libros de Erskine, Chalmers, Haldane y otros apologistas. Entonces se convirtió al protestantismo, Dios sabe con qué sinceridad. Del oficio de zapatero de señoras, que había adoptado para ganar el diario sustento, pasó al de maestro de castellano y al de laborante o agente de la Sociedad Continental, por cuya cuenta distribuyó Biblias, *Nuevos Testamentos* y hojas de propaganda entre los emigrados españoles. En 1829 fue a Londres, subvencionado por la misma Sociedad, comenzó a explicar el Evangelio a varios emigrados peninsulares en una capilla de Somers-Town que le prestaba todos los domingos un ministro anabaptista, llamado Carpenter. Al principio asistieron muchos de los quinientos o seiscientos refugiados españoles que había en aquel barrio, y, como liberales que eran oían de buen grado las invectivas de Calderón contra los frailes y curas de su tierra; pero, así que entró en la parte dogmática y comenzó a hablarles de la justificación por los solos méritos del Señor Jesús, comenzaron a aburrirse, y uno tras otro fueron desfilando, hasta quedar reducidos a doce o catorce. En 1830 estaba ya disuelta la congregación.

En 1842, durante la regencia de Espartero, vino Calderón a Madrid, titulándose profesor de Humanidades y Literatura Castellana, y, sin ser de nadie molestado, vivió algunos años haciendo propaganda más o menos secreta, pero con poco fruto. En 1845 se volvió a Burdeos con su mujer (ningún clérigo español de los que se hacen protestantes deja de tomarla), y el 46 a Londres, donde vivió pobre y oscuramente hasta el 28 de enero de 1854, mantenido solo por las larguezas de Usoz, que le empleó como copista de manuscritos españoles en el Museo Británico para su colección de los antiguos *Reformistas españoles*. Por más que Calderón acostumbrase predicar en una capilla anabaptista y por más que sus principales amistades fuesen con cuáqueros y ministros de las sectas más disidentes, no parece haberse afiliado en ninguna iglesia determinada. Sus simpatías, en los últimos años parecieron inclinarse al protestantismo liberal.

Los escritos de Calderón son de dos especies: teológicos y gramaticales. Tradujo en 1846 las *Lecciones del arzobispo de Dublín*, Wateyl, sobre la evidencia del cristianismo.[58] Logró accésit en el concurso de Montauban en

---

58 *Tratado de Lecciones Fáciles sobre la evidencia del cristianismo*. Traducido de la lengua francesa a la castellana. Tolosa de Francia. Imprenta de A. Chauvin y Compañía. 1846; 12.º, 190 páginas.

Francia, en 1841, por unos *Diálogos entre un párroco y un feligrés sobre el derecho que tiene todo hombre para leer las Sagradas Escrituras y formar, según el contenido de ellas, su propia creencia y religión.*[59] En marzo de 1849 empezó a publicar en Londres, con el rótulo de *Pure Catholicism*, o *El catolicismo neto*, un periódico castellano de propaganda, que salía en plazos indeterminados, y que duró, con varias alternativas, hasta 1851, en que le sustituyó otro llamado *El Examen Libre*, que alcanzó hasta 1854. El dinero salía de las arcas de Usoz, pero el único redactor y editor responsable parece haber sido Calderón, cuyo nombre se estampa al fin de todos los números con el aditamento de Profesor de Literatura española.[60]

No sé si era literato, en todo el rigor de la frase, pero se que puede calificársele de sutil analizador de los primores de habla castellana, muy fructuosamente versado en la lección de nuestros autores modelos y hábil en desentrañar sus excelencias de pormenor. Era, en suma, un excelente maestro de gramática castellana, rico, además, de buen sentido, muy claro, muy seguro, muy preciso, libre de las exóticas manías de Gallardo y de Puigblanch, y no mal escritor, aunque llanamente y sin afectaciones de purismo. No se le puede llamar filósofo en el sentido moderno de la palabra. Su erudición lingüística era exigua; quizá no conocía más lenguas que la propia, y el inglés, y el latín, y nunca se había parado a examinar sus relaciones y afinidades, ni podía tenérsele por profundo en los misterios de la filosofía del lenguaje. Se había educado con la gramática general de los condillaquistas; y el procedimiento analítico, el desmenuzamiento de la frase, era el único de que entendía y que sabía aplicar magistralmente. Así lo mostró en los siete números de la *Revista Gramatical de la Lengua española*,

---

59 En la Biblioteca Nacional se conserva el manuscrito autógrafo remitido por Calderón a Usoz. La mayor parte de estos diálogos se publicó en los dos periódicos de Calderón. Hay otro folleto de éste que no he alcanzado a ver: Respuesta de un español emigrado a la carta del padre Aresso.

60 *Pure Catholicism* (*El catolicismo neto*) Segunda Edición. Periódico religioso, de indeterminado periodo, destinado a propagar el conocimiento de la pura religión del Evangelio. El precio es de 6 reales vellón por número. Londres: en casa de Partridge y Oakey, n.º 34. Son cinco números: el primero, de marzo de 1849; el último, de 1851. Lo más curioso que contienen son unos artículos de Calderón sobre El protestantismo, de Balmes. De Usoz hay un soneto malo. *El Examen Libre*, periódico igual en todo al anterior, comenzó a salir en julio de 1851. El último número es de enero de 1854.

que alcanzó a publicar en 1843; en la *Análisis Lógica y Gramatical de la Lengua española*, inserta allí mismo, y publicada simultáneamente en volumen aparte,[61] y sobre todo en su *Cervantes vindicado*,[62] colección de reparos gramaticales al *Comentario* de don Diego Clemencín. En ciento y quince pasajes nada menos quiere salvar Calderón el texto de Cervantes de las malas inteligencias de su comentador, y es lo bueno que casi siempre acierta, porque en el voluminoso y meritorio comentario de Clemencín, es de fijo la parte gramatical la más ligera y endeble. Frases hay que da Clemencín por ininteligibles, antigramaticales y aun absurdas, y que Calderón presenta llanas, fáciles y elegantes con solo deshacer la levísima trasposición o suplir la natural elipsis que envuelven. Otras son modismos y locuciones vulgares, usadas aún hoy en la Mancha, y que Calderón, como hijo de aquella tierra, define y explana. Pero aún va más adelante el ingenio del ex fraile, tan mal aprovechado en otras cosas. Pasajes que a doctos académicos, comentadores del Quijote, les parecieron jeroglíficos egipcios o escrituras rúnicas, quedan limpios y claros en este opúsculo con solo cambiar un signo de puntuación, con mudar el sitio de una coma. Siempre me ha asombrado que tantos y tantos como en estos últimos años han puesto sus manos pecadoras o discretas, doctas o legas, en el texto de la obra inmortal, proponiendo enmiendas y variantes so pretexto de corregir la plana al antiguo impresor Juan de la Cuesta (que no se extremó por lo malo en el *Quijote*, antes puede sostenerse que le imprimió harto mejor que otros libros que salieron de su oficina), hayan mostrado tan profundo desconocimiento de este trabajo de Calderón, vulgarizado por Usoz desde 1854. Poner ejemplos aquí, sería ajeno de este lugar y del propósito de esta historia.

No sé si declarar persona real o ficticia el ex capuchino catalán Ramón Montsalvatge, cuya vida corre impresa en un librillo inglés publicado por la

---

61 *Revista Gramatical de la Lengua española...* Madrid, 1843, Carrera de san Jerónimo, número 43. Salía todos los meses en cuadernos de 32 páginas, 4.º

—*Análisis Lógica y Gramatical de la Lengua española*, por don Juan Calderón, autor de la *Revista Gramatical*. Madrid, Carrera de san Jerónimo, 43, mayo de 1843.

62 *Cervantes vindicado en ciento y quince pasajes del texto del Ingenioso Hidalgo don Quijote de la Mancha, que no han entendido o que han entendido mal algunos de sus comentadores o críticos* por don Juan Calderón, profesor de Humanidades (Madrid, Imprenta de J. Martín Alegría... 1854), 8.º, XV + 256 páginas. El prólogo está firmado por don Luis de Usoz y Río.

Religious Trac Society.[63] Usoz, a quien no puede negarse cierta buena fe y gravedad en sus investigaciones, se inclinó a tenerla por ficción y novela, al modo de la de Sacharles. Con todo esto, está llena de circunstancias tan precisas y algunas tan exactas, que mueven a creer que la novela, si novela es realmente, se bordó sobre un fondo verdadero.

Montsalvatge se dice nacido en Olot el 17 de octubre de 1815. Fue capuchino y salió del convento cuando la dispersión de las comunidades monásticas en 1835. Entonces se alistó en el ejército de don Carlos, y después de varias aventuras fue arrestado por soldados franceses en la frontera y conducido a Grenoble. Algunos clérigos le aconsejaron entrar en un monasterio de Saboya, que abandonó al poco tiempo para volver al campo carlista. No aceptó el convenio de Vergara, volvió a emigrar, y entró en el seminario de Besançon a estudiar teología. Allí le asaltaron las más vehementes dudas sobre la interpretación de la Biblia. Un diálogo que tuvo en 11 de junio con M. Sandoz, pastor protestante de Besançon, le movió a abandonar el seminario primero y a abjurar el catolicismo después. Agente o *colporteur* de una sociedad evangélica, comenzó a distribuir Biblias entre los carlistas emigrados en Montpellier y en Lyón. De allí pasó a Clermont-Ferrand, donde trabajó de concierto con los republicanos barceloneses que en 1842 levantaron bandera contra el Regente. La Sociedad Evangélica de Ginebra empleó a Montsalvatge en diversas comisiones de empeño, a las órdenes de Calderón y de Borrow. En 1842 se le encuentra en Madrid proyectando una misión en Mallorca. Pero los tiempos cambiaron, y Montsalvatge tuvo que embarcarse para América, donde ya perdemos su huella.

Contemporáneo de Calderón y de Montsalvatge, si es que Montsalvatge ha existido y no es su insulsa biografía un pretexto para los desahogos evangélicos de cualquier pastor metodista, fue don Lorenzo Lucena, natural de Aguilar de la Frontera y ex rector del seminario de san Pelagio, de Córdoba. Huyó a Gibraltar, *propter genus foemineum*, en una noche de ventisca y truenos, en compañía de un contrabandista y de una prima suya, de quien el Lucena estaba locamente enamorado. En Gibraltar renegó, se casó, y empezó a trabajar, por encargo de

---

63   *The life of Ramón Monsalvatge a converted Spanish Monk of the order of the Capucins.* With an introduction, by the Rev. Rob. Baird. D. D... Londres, the Religious Tract Society. Instituled 1799... (1846), 12.º, XXXIII + 110 páginas.

la Sociedad Bíblica, en la revisión del Antiguo y *Nuevo Testamento* traducidos por Torres Amat. Tradujo, además, algunos librillos de propaganda extractados de *Las Contemplaciones*, de Hall. Vivía, hace poco tiempo, desempeñando en Oxford una enseñanza de lengua castellana.[64]

El infatigable Thomas Parker tradujo del castellano e imprimió en Edimburgo en 1855 un abominable y nefando *pamphlet* contra el catolicismo. No expresa el nombre del autor original, pero consta, por una nota manuscrita puesta por Usoz al principio de un ejemplar, que lo fue D. N. Mora, redactor de *El Heraldo*. Hizo bien en callar su nombre, porque es libro de los que bastan para tasar el valor moral de un autor. De lo que será esta vergonzosa diatriba, júzguese por los rótulos de algunos párrafos: «Propensiones amatorias unidas con la religión. Barraganas. Prácticas inmorales del clero. Degradado carácter e impopularidad de los curas. Descripción de la vida de las monjas. Ilícitas relaciones formadas por el clero. Carácter feroz del amor en los claustros. Asesinato de una joven por su confesor. Horrible corrupción de los capuchinos de Cascante».[65]

IV. Un cuáquero español: don Luis de Usoz y Río

La biografía de Usoz queda hecha indirectamente en el discurso preliminar de esta historia y en muchos capítulos y notas de ella. El nombre de Usoz es inseparable de la literatura protestante del siglo XVI, que él recogió, ordenó, salvó del olvido e imprimió de nuevo, dejándonos, a costa de enormes dispendios, la más voluminosa colección de materiales para la historia del protestantismo español. Su entendimiento, su actividad, su fortuna, su vida toda, se emplearon y consumieron en esta empresa, en la cual puso no solo fe y estudio y entusiasmo, sino el más terco e indómito fanatismo. Porque Usoz era fanático, de una es especie casi perdida en el siglo XIX e inverosímil en España, de tal suerte que en su alma

---

64 Véase Adolfo de Castro, *Historia de los protestantes españoles* (Cádiz 1851) página última. He visto cartas familiares de Lucena que le acreditan de hombre de no vulgar entendimiento.

65 *Roman Catholicism in Spain*, by an old resident. Edimburg. Johnstone et Hunter (1855), 8.º, VI + 210 páginas.
Este Mora no debe confundirse en modo alguno con don Ángel Herreros de Mora, protagonista ficticio de una especie de novela publicada por el reverendo Rule en 1856: *A narrative by don Ángel Herreros de Mora of his imprisonment by the Tribunal of faith*: traslated by the Rev. W. H. Rule.

parecían albergarse las mismas feroces pasiones que acompañaron hasta la hoguera al bachiller Herrezuelo, a Julianillo Hernández y a don Carlos de Sesé.

Era en suma, don Luis de Usoz un protestante arqueológico, pero no con la frialdad y calma que la arqueología infunde. Un espiritista hubiera dicho de él que venía a ser una de las postreras reencarnaciones del espíritu de Antonio del Corro o del doctor Constantino. Enfrascado días, meses y años en aquella única lectura, habían producido en su mente los libros teológicos del siglo XVI efecto algo semejante al que produjeron los de caballerías en la mente del Ingenioso Hidalgo. A la manera que Pomponio Leto y sus amigos no sabían vivir sino entre los recuerdos de la Roma pagana, el pensamiento de Usoz volaba sin cesar a aquellas reuniones dominicales de Chiaja, en que Juan de Valdés comentaba las *Epístolas de san Pablo* ante los más bizarros galanes y apuestas damas de la corte del virrey don Pedro de Toledo. No es hipérbole temeraria afirmar que Usoz anduvo toda su vida platónicamente enamorado de Julia Gonzaga, convirtiéndola en señora de sus pensamientos. La heterodoxia de Usoz es uno de los ejemplos más señalados y extraordinarios de espejismo erudito que yo recuerdo. Los españoles que en este siglo han abrazado el protestantismo, todos o casi todos han salido de la Iglesia por los motivos más prosaicos, miserables y vulgares; todos o casi todos son curas y frailes apóstatas que han renegado porque les pesaba el celibato. Así, aun los más famosos: Blanco White, Calderón. Pero Usoz no; Usoz era seglar y era opulentísimo; no pudieron moverle, y en efecto no le movieron, ni el acicate del interés ni el de la concupiscencia. Estaba además seguro y bienquisto en su patria, nadie le perseguía, nadie le inquietaba. No iba a buscar en el protestantismo ni refugio ni seguridad, ni honores ni riquezas. Iba solo a gastar las propias, no solo en empresas de bibliófilo, sino en el contrabando de Biblias, y en amparar todo género de tentativas descabelladas de reforma religiosa, y en mantener a una porción de Guzmanes de Alfarache, que, sabedores de su largueza, sentaban plaza de reformadores y de apóstoles.

Don Luis de Usoz y Río, descendiente de antigua familia navarra e hijo de un jurisconsulto que había sido oidor en Indias, nació en Madrid por los años de 1806. Estudió humanidades y derecho. Orchell, el famoso arcediano de Tortosa, le enseñó el hebreo, de cuyo idioma regentó cátedra en la Universidad de Valladolid siendo aún muy joven. Colegial de san Clemente, de Bolonia, luego, perfeccionó en Italia sus conocimientos filológicos por el trato con Mezzofanti y Lanci. De vuelta a España en 1835, contrajo matrimonio con doña María Sandalia del Acebal y Arratia, que le hizo poseedor de riquísima herencia, unida a la no leve que Usoz poseía ya. Desde entonces pudo dar rienda suelta a sus aficiones bibliográficas y reunir una colección tal, que entonces pareció de las primeras, y hoy, si bien menos numerosa que otras, debe ser tenida por singular y única en su género.

Aunque Usoz sonaba bastante entre la juventud literaria de aquel tiempo y hay versos suyos, harto medianos, insertos en *El Artista*,[66] sus graves estudios y la natural austeridad de su entendimiento le llevaban a la controversia teológica, si bien con errado impulso. Sabía hebreo y griego, cosa harto rara en España en aquel período de retroceso semibárbaro, que coincide con la primera guerra civil. Era muy dado a la lectura de la Biblia en sus textos originales, con estar maleado ya por ciertas influencias volterianas de su educación y del colegio de Bolonia, conservaba semillas de cristianismo y era de madera de herejes y de sectarios, no de madera de indiferentes ni de impíos.

Como no existe ninguna biografía de Usoz, ni yo le he alcanzado ni tratado, ni sé que él se franqueara con nadie sobre esta materia, no puedo escribir aquí punto por punto, como yo deseara por ser caso psicológico curiosísimo, las variaciones y tormentas de su conciencia, que es el punto principal en la vida de todo disidente de buena fe. Solo llego a columbrar que, entregado Usoz a la lectura y libre interpretación de los sagrados textos y a la de varios controversistas, más o menos herejes, del siglo XVI, fue forjándose una especie de protestantismo *sui generis*, cuyos dogmas y artículos no se fijaron hasta el memorable día en que un librero de viejo le trajo a vender un ejemplar de la *Apología*, de Barclay, traducida por Félix Antonio de Alvarado. Algo estrambótico había, sin duda en germen en el pensamiento de Usoz cuando aquella lectura le sedujo tanto. Es lo cierto que se enamoró de los cuáqueros y de su doctrina, y que no paró hasta ir a visitarlos a Londres en 1839, provisto de una carta de recomendación de Jorge Borrow (¡buen introductor!) para Jonatás Forster, uno de los principales miembros de la Sociedad de los Amigos.

Imagínese si los cuáqueros le recibirían con palmas, encantados de tan valiosa adquisición, ellos que son tan pocos y tan olvidados aun en Inglaterra.

---

66   V. gr., una canción al vino.

Entre todos se extremó un tal Benjamín Barron Wiffen, de Woburn, hermano del traductor de Garcilaso y de la Jerusalén y algo conocedor de las literaturas española e italiana. Entonces nació aquella amistad o hermandad literaria que por tantos años los unió, y a la cual debemos la colección de *Reformistas españoles*. Con todo, el primer trabajo literario de Usoz no anunciaba severidades cuáqueras, antes parecía romper con ellas y entrar de lleno en los linderos de la bibliografía picaresca y de la literatura alegre y desvergonzada. Por entonces había adquirido el Museo Británico un libro español singularísimo, libro único, aunque parte de su contenido ande en otros cancioneros, en suma, el *Cancionero de burlas* provocantes a risa (Valencia 1519); libro, más que inmoral y licencioso, cínico, grosero y soez, si bien de alguna curiosidad para la historia de la lengua y de las costumbres. Usoz se prendó de la extrañeza del libro y le reimprimió elegantísimamente en casa de Pickering, en 1841, en un pequeño volumen que ya va escaseando. Valor se necesita para reproducir, siquiera sea solo como documentos bibliográficos, el Pleito del manto y aquella afrentosa comedia, cuyo título entero veda estampar el decoro. Pero el intento de Usoz iba a otro blanco que al de reimprimir versos sucios, y aun por eso antepuso a la colección un prólogo en que se esfuerza por atribuir todas las brutalidades e inmundicias del Cancionero a poetas frailes.

Desde luego es una sandez el imaginar que en el siglo del Renacimiento solo los frailes y los clérigos escribían versos; y en un hombre como Usoz, que ciertamente no pecaba de ignorante en libros viejos, quizá merezca calificación más dura. Bastárale a Usoz recorrer la lista de los nombres conocidos de poetas insertos en el mismo Cancionero que reimprimía para convencerse de que apenas suena un fraile entre tantos caballeros, señores de título, aranceles de corte, trovadores áulicos y judaizantes desalmados como allí forman el coro de Antón de Montoro el Ropero, o de Maese Juan el Trepador.

Después de esta publicación, de tan dudosa buena fe y vilísimo carácter que llegó a escandalizar al mismo impresor Pickering cuando acertó a enterarse de lo que era, comenzó Usoz su biblioteca de *Reformistas* con el *Carrascón*, libro que él poseía y que había mostrado a Wiffen en una fonda de Sevilla, inflamando con él los deseos de su amigo para colaborar a aquella obra. Al frente de este primer volumen estampó Usoz un largo prólogo a modo de manifiesto de sus opiniones religiosas: «El objeto de reimprimir este libro —decía— podrá ser literario, histórico, todo lo que se quiera, menos un objeto encismador y propagador de errores. Como cristiano, no me atrevería de propósito a mezclar errores en cosa tan pura como la doctrina cristiana». Lo que reclama es absoluta tolerancia en materias religiosas: «Pruébense todas las cosas y reténgase lo que es bueno, no se apague el Espíritu». ¡Absoluta tolerancia! Y, sin embargo, Usoz formula a renglón siguiente un credo tan absoluto y dogmático como otro cualquiera, negando la transustanciación, el purgatorio, la adoración de las imágenes, la santificación de los días de fiesta, el primado espiritual del papa y combatiendo acerbamente el celibato eclesiástico, las cofradías y beaterios y... el encender candelas a medio día. *Ecce theologus*!

El cristianismo de Usoz se reduce a la luz interior de los cuáqueros, al «puro y sencillo espíritu cristiano sin mezcla de espíritu jerárquico y papal». «Consiste el cristianismo —añade— no en una religión que ata y fuerza a seguir un sistema especial o que obliga a adoptar este o el otro credo, sino en creer y profesar todas aquellas palabras que tenemos en el *Testamento Nuevo*, como expresamente pronunciadas por Jesucristo mismo, y en seguir todo aquel conjunto de sus acciones y divina vida que nos dejó por ejemplo. Cuanto nuestra razón, movida y guiada por el Espíritu santo, halle conforme con las santas Escrituras..., otro tanto pertenece a la Biblia y a su observancia y es parte de la viva esperanza y sólido fundamento de la fe..., de un cristianismo sin ceremonias de la ley antigua ni resabios de gentilismo.»

También en el prólogo de la Imagen del anticristo reconoce Usoz por única regla de fe «la luz de la Biblia, el espíritu perdido y obtenido». Usoz no es filósofo, y aborrece la filosofía: «Cristo no enseñó metafísica ni constituyó sistema», dice en el prólogo de las *Artes de la Inquisición*. Sus libros predilectos son los pietistas protestantes, los unitarios, los cuáqueros, los independientes: Gurney, Jonatás Dymond, Channing. Repetidas veces se declara partidario de los principios de Fox, y traduce la carta de Guillermo Penn al rey de Polonia en nombre de los cuáqueros de Danzig.

En pos del *Carrascón* imprimió Wiffen la *Epístola consolatoria*, que había comprado para Usoz en la librería del canónigo Riego, tirando solo 150 ejemplares, y así fueron volviendo a la luz una tras otra, por esfuerzo y diligencia de entrambos amigos, todas las obras de Juan de Valdés, Cipriano de Valera, Juan Pérez, Encinas, Constantino, etc., etc., de las cuales, sin exceptuar ninguna, queda hecha larga mención en sus artículos respectivos, donde asimismo sueles expresarse la procedencia del ejemplar que sirvió para la reimpresión. Unos, los más, eran de la biblioteca del mismo Usoz, adquiridos por él afanosamente en Londres, en Edimburgo, en París, en Lisboa, en Augsburgo, en Ámsterdam, en todos los mercados de libros de Europa. Otros fueron copiados por Calderón y Wiffen de manuscritos del Museo Británico o del Trinity College, de Cambrigde, o de galerías de particulares ingleses. Usoz no solo corrigió los textos y los exornó de prólogos e introducciones, sino que volvió a lengua castellana alguna de estas obras, publicada por primera vez en latín, en inglés o en italiano; así las *Ciento diez consideraciones*, así el *Alfabeto cristiano*, así las *Artes de la Inquisición*, así el español reformado, de Sacharles. Investigó cuanto pudo de las vidas de sus autores; anotó las variantes, si las ediciones eran diversas; siguió la pista a los anónimos, a las rapsodias y a las traducciones; añadió documentos, compuso fechas, mejoró hasta tres veces la lección de una misma obra y dejó verdaderos modelos de ediciones críticas, como la del *Diálogo de la lengua*.

En 1848 comenzó sus trabajos con el *Carrascón*, y en 1865, pocos meses antes de su muerte, los acabó con la *Muerte de Juan Díaz*; veinte volúmenes en todo, sin contar el *Diálogo de la lengua*, y el *Cervantes vindicado*, de Calderón. Esplendidez tipográfica desplegó en todo ello, hasta entonces desconocida en España, sirviéndole primero las prensas de don Martín Alegría, en Madrid (*ex aedibus Laetitiae*), y luego, las de Spottiswoode, en Londres. En el frontis de algunos volúmenes estampó estas palabras: Para bien de España. En otros se tituló Amante de toda especie de libertad cristiana: *Omnigenae christianae libertatis amator*. El trabajo de la colección es todo suyo; solo la *Epístola consolatoria* fue costeada e ilustrada por Wiffen, que tradujo, además, al inglés el *Alphabeto christiano*. En los restantes libros no tuvo más empleo que el de copista y agente de librería por cuenta de Usoz. Muertos uno y otro, el doctor Eduardo Boehmer, de Estrasburgo, está continuando esta Biblioteca, y tiene ya impresos cuatro tomos más de Juan de Valdés y del doctor Constantino. Véase Apéndice [vol. 7. Ed. Nac.].

Obras originales de Usoz, solo dos han llegado a mis manos: su traducción de Isaías, hecha directamente del hebreo, conforme al texto de Van-der-Hoodt (1865), la cual le acredita no solo de hebraizante, sino de conocedor profundo de la lengua castellana, y el folleto intitulado *Un español en la Biblia* y lo que puede enseñarnos, obrilla encaminada a ponderar los beneficios de la tolerancia con el ejemplo de Junio Galión, hijo de Séneca el Retórico, propretor de Acaya y juez de san Pablo.

Las noticias que hemos podido allegar nos autorizan para creer que Usoz anduvo más o menos activamente mezclado en todas las tentativas protestantes del reinado de doña Isabel. Ya queda referido el eficaz auxilio que prestó al viajante evangélico Jorge Borrow. A mayor abundamiento, en uno de sus libros he hallado, a modo de registro, una carta, fecha en Granada el 11 de febrero de 1850, en que varios amigos refieren a Usoz que se han reunido en número de doce (dos de ellos incrédulos antes), decidiendo unánimemente adoptar las doctrinas de *El catolicismo neto*, de Calderón, y propagarlas y hacer la guerra al clero. Un don José Vázquez se encarga de escribir a Londres al doctor Thompson y de enviar a Málaga ejemplares del *Nuevo Testamento* y repartirlos entre los pobres de Granada.[67]

Toda la vida de Usoz se gastó en este absurdo propósito de hacer protestante a España, y de hacerla del modo que lo enseñaban sus libros viejos. Juan de Valdés, sobre todo, era su ídolo, y no tuvo en su vida día mejor que aquel en que Wiffen le presentó la biografía del famoso conquense, a quien, muerto y separado por larga distancia de siglos, tenían entrambos por su más familiar camarada y amigo.

Dejó Usoz preparados muchos materiales para una historia de la Reforma en España, y aun escrito en parte el primer capítulo; pero estos y otros proyectos suyos vino a atajarlos de improviso la muerte en 17 de septiembre de 1865. Murió como había vivido. Su hermano don Santiago (catedrático de griego en Salamanca, a quien conocí bastante años después, y que, según entiendo, murió católicamente en El Escorial) escribió a Wiffen estas significativas palabras, que el doctor Boehmer ha publicado, que por mi parte no creo necesario comentar: «Su mujer me ha contado hoy ciertos pormenores de su muerte, y dice que murió con igual paz y tranquilidad que la que hubiera tenido ahí (es decir, en

---

67 A juzgar por las ideas, y aun por la ortografía, y por los indicios tipográficos, parece que también ha de atribuirse a Usoz un cuadernillo impreso en 1849 con este título: *Dos oraciones que hacen algunos españoles antes y después de leer las Sagradas Escrituras* (16 páginas, 8.º). El espíritu de estas oraciones, ya muy raras, es cuáquero puro. Se decían probablemente en las reuniones que Usoz llegó a tener en su casa.

Inglaterra). Nadie le incomodó y ella cumplió todas sus prescripciones. Él murió cristianamente y ella muestra conformidad cristiana».[68]

La viuda de Usoz, cumpliendo sus últimas indicaciones, regaló a la Sociedad Bíblica de Londres los restos de la edición de los *Reformistas*, y a la Biblioteca Nacional de Madrid, lo demás de su librería, riquísima en Biblias y autores escriturarios y sin rival en el mundo en cuanto a libros heréticos españoles.

V. Propaganda protestante en Andalucía. Matamoros

Sobre la vida de Matamoros publicó el pastor Greene un libro de fanático,[69] en estilo bíblico a ratos, y a ratos, como de vida de santo o de testimonio en causa de beatificación. El fondo principal de la obra son cartas del mismo Matamoros, que Greene, con extraordinaria candidez, acepta y da por buenas, sin compulsar sus noticias ni reparar en las falsedades y contradicciones que envuelven. Si se quiere apurar la verdad, es preciso cotejar a cada paso el relato de Greene con la impugnación que de él publicaron algunos protestantes conversos en *El Lábaro* (número 1) y con las noticias insertas en la Gaceta de 12 de marzo de 1863.

Matamoros, a quien su biógrafo llamó joven mártir, alto monte, monumento ciclópeo, inocencia conservada y, finalmente, el gran cristiano de Málaga, era un mozo del Perchel, ex cabo del ejército, expulsado de su regimiento (y no ciertamente por teólogo) y refugiado en Gibraltar, donde se dejó catequizar por otro personaje de la misma laya, don Francisco Ruet, catalán, ex corista de teatro, que en Turín había sentado plaza de misionero bajo la dirección del doctor De Sanctis. La activa propaganda que hizo en Barcelona por los años de 1855 le costó una larga prisión y, finalmente, el destierro.

Ruet comisionó a Matamoros, son palabras de Greene, «para que fuese a Málaga y a Granada a predicar a los que en aquellas ciudades estaban aún

---

68 Acerca de Usoz véase el primer tomo de la *Biblioteca Wiffeniana*, de Boehmer (página 10 a 57).

69 *Manuel Matamoros and his fellow-prisioners, a narrative of the present persecution of Christians in Spain*. Compiled from original letters, written in prison, by Wiliam Greene, with a photography of Matamoros in bis cell. Londres, Morgan, etc.; 8.º, 192 páginas.
—*Vida y muerte de don Manuel Matamoros*. Relación de la última persecución de cristianos en España, extractada de cartas originales y otros documentos. Por Guillermo Greene... (Madrid, Imprenta de J. M. Pérez..., 1871), 8.º, VIII + 256 páginas.

en la oscuridad y en las tinieblas de la muerte... Y al fin vieron la gran luz». Lo cual quiere decir que, como Matamoros traía dineros y aún más promesas que dineros, y hablaba además con cierto calor persuasivo, que disimulaba su profunda ignorancia, no dejó de encontrar cuatro desesperados que firmasen con él una protesta de fe reformada. Matamoros formó una junta con los catecúmenos que le parecieron más activos, despiertos y evangélicos, dividió a los restantes en congregaciones, les repartió libros, les hizo pláticas semanales, y dilató sus correrías de predicador a Sevilla, Jaén y otras ciudades andaluzas. El gobernador civil de Málaga quiso proceder contra él, y, huyendo Matamoros de padecer persecución por la justicia, fue a dar en Barcelona, donde se hallaba en septiembre de 1860. En pos de él llegó una requisitoria, a tenor de la cual fue encarcelado e interrogado. Greene ha publicado las cartas que le dirigió; cartas reducidas a pedir, en tono sentimental, inspirado y dulzazo, alguna ayuda de costa, que Greene y otros hermanos le facilitaron con la unción más candoroso del mundo.

Como Matamoros había incurrido en el público delito de propaganda anticatólica, penado con años de presidio en nuestro Código de entonces, la Audiencia de Granada reclamó su persona y comenzó a instruir el proceso. Al mismo tiempo, y por el mismo delito, fueron procesados un sombrerero de Granada, José Alhama, que luego llegó a obispo protestante, y un cadete de Artillería llamado Trigo, como si dijéramos el Timoteo y el Filemón de Matamoros. En Málaga fueron presas dieciocho personas más, tan oscuras y de tan negros antecedentes, que de alguno de ellos llegó a estamparse en los periódicos de aquellos días, sin protesta de nadie, que había estado cuatro años en presidio. Otros se salvaron huyendo a Gibraltar; así un seminarista de Granada, N. Alonso, que después de la Septembrina se hizo conspicuo en Sevilla con el apellido de Marselau.

Cualquiera sospechará que el Gobierno de la Unión Liberal, que ciertamente no se distinguía por el fervor católico, hubo de tener más motivos que los puramente religiosos para proceder con más inusitado celo contra Matamoros y cómplices. Propaganda muy activa hacía Usoz en Madrid mismo, y nadie le molestó nunca. Pero los protestantes de Andalucía eran gente muy de otra condición y estofa, afiliados por la mayor parte en clubs republicanos y socialistas, que conspiraban activamente contra el Gobierno.

El protestantismo era solo un pretexto, un cebo o una añagaza para explotar la caridad de los devotos ingleses. «Mi calabozo es un pequeño foco de luz evangélica —decía Matamoros—. Tengo tres convertidos entre los presos...» ¿Y cómo no habían de convertirse viendo el regalo y la opípara vida que se daban aquellos apóstoles con las remesas de dinero que continuamente llegaban de Gibraltar y de Inglaterra? Sir Roberto Peel fue a visitarlos a su paso por Granada. En Inglaterra, una comisión de ministros de varias sectas se presentó a pedir a lord John Rusell que intercediera oficialmente por los presos. Se hicieron rogativas por su libertad. Se dirigieron peticiones a la Cámara de los Comunes para que Inglaterra nos obligara, por fuerza o de grado, a aceptar la libertad de cultos. Los periódicos ingleses más leídos, el *Morning Post*, v. gr., pugnaron por Matamoros como *pro aris et focis*, comparando su encarcelamiento con las matanzas de cristianos en Siria y Turquía. Y, finalmente, no hubo pastor evangélico, ni beata anglicana, ni lady sentimental a quien no arrancara copiosas lágrimas la desgracia del apóstol malagueño. Así él como Alhama, se habían dado a escribir cartas de edificación, remedando el tono de las *Epístolas de san Pablo* y empedrándolas de textos bíblicos; y los ingleses, sin duda por haber cursado poco la playa de Málaga y el Potro de Córdoba, caían como incautas mariposas en aquel burdo y grotesco artificio, digno de la *Virtud al uso y mística a la moda*, de don Fulgencio Afán de Ribera. «Es muy posible —decía un articulista del *Morning Post*— que Matamoros y Alhama padezcan tan horribles tormentos, que al fin mueran.» Hasta en el Parlamento alzaron la voz sir Roberto Peel y M. Kinnard, equiparando el calabozo de Matamoros con el del prisionero de Chillon, de Byron.

El promotor fiscal pedía contra Matamoros, Alhama y Trigo nueve años de presidio. La prensa progresista, y especialmente *El Clamor Público*, hacía atmósfera en favor de ellos. El Gobierno de O'Donnell se inclinaba a mitigar la pena o a indultarlos, y quizá hubieran salido mucho antes de la cárcel a no estallar en Loja el motín socialista de 1 de julio de 1861, en que a los gritos de «¡Muera la reina!» y «¡Viva la República!» se mezclaban los de «¡Muera el papa!», y a los discursos patrióticos, la repartición de Biblias y hojas protestantes. Aquella tierra estaba reciamente trabajada, meses había, por la propaganda inglesa, y desde el primer momento se creyó y tuvo por cierto que, en Granada, Matamoros y Alhama no eran extraños a la intentona revolucionaria del albéitar

Pérez del Álamo. Es verdad que judicialmente no se les llegó a probar; pero ¡cuántas cosas hay que judicialmente no se prueban y están, con todo eso, en la conciencia pública!

El proceso seguía lentamente y con chistosas incidencias. Los acusados aprovechaban todas las vistas e interrogatorios para declararse protestantes; pero en una ocasión los fondos gibraltareños se retardaron, o no llegaron, o no se repartieron con igualdad, y entonces Trigo llamó a un escribano, abjuró el protestantismo e hizo profesión de fe católica. A los pocos días cambió de escena; llegan nuevas letras de Gibraltar, y Trigo, movido otra vez por el Espíritu, vuelve a renegar y hacerse protestante. Tales eran los puntales de la flamante Iglesia española, que tan cara iba saliendo ya a los ingleses.

Pero no se entibiaba el fervor de éstos, siquiera la *Gaceta* procurara abrirles los ojos contándoles la vida y milagros de aquellos que llamaban sicarios y ateos prácticos. Había fanáticos ingleses y ginebrinos que venían en peregrinación a visitar la cárcel de Matamoros como si se tratase de la de san Pedro. En sus cartas y en sus conversaciones, se comparaba Matamoros con el mismo Redentor del mundo, y añadía en tono de inspirado: «Me he consagrado completamente a Dios por mediación del Dulce Nombre de Jesús; suyo soy; Él abrirá la puerta de mi cárcel, si Él ve que conviene para mí y para todos... Y, si no, sálvese mi alma y perezca mi cuerpo a manos de mis verdugos. Así han perecido muchos santos, pero sus almas han sido mártires de la verdad ante el mundo y han sido salvadas por Jesús... La luz ha brillado en la oscuridad y en la región del error entre la verdad eterna».

Un abogado de Granada, don Antonio Moreno Díaz, defendió con bastante habilidad la causa de Matamoros; pero estaba la ley tan clara y terminante, que la Audiencia tuvo que aplicársela de plano, condenando a Matamoros y Alhama a ocho años de presidio, y a cuatro a don Miguel Trigo, que luego fue dado por libre. A iguales penas, por los mismos delitos de apostasía pública y tentativas contra la religión católica (artículos 128, 130 y 136 del Código penal), condenó la Audiencia de Sevilla a don Tomás Bordallo y a don Diego Mesa Santaella.

Los protestantes extranjeros pusieron el grito en el cielo, volvióse en las Cámaras de Inglaterra a reclamar la intervención, pero lord Palmerston respondió que no convenía herir innecesaria y sistemáticamente la dignidad nacional de España con injerencias en su política interior, ni menos en sus asuntos judiciales;

por lo cual lo único que podía intentarse cerca del Gobierno de Su Majestad Católica era pedir el indulto.

Grave desengaño para los místicos metodistas y cuáqueros. Privados del apoyo oficial, se dieron a trabajar por cuenta propia; la Junta Británica de la Alianza Evangélica y la Conferencia Cristiana Internacional de Ginebra enviaron a Madrid al mayor general Alexander para gestionar la libertad de los procesados. O'Donnell se mantuvo firme, y no dio a Alexandre más que buenas palabras y corteses excusas a pesar de la intervención oficiosa de los embajadores de Inglaterra y Prusia.

La Alianza Evangélica no desistió por este primer fracaso. Queriendo dar más solemnidad a sus instancias, diputó una comisión numerosísima, compuesta de representantes de Austria, Baviera, Dinamarca, Inglaterra, Francia, Holanda, Prusia, Suiza y Suecia, entre los cuales se contaba el barón von Riese Stallburg, M. Brandt, Samuel Gurney, Joseph Cooper, el conde Edmundo de Pourtales, el barón de Brusnere, el pastor G. Monod, el barón von Linden, el doctor Capadose, el conde Kanitz, el príncipe Reuss, el barón Hans Essen, M. Adrian Naville, el conde de Aberdeen y otros muchos. Nuestro Gobierno no las tuvo todas consigo al ver desfilar aquella comitiva de personajes tan conspicuos y esplendentes, tan ceremoniosos y de nombres y títulos tan peregrinos, patrocinados además por el duque de Montpellier, que se decía partidario de la libertad religiosa. Lo cierto es que de la noche a la mañana, la pena de Matamoros y sus cómplices fue conmutada, de presidio, en nueve años de extrañamiento...

Salió Matamoros de la cárcel de Granada el 29 de mayo de 1863, juntamente con Alhama y Trigo, y el 1 de junio estaban ya en Gibraltar. Trigo se fue a Orán de evangelista. Alhama puso una sombrería en Gibraltar, de donde salió para ser obispo reformado. González Flores y el escultor Marín, de Málaga, fueron a parar a Burdeos, y Matamoros a Bayona, donde le dio piadoso albergue M. Nogaret. Pero, apenas se vieron en tierra extraña, descubrieron todos la hilaza, riñeron entre sí, ofendieron la gravedad inglesa con sus rencillas, ignorancia y malas pasiones, y todo el mundo, a no ser alguna vieja fanática o algún delirante como M. Greene, les volvió la espalda, teniéndolos por charlatanes y traficantes religiosos de ínfima ralea, desconocedores de la misma creencia reformada que decían predicar, y de la cual se daban por mártires y profetas. En Inglaterra

116

a nadie pudo deslumbrar, tratada de cerca, aquella hez de nuestras cárceles; contrabandistas y presidiarios que erraron la vocación. Mientras la lejanía y la persecución les dieron cierta aureola de mártires, pudo sostenerse la ilusión; pero ¿qué efecto había de hacer en Londres un personaje tan vulgar e inculto como Matamoros, sin más letras que las adquiridas en un cuartel?

Así es que volvió de Inglaterra desalentado, y solo pudo entenderse con algunos propagandistas del mediodía de Francia, con el concurso de los cuales empezó a tratar de la fundación de un colegio evangélico en Bayona. El núcleo habían de ser trece emigrados españoles de allí convertidos por Matamoros. Otro colegio se fundó en Lausana, protegido por el pastor Bridel y por su mujer. El de Bayona, trasladado luego a Pau, era elemental; el de Lausana tenía pretensiones de seminario teológico protestante. De él salió pastor Carrasco, de que más adelante se dará noticia, y de él la mayor parte de los fundadores de iglesias evangélicas españolas en estos últimos años.

Al mismo tiempo seguían los trabajos en España, dirigiéndolos Matamoros por medio de una activa correspondencia. El pastor Currie, en un informe que presentó en 1865 a cierta sociedad evangélica de París, dice con manifiesta hipérbole que en una ciudad española (cuyo nombre está en blanco en la biografía de Matamoros) había encontrado una congregación de 300 individuos, dirigida misteriosamente por una junta de seis evangelistas, cuyos nombres ignoraban los restantes; gente que tenía aún escaso conocimiento de las Sagradas Escrituras, pero que procuraba catequizar a sus convecinos y deudos. La organización de las juntas era semimasónica, y las había compuestas exclusivamente de mujeres.

Matamoros en sus últimos años hizo algunos viajes a Holanda y a París; pero residió con más frecuencia en Lausana, al abrigo hospitalario del pastor Bridel y de su esposa. La plebe protestante todavía le rodeaba y agasajaba a título de mártir, y es fama que en un pueblecillo de Alemania le recibieron en triunfo y cantando himnos.

¿En qué secta se afilió Matamoros? No resulta claro del libro de Greene, ni es de creer que el ex sargento entendiera mucho de diferencias dogmáticas. La Biblia..., la palabra sola..., tal era su creencia, si es que tuvo alguna. «No seamos de Pablo, ni de Apolonio, ni de Cefas, sino de Cristo, y que su espíritu sea nuestra guía, dice en una carta. Los españoles deben escuchar a todos y juzgar por la palabra de Dios.»

Madame Bridel llamaba a Matamoros «mi querido hijo adoptivo», y él la llamaba «mi muy amada madre en el Señor», y las cartas que se dirigían rayan en los últimos lindes del sentimentalismo grotesco. «Nuestra conversación es una oración... —decía Matamoros—. Mi buena madre de Lausana es la mano del Señor, destinada por él para que yo viva siempre para él... Madame Bridel, en el nombre del Señor, ha curado muchas de mis heridas.» Una señora norteamericana, Mc. E..., viuda y de grandes riquezas y no menor fanatismo, se le asoció para fundar el colegio de Pau, que quedó definitivamente instalado a principios de 1866.

Matamoros, sintiéndose próximo a la muerte, emprendió nuevo viaje a Suiza, se hizo consagrar por el sínodo de la iglesia libre del cantón de Vaud, y murió tísico el 31 de julio de 1866 en una quinta de las cercanías de Lausana. Greene ha contado pesadísimamente todos los detalles de su muerte como si fuera la de un santo. Los jóvenes renegados españoles del seminario de Lausana acompañaron el cadáver entonando himnos y recitando versículos de la Escritura.[70]

VI. Otras heterodoxias aisladas: Alumbrados de Tarragona; adversarios del dogma de la Inmaculada; Aguayo; su Carta a los presbíteros españoles

Desde el año 1836 al 1863 fue escándalo del arzobispado de Tarragona una secta herética, sacrílega e inmoral de alumbrados, cuyos jefes eran Miguel Ribas, labrador del pueblo de Alforja, y el clérigo don José Suaso, ex profesor

---

70 El famoso don Tristán Medina, de quien pronto se dirá algo, compuso en loor de Matamoros unas décimas muy medianas, que se titulan Los nuevos mártires, y comienzan:

Alzad los ojos del suelo
y fijad vuestras miradas
en sus frentes coronadas
de severa majestad.
¿Son corazones de bronce?
¿Acaso mármoles vivos?
¡Para sufrir qué pasivos!
¡Qué vehementes para amar!
(*Vida de Matamoros*, página 251.)

de latín en el seminario diocesano. Contra ellos se instruyó proceso en la curia del vicariato eclesiástico de Tarragona, y tengo a la vista copia legalizada de la sentencia.[71] La causa fue promovida por el gobernador civil de la provincia y seguida después de oficio por el tribunal eclesiástico. Las proposiciones oídas a Miguel Ribas y a las beatas de Alforja se calificaron, respectivamente, de erróneas, temerarias, escandalosas, blasfemas, peligrosas en la fe, heréticas, injuriosas a la dignidad de los sacramentos, contrarias al sexto precepto del decálogo, destructoras del pudor y honestidad de las costumbres y de la santidad del matrimonio y, por último, abiertamente contrarias al dogma católico de la necesidad del sacramento de la Penitencia. Eran, en suma, los mismos errores de los alumbrados de Llerena y de Sevilla en el siglo XVI. Miguel Ribas fue desterrado a la Seo de Urgel en 1851, y de allí volvió en 1863 para morir en su casa de Alforja, reconciliado con la Iglesia. Al poco tiempo comenzó a propagar en Valencia errores muy semejantes un sacerdote llamado Aparisi, que fue desterrado a Mallorca. Casos posteriores han revelado y hecho patente a los más incrédulos la existencia real en Extremadura, en la provincia de Granada y en Madrid mismo de congregaciones más o menos numerosas de fanáticos, inverosímiles casi por lo antisocial, grosero, salvaje y feroz de sus prácticas y dogmas. Esta heterodoxia popular, lúbrica y misteriosa vive y se alimenta, a su modo, de otras heterodoxias más altas y encumbradas, que libremente interpreta. Muchos no saben de ella, y es preciso descender a las últimas capas sociales para ver hasta dónde llega el estrago.

Quizá deba contarse entre estas sectas ocultas la muy peregrina de la Obra de Misericordia, importada de Francia por algunos emigrados, siendo su principal propagador en España D. R. T., coronel de Artillería en la primera guerra carlista. De los muy singulares datos que nos ha comunicado persona respetable y veracísima,[72] resulta que esta secta nació en Francia, fundada y predicada por un tal Elías, que se llamaba profeta y se creía en celestes comunicaciones con el arcángel san Miguel. Tuvo, al principio de la Restauración, esta secta o locura carácter exclusivamente político, reduciéndose sus esfuerzos a apoyar a uno de los varios impostores que tomaron el nombre del martirizado delfín Luis

---

71 Remitida con otros datos curiosísimos por don Juan Corominas secretario de cámara y gobierno del arzobispado de Tarragona.

72 El presbítero don José Salamero.

XVII. Elías llevó su insensatez hasta presentarse, acompañado de sus secuaces, en el palacio de Carlos X, intimándole que restituyera la corona a su verdadero y legítimo poseedor. Algunos legitimistas franceses se agregaron a aquella horda de fanáticos iluminados, que muy pronto tomaron carácter religioso, y establecieron un consistorio en Lyón, foco de una especie de iglesia laica, en que Elías, a modo de sumo pontífice, comenzó a oficiar revestido de capa pluvial, con anillo de oro en el dedo índice de la mano derecha y leyendo sus oraciones en el libro de oro de la secta. La comunión era bajo las dos especies; el sacerdocio estaba entregado a los laicos, y al terminar los oficios, todos los afiliados, hombres y mujeres, se daban el ósculo fraternal. Esta aberración tuvo algunos prosélitos oscuros en Madrid, y los papeles que tengo a la vista fijan hasta el lugar de sus reuniones, que era una casa de la calle del Soldado. Poseo una carta del fundador Elías a una afiliada española, llamada en la secta María de Pura Llama; documento extraordinario, especie de apocalipsis, dictado por un frenético; pesadilla en que el autor conversa mano a mano con los espíritus angélicos y con el mismo Dios; aberración singularísima de un cerebro enfermo, perdido por la soberbia y por cierto erotismo místico.

Fuera de estas aberraciones oscurísimas, la heterodoxia sectaria, en el período que vamos recorriendo, se reduce a ciertos folletos, contra el dogma de la Inmaculada Concepción, publicados después de su definición dogmática por Pío IX en 1854. Si en alguna parte había de ser acogida no con sumisión, sino con entusiasmo esta declaración, que, por decirlo así, venía a poner el sello de lo infalible a lo que por siglos y siglos había sido general creencia y consuelo de las almas cristianas, era en España, nación devotísima entre las más devotas de la Virgen, nación donde se habían reñido tan bravas batallas en pro de la Inmaculada y donde este dogma había sido inspiración de poetas y pintores y materia de juramento en universidades y órdenes militares. Pero ni en España ni en parte alguna faltan espíritus díscolos que solitariamente se rebelen contra el creer y el pensar común, y los hubo en España que protestasen contra el dogma aun después de definido, unos por añeja preocupación de escuela que se decía tomista, otros por espíritu levantisco contra los superiores y contra Roma. Llevó la voz entre ellos el ex dominico fray Braulio Morgáez, antiguo catedrático de Teología en la Universidad de Alcalá, fraile turbulento e indisciplinado, que ya en 1853 había promovido ruidoso escándalo con ciertos Diálogos entre el presbítero don Tirso Investigador y el doctor en Teología fray Alfonso Constante sobre la potestad de los ordinarios diocesanos respecto a sus clérigos y demás personas eclesiásticas que, según el santo concilio de Trento, les están sujetas aunque sean exentas. Todo en venganza de haber sido suspenso de licencias y separado de un economato que desempeñaba en la provincia de Cuenca. Por donde su empeño en toda la obra es impugnar la doctrina canónica que concede a los prelados la potestad de suspender a sus súbditos, ex informata conscientia, conforme a lo preceptuado por el concilio de Trento.

Conocida la índole tumultuosa y revolucionaria del autor, no es de admirar que, en vez de someterse dócilmente a la bula *Ineffabilis Deus*, como lo hicieron dentro de su misma Orden los que con más calor habían llevado antes la sentencia contraria a la de la escuela franciscana, persistiera en escribir sobre la nulidad dogmática de la definición de la Inmaculada, lanzándose abiertamente en varios folletos ya no al cisma, sino a la herejía, disimulada vanamente con mil subterfugios y sofismas.[73] Cuando Roma habla, toda causa ha acabado. El que con pertinacia lo niegue, podrá llamarse teólogo o canonista, pero de fijo no es católico.

Estos folletos hicieron poco ruido, el pueblo católico no los leyó, y a los liberales les parecieron demasiada teología y cuestiones para entre frailes. En cambio, obtuvieron escandalosa resonancia, en los últimos días del reinado de doña Isabel II, a raíz del reconocimiento del reino de Italia, el nombre y los escritos del clérigo granadino don Antonio Aguayo, que inició su apostasía, luego formalmente consumada, con una *Carta a los presbíteros españoles* (1 de agosto de 1865). Díjose, y al parecer con fundamento, que el tal presbítero no era más que testaferro de un alto personaje de la Unión Liberal, el cual, juntamente con otros prohombres de su partido, hacía propias y defendía a

---

73 Véase *Exposición que lleva a las Cortes de España fray Braulio Morgáez Carrillo*, presbítero Exclaustrado de la Orden de Predicadores, doctor y Ex Catedrático de Sagrada Teología en la Universidad de Alcalá de Henares. Turín, Tipografía del Progreso.
Fray Braulio Morgáez fue procesado por los tribunales eclesiásticos.
En Málaga se divulgó en abril de 1859 un libelo contra la Inmaculada firmado por el Barón de Santmotrells (anagrama de un protestante catalán, Tomás Bertrán Soler, agente de las sociedades bíblicas). Fue refutado por don Eduardo Maesso Campos, hoy cura de la parroquia de san Pedro de Málaga (Véase *Obras compiladas...* Málaga 1880, Imprenta de Rubiol, página 33 a 65).

capa y espada las doctrinas de la Carta. Los que conocían a fondo a Aguayo creíanle incapaz de escribir cosa alguna, por más que la Carta ni en ideas ni en estilo fuera ningún portento, sino ramplona repetición de todas las vulgaridades callejeras contra los «obesos canónigos y obispos, que visten púrpura y oro, y arrastran lujosas carretelas, y habitan suntuosos palacios», y especie de manifiesto presbiteriano en pro de lo que él llama democracia eclesiástica, oprimida por los «fariseos, sepulcros blanqueados, raza de víboras, serpientes venenosas que se revuelcan en el lodo». Como Aguayo o su inspirador defendían el reino de Italia y atacaban el poder temporal del papa, las circunstancias políticas del momento dieron extraordinaria circulación e indigna fama a este folleto pedantesco, desentonado, atrabiliario y soporífero, sin rastro de gramática, ni de teología, ni de sentido común.

Lo que se dijo y escribió con motivo de esta carta está coleccionado casi todo por el señor Aguayo en un libro que publicó en 1866.[74] Hoy que el interés de la polémica ha pasado, como pasa todo ruido sin sustancia, sería verdadero cargo de conciencia robar el tiempo que se debe a cosas más importantes y entretenernos en la discusión de un librejo tan insulso y baladí, que ni siquiera provoca la risa por lo extravagante, ni sirve de otra cosa que de acrecentar el hondo desprecio que en toda alma recta bien templada producen las apostasías y calaveradas clericales, especie de bufonada grosera que acaba por hastiar a los mismos que la aplauden un momento. Baste dejar consignado, aunque ya pudiera sospecharse, que la prensa liberal, comenzando por los demócratas y acabando por los unionistas, reprodujo y encaramó a las estrellas el aborto de Aguayo: que los periódicos católicos, *La Esperanza*, *La Regeneración* y *El Pensamiento español* le hicieron trizas en largas y detalladas impugnaciones; que se publicaron otras en folleto aparte, algunas tan dignas de leerse como la del sabio lectoral de Jaén, don Manuel Muñoz Garnica; la del ardoroso y temible controversista sevillano don Francisco Mateos Gago y la del presbítero guatemalteco don José Antonio Ortiz Urruela; que los prelados prohibieron la *Carta* de Aguayo como escandalosa y sapiente a herejía; que Aguayo se rebeló contra la condenación, apoyado por *El Reino* y otros periódicos de la Unión Liberal; que, abandonado después por ellos, hizo alianza con *La Discusión* y

---

74 *Historia de una carta*, por el presbítero don Antonio Aguayo (Madrid 1866, Imprenta de *La Discusión*), 4.º, 308 páginas.

con los demócratas, y mereció ser elogiado en tres kilométricos artículos, que por su estilo dicen a voces ser de Castelar; que luego se sometió, se retractó e hizo pública y solemne abjuración de sus errores en manos del arzobispo de Granada; que al poco tiempo volvió a reincidir y a retractarse de su retractación como arrancada *minis et terroribus*; y, finalmente, que al llegar la revolución del 68, se hizo republicano, y además protestante o cosa tal, y anduvo por los pueblos haciendo misiones contra el poder espiritual del papa.[75] Ignoro cuál ha sido su suerte posterior, ni aun puedo afirmar si a estas horas es muerto o vivo. El escándalo le sacó de la oscuridad por un instante, y su propia medianía, o más bien nulidad, volvió a hundirle en la sombra y en el olvido. Tuvo su día de representar, sin ciencia ni elocuencia, la provocación subversiva y cismática al clero parroquial contra lo que llaman galicanamente los liberales alto clero; provocación frecuente en otras partes, y que aquí, en España, ha caído siempre como en arena.

Apenas me atrevo a incluir en este capítulo de aberraciones heterodoxas aisladas, como no sea a guisa de sainete, la de un clérigo, don José María Moralejo, catedrático suplente de Teología en la Universidad de Madrid, comúnmente llamado el Cura de Brihuega, porque, en efecto, había desempeñado aquella parroquia en algún tiempo, abandonándola luego para dedicarse a la vida aventurera de clérigo liberal y patriota. Tales cosas hizo y dijo del 20 al 23 en las sociedades patrióticas y en las calles, donde solía ser obligado acompañante de Riego, que en 1824 le fue forzoso emigrar a París. Allí se hizo grande amigo del abate Chatel, que en 1830 había fundado una microscópica iglesia francesa,

---

75 Además de los muchos documentos que coleccionó Aguayo en la *Historia de una carta*, léanse aparte los dos siguientes, porque éstos no los coleccionó:
—*Carta del doctor Francisco Mateos Gago al Director de «El Pensamiento español»*, con motivo de la *Carta a los presbíteros españoles* (*Opúsculos...*, del doctor GAGO, tomo 1, páginas 103 a 121).
—*Respuesta de un sacerdote católico, apostólico, romano, a la Carta dirigida a los presbíteros españoles por don Antonio Aguayo*, presbítero (Sevilla, Imprenta de F. Álvarez, Tetuán, 25, 1865) (al fin está el nombre del autor: José Antonio Ortiz Urruela), 4.º, 49 páginas.
Recuerdo que al año siguiente de la revolución (1869), Aguayo predicó en el cementerio de Santander un discurso demagógico-protestante en cierta manifestación organizada por los republicanos de aquella ciudad para honrar la memoria de las víctimas de septiembre del año anterior.

proclamándose primado de las Galias, con ayuda de un cómico de la lengua, M. Auzon, a quien hizo obispo, y de un tal Fabre Palaprat, antiguo sacerdote juramentado, luego callista o pedicuro, y a la postre gran maestre de la Orden o sociedad secreta de los Templarios, congregación ridícula que se proponía difundir en Francia el culto joanista y las doctrinas del *Evangelio eterno*.

El Cura de Brihuega, pues, hizo amistades con el primado Chatel, que le consagró obispo, y volvió a España hacia el año 40, condecorado con los títulos de legado maestral del temple en los reinos de España, bailío y ministro honorario del Consejo del Gran Maestrazgo. Y tanto se poseyó de su papel, que llegó a imprimir en 1846 unos estatutos o Bases para el establecimiento en España de la Sociedad Militar y Benemérita del Temple;[76] acuerdo legacial con fuerza de maestral, documento inverosímil, donde el autor renuncia solemnemente, en nombre de sus hermanos del Temple, «a la conquista de la Tierra santa y Santos lugares y a todos los bienes, derechos y acciones que poseían al tiempo de su extinción los antiguos templarios». Por este principio puede juzgarse de lo restante. *Aegri somnia*. Moralejo abjuró o se retractó ante el gobernador eclesiástico de Toledo, perdió su cátedra y murió casi loco, sostenido por la caridad de sus compañeros.

Capítulo III. De la filosofía heterodoxa desde 1834 a 1868, y especialmente del krausismo. De la apologética católica durante el mismo período

I. Breve reseña del estado de la filosofía española cuando apareció el krausismo en nuestras aulas; eclecticismo; filosofía escocesa; frenología y materialismo; kantismo y hegelianismo. II. El krausismo: don Julián Sanz del Río; su viaje científico a Alemania; su doctrina; sus escritos hasta 1868; sus principales discípulos. III. Principales apologistas católicos durante este período: Balmes, Donoso Cortés, etc., etc.

---

76 Madrid, Imprenta de don Pedro Sanz y Sanz, 1849, 32, páginas 8.º don Vicente de la Fuente da cuantos pormenores pueden desearse acerca de esta risible secta en su libro de las *Sociedades secretas* (página 122 a 136).

I. Breve reseña del estado de la filosofía española cuando apareció el krausismo en nuestras aulas; eclecticismo; filosofía escocesa; frenología y materialismo; kantismo y hegelianismo

Rota la tradición científica española desde los últimos años del siglo XVIII, nada más pobre y desmedrado que la enseñanza filosófica en la primera mitad de nuestro siglo. Ni vestigio ni sombra de originalidad, no ya en las ideas, que ésta rara vez se alcanza, sino en el método, en la exposición, en la manera de asimilarnos lo extraño. No se imitaba ni se remedaba; se traducía servilmente, diciéndolo o sin decirlo, y ni siquiera se traducían las obras maestras, sino los más flacos y desacreditados manuales. Como único resto de lo antiguo vegetaba en algunos seminarios la escolástica; pero solo por excepción daba de sí alguna obra profunda y notable, como el *Curso de filosofía tomista*, del padre Puigserver. Los de Amat y Costa valen menos, pero fueron mejor recibidos en las escuelas. A su tiempo se dirá cómo Balmes y Donoso, y luego los tradicionalistas y, finalmente, los neoescolásticos, hicieron reverdecer el árbol de la ciencia cristiana, y dieron a la cultura española de este siglo los dos o tres libros que más la honran, los únicos que han logrado pasar las barreras de esta última Thule y llamar hacia nosotros la benévola atención de los extraños.

La revolución vivía de las últimas heces de Condillac y Destutt-Tracy y Bentham. Comparando con tal degradación intelectual, debió de parecer un progreso el sensismo mitigado o sentimentalismo de Laromiguière, que tuvo su principal foco en el Colegio de san Felipe, de Cádiz, y contó por intérpretes a Lista, en la teoría estética y de los sentimientos morales, y al obispo de Cádiz, Aribáu, autor de un *Curso de filosofía* en cinco volúmenes, ajustado estrictamente a las doctrinas del elegante y simpático profesor de la Sorbona.

Siguiendo más o menos de cerca todas las evoluciones filosóficas de Francia, en pos del sentimentalismo abrimos la puerta al eclecticismo, pasando de Laromiguière a Royer Collard y a Víctor Cousin. El progreso espiritualista era evidente, pero no produjo obras de filosofía pura dignas de especial mención. Las *Lecciones de filosofía ecléctica* que don Tomás García Luna dio en el Ateneo en 1843, y coleccionó luego en dos volúmenes, a los cuales pueden agregarse su *Gramática general* y su *Historia de la filosofía*, son pálido reflejo de los libros de Cousin; y tampoco alcanzan otro carácter que el modestísimo de exposiciones para las aulas más elementales el Servant-Beauvais, con adiciones y escollos de

López Uribe; el Damiron, traducido libremente o más bien compendiado por Alonso, y otros manuales de catedráticos de universidades o de institutos, mera transcripción de libros franceses, por lo general pésimamente interpretados. Pero, aunque los expositores castellanos del espiritualismo ecléctico brillan con luz tan escasa y mortecina, no es posible dejar en olvido la influencia de esta escuela, que hasta el advenimiento de las doctrinas alemanas dominó casi sola en los centros oficiales de enseñanza con sus compendios buenos o malos y con los programas que Gil y Zárate dio, copiados a la letra de los publicados por Cousin cuando era ministro de Instrucción Pública en Francia. A lo cual ha de añadirse que todos nuestros políticos conservadores y doctrinarios eran, y lo son todavía los que de aquella generación quedan, partidarios de ese espiritualismo, recreativo, incoherente y vago, que parece nacido para solazar los ocios de ministros en desgracia y para dar barniz filosófico a las exhibiciones parlamentarias, filosofía de fácil acceso, que hasta las mujeres cultas pueden leer sin tedio; filosofía de aparente facilidad, como toda filosofía que no lo es, incapaz de satisfacer las exigencias de ningún espíritu grave y lógico que no vea en la ciencia pura más término que la ciencia misma y que, satisfecho con el varonil placer de indagar sistemáticamente la verdad, no se afane ni se desvia a caza de relaciones y consecuencias sociales, o de fórmulas, teorías y recetas que satisfacen la vanidad de un instante, y al día siguiente están olvidadas, desechadas o sustituidas por otras, como que a todo se presta la elasticidad del sistema. Mala y temible cosa son los filósofos metidos a políticos, porque, aun suponiendo que sea buena su filosofía, llevarán siempre a la práctica de la vida lo absoluto, rígido e imperatorio de los principios universales; pero he llegado a pensar que no es menos grave daño el de los políticos que se introducen por sorpresa en el campo de la filosofía, trayendo a ella todas las ligerezas, distracciones y atropellos de su vida, absorta siempre en lo particular y limitado. De este contagio adolecieron los hombres de la Restauración en Francia, y del mismo, y a su ejemplo, los prohombres del partido moderado español, deseosos de distinguirse por su intelectual superioridad sobre la masa progresista. Así es que los verdaderos representantes de la escuela ecléctica española no son los autores de *Cursos de filosofía* primera, sino los políticos y periodistas que hablaron y escribieron sobre ciencias morales y políticas, de los cuales, dicho sea sin agravio de nadie, solo uno tenía verdadero temperamento filosófico:

Donoso Cortés. Los otros eran hábiles discutidores, excelentes literatos, ingeniosos hacendistas; pero nada de esto basta para franquear las puertas de la escuela de Platón o de Kant.

Y aun en Donoso hay dos hombres enteramente diversos, sin que el primero, el Donoso ecléctico y doctrinario, anterior a 1848, pueda en modo alguno equipararse con el Donoso apologista católico, autor del *Ensayo* y de los admirables discursos de 1849. La verdad le enalteció y le hizo libre; libre del sofisma a que su entendimiento, mucho más lógico que ontológico, y, por ende, adorador de la razón humana, irresistiblemente propendía. Hombre de extremos, quizá violento después el intento contrario, no faltará ocasión en que lo dilucidemos. Lo que distinguió siempre a Donoso Cortés desde su primer folleto, desde la *Memoria sobre la situación de la monarquía*, escrita en 1832, fue su concepto de la revolución, su idea de que en toda cuestión política iba envuelta una cuestión social, así como lógicamente dedujo luego, cuando Dios fue servido de abrirle los ojos, que en toda cuestión social había una cuestión filosófica y una cuestión teológica. La amplitud del pensamiento, la tendencia a vastas síntesis, el buscar en toda cuestión relaciones y adherencias filosóficas, el amor a la fórmula, fueron características en él así en su temporada ecléctica como en su brillante eflorescencia católica. Obra cuyo título las anuncia exclusivamente políticas, como las *Consideraciones sobre la diplomacia* (1834) y el folleto sobre *La ley electoral*, son verdaderos himnos a la soberanía de la inteligencia, reina del mundo moral, y ardientes manifiestos doctrinarios, escritos medio en francés, pero pensados con una alteza de que nadie daba entonces ejemplo en España. Donoso invade a cada paso el campo de la filosofía pura así en estos opúsculos como en las *Lecciones de derecho político*, que explicó en el Ateneo, y que vienen a ser resumen y cifra de las ideas de su primer período.

Nada más a propósito para comprender la pobreza y los vacíos de la escuela ecléctica aun en sus maestros más eminentes. Donoso habla de la sociedad sin declararnos su origen, probablemente porque no lo sabe ni el sistema lo explica; habla del deber y de la ley, sin investigar el fundamento metafísico de la ley y del deber; establece en el hombre un dualismo irracional entre el entendimiento y la ley, y confiesa ingenuamente que, por localizar la soberanía en alguna parte, la ha localizado en la inteligencia. Cuando un hombre de tan comprensivo entendimiento como Donoso se aquieta con tan pueriles soluciones y las da por filosofía, muy patente está la endeblez anémica de todo doctrinarismo.

Fuera de esta desdichada escuela, la actividad filosófica de España casi estaba reducida al pequeño círculo o *coetus selectus* de psicólogos catalanes, partidarios de la filosofía escocesa, que, no contentos con seguir y comprobar los pacientes análisis de la escuela de Edimburgo, había llegado a las últimas consecuencias de la doctrina de William Hamilton antes de conocerle, considerando la conciencia humana en toda su integridad como único criterio de verdad filosófica. El *Curso de filosofía elemental*, de Martí de Eixalá (1845), fue la primera manifestación de esta doctrina, acrisolada luego en las lecciones orales del inolvidable doctor Lloréns, hombre nacido para la observación interna.

En algunas cátedras de medicina vegetaban oscuramente el materialismo del siglo XVIII, sin que hubiera recibido nuevo alimento después de el libro de las Relaciones, de Cabanis. A deshora inundaron nuestro suelo, hacia 1840, los empirismos frenológicos y craneoscópicos de Gall, Spurzheim y Broussais, de que se hizo intérprete y fervorosísimo propagador en España el catalán don Mariano Cubí y Soler, emprendiendo por los pueblos, desde 1843 a 1848, una especie de misión para propagar su doctrina, que mezclaba con la del magnetismo animal[77] y otros embolismos.

La frenología no era cosa enteramente nueva en España. Al contrario, en sus orígenes tuvimos parte muy señalada los españoles, como es de ver en el libro de Huarte y en el mucho más raro y más francamente craneoscópico de Esteban Pujasol. Aun en nuestro siglo, fuimos de los primeros en abrir la puerta a la doctrina de Gall, y ya en 1806 se publicó en Madrid una clara y metódica Exposición de su doctrina, redactada por autor anónimo. En 1822, Ernesto Cook, uno de los colaboradores de *El Europeo*, famosa y singular revista, que dirigía Aribáu, dio a luz otro folleto de explanación de las ideas de Gall. En 1835 se estampó en Madrid, a nombre de una sociedad de naturalistas y literatos, cierto *Resumen analítico del sistema del doctor Gall*. Y en 1837 se imprimió en Valencia, traducida al castellano por don José Zerber de Robles, la Nueva clasificación de las facultades cerebrales, que viene a ser un compendio de Spurzheim. Todos estos libros pueden contarse entre los antecedentes de la

---

77 *Manual práctico del magnetismo animal* por Alfonso Teste, traducido y reformado por Mariano Cubí y Soler, y Magín Pers y Ramona (Barcelona, Imprenta de Verdaguer, 1845).

enseñanza de Cubí; pero siempre será cierto que él contribuyó, más que otro alguno, a vulgarizar la craneoscopia, así con sus lecciones orales como con sus numerosos escritos, entre los cuales descuellan el *Sistema completo de frenología* (1844) y la *Polémica religioso-frenológico-magnética*,[78] de que conviene dar breve noticia por ser curiosidad no impertinente al asunto de este libro.

Científicamente, la frenología es hoy un empirismo completamente abandonado. La moderna fisiología cerebral ha venido a destronarla en el ánimo de los mismos materialistas, sin que por eso haya adelantado gran cosa en la absurda empresa de encasillar y clasificar minuciosamente las facultades anímicas, cuanto menos distinguirlas por signos exteriores, ni fundar en tal distinción un sistema de predicciones, nueva especie de charlatanería nigromántica. Si esto la ha desacreditado entre los hombres de ciencia, entre los creyentes y filósofos espiritualistas contribuyó a hacerla sospechosa muy desde sus comienzos, y no obstante las explícitas protestas del mismo Gall contra toda interpretación materialista, la declarada tendencia del sistema a confundir la pasividad orgánica con la actividad intelectual y moral del hombre; de donde fácilmente nacían consecuencias destructoras del libre albedrío y de la responsabilidad moral sometida a propensiones físicas ineludibles. Lo cierto es que, desde Broussais y sus discípulos, la frenología degeneró rápida, mente en una forma popular y aun callejera del materialismo y del fatalismo.

A Cubí, personalmente considerado, no podían dirigírsele tales acusaciones, dado que siempre procuró ajustar, rectificar y aclarar sus más audaces propo-

---

78 Sistema *Completo de frenología, con sus aplicaciones al adelanto y mejoramiento del hombre, individual i socialmente considerado.* Por Mariano Cubí y Soler. Segunda Edición, corregida, aumentada i notablemente mejorada. Barzelona, imprenta De J. Tautó, calle de la Tapinería. Año 1854, 571 páginas.
—*Polémica Religioso-Frenológico-Magnética, sostenida ante el Tribunal Eclesiástico de Santiago,* en el expediente que ha seguido con motivo de la denuncia suscitada contra los libros y lecciones de Frenología y Magnetismo de don Mariano Cubí y Soler, cuya causa ha terminado últimamente por sobreseimiento, dejando a salvo la persona y sentimientos del señor Cubí. Redactada y publicada según ofrecimiento que hizo el autor y admitió aquel tribunal, por don Mariano Cubí y Soler, fundador de varias sociedades científicas de los colegios literarios, etc. (Barcelona, Imprenta de José Tauló, 1848), 8.º, 494 páginas.
Acerca de Cubí y la frenología, véase además los artículos de Balmes en *La Sociedad* (edición de 1867), tomo 1, página 29; tomo 2, página 57, 120 y 174, en los cuales juzga Balmes cierto *Manual de frenología*, publicado por Cubí antes del Sistema completo.

siciones de tal suerte que encajasen dentro de la verdad católica, *ilesa quoad substantiam*. Así y todo, el peligro de su enseñanza y propaganda popular, que, para colmo de males, iba unida con la del magnetismo animal,[79] verdadera superstición, no se ocultó a muy doctos, graves y católicos varones. Fue el primero en combatirle don Jaime Balmes en cuatro artículos de *La Sociedad*, revista que publicaba en Barcelona por los años de 1843. Balmes, con su templanza habitual, no negaba la parte de verdad que pudiera haber en la frenología, aun mirada como hipótesis, ni muchísimo menos la relación entre el entendimiento y el cerebro, pero no repugnando la multiplicidad de órganos cerebrales, ya que santo Tomás enseña que «el alma intelectiva, con ser una por esencia, requiere para sus varias operaciones disposiciones diversas en las partes del cuerpo a que se une»; negaba que esta división, admisible en principio, pudiera fijarse y concretarse del modo anunciado por los frenólogos.[80] En su ruidoso paseo por España fue logrando Cubí numerosos adeptos y estableciendo sociedades frenológicas y psicológicas, que por lo general no alcanzaban más larga vida que la que les daba el famoso y sagaz inspector de cabezas. Sus libros no están mal escritos, arguyen lectura más varia que bien digerida y no escasean de noticias y especies curiosas. De su perfecta sinceridad y de la pureza de su fe católica no parece lícito dudar en vista de las espontáneas, llanísimas y no obligadas declaraciones que hizo en la *Polémica religioso-frenológica*, que sostuvo en Santiago (1848) con un doctor teólogo, don Aniceto Severo Borrajo, cuyas denuncias y escritos dieron motivo a un proceso eclesiástico en el Tribunal de Santiago. Cubí mostró entonces muy loable sumisión, prometiendo borrar o enmendar en sus obras todo lo que directa o indirectamente pudiera interpretarse como opuesto a las verdades reveladas y ofreciendo para en adelante no explicarse en términos ambiguos y sujetos a siniestra inteligencia, en vista de

---

79 Creo que una de las más antiguas exposiciones de él publicadas en España sean las *Noticias del magnetismo y de sus efectos portentosos sobre la economía animal*, por el médico catalán don Ignacio Graells (Madrid 1816), 8.º

80 Además de Balmes, refutó a Cubí el insigne escritor mallorquín Quadrado en *La Fe*, periódico de Palma (febrero de 1844).

cuya explícita sumisión el Tribunal levantó mano de la causa, dejando a salvo la persona y sentimientos de Cubí.[81]

---

81 No parecerán inútiles algunas noticias acerca de las raras vicisitudes de este propagandista, en otros tiempos tan famoso y ya tan olvidado. Nació en Málaga, en 1801. En 1821 enseñaba lengua y literatura españolas en un colegio de Baltimore, y para uso de sus discípulos compuso en inglés una gramática castellana (5.ª edición). En 1829 dirigía un colegio y una revista en La Habana. En 1833 fundó en Tampico (México) otro colegio con el rótulo pomposo de Fuente de la libertad. En 1837 figuraba como profesor de lenguas modernas en un colegio de Nueva Orleáns, y había publicado, además de varios libros de texto, dos folletos sobre la frenología, en cuya supuesta ciencia se había iniciado desde 1828, emprendiendo seguidamente un viaje por todos los Estados Unidos, visitando escuelas, colegios, cárceles, presidios y examinando más de 200 cabezas de personas de todas clases y condiciones.

Poseído de un ferviente entusiasmo por su doctrinar, y deseoso de propagarla en España, adonde regresó en 1842, abrió al año siguiente su primera cátedra de frenología en Barcelona y publicó el *Sistema completo de frenología*, que obtuvo tres ediciones, la última de ellas en 1856, acompañada de un apéndice, en que el autor procura contestar a las objeciones de Balmes y Quadrado, y de un Bosquejo histórico de la ortografía castellana, en que procura justificar la muy extraña que emplea en su libro.

Poco después emprendió su célebre misión por toda España, y en mayo de 1847 tuvo el ya referido tropiezo con el tribunal eclesiástico de Santiago a consecuencia de una hoja volante que publicó el doctor don Antonio Severo Borrajo, A todos los que tienen ojos para ver y oídos para oír. Entre los teólogos que intervinieron en aquel asunto, y que en general miraron a Cubí con benevolencia, se distinguió el ilustre padre maestro dominico

En años posteriores, el propagador más ilustre, elocuente, convencido y honrado del materialismo[82] fue el doctor don Pedro Mata, catedrático de Medicina Legal y Toxicología en la Universidad de Madrid. No será posible dejar en olvido esta simpática personalidad cuando se trace la historia de la ciencia española. Tal como fue, tiene más condiciones para durar y ser leído y famoso que Sanz del Río y otros nebulosos plagiarios de libros alemanes. No es original en el sistema, pero lo es en los pormenores. Sirve, digámoslo así, de transición entre el materialismo tradicional del siglo XVIII y el positivismo del XIX. Tiene del primero la claridad de expresión y cierto buen sentido, que le hace invulnerable contra las fantasmagorías idealistas. Recibe del segundo mayor copia de hechos y observaciones fisiológicas y una más cabal interpretación de los fenómenos naturales. Con haber encarecido toda su vida el poder de la experimentación, con ser tan experimentalista y tan empírico en teoría, no era hombre

---

fray Manuel García Gil (después arzobispo de Zaragoza), en cuyo dictamen se leen estas frases: «Creo, y no temo decirlo, que acaso es el hombre a quien espera la gloria de purgar la frenología y magnetismo de cuanto tiene de peligroso y falso, y armonizar, por tanto, esos dos sistemas con la religión».

En 1848 dirigió su actividad desordenada y febril a otros rumbos, especialmente sociales y económicos, fundando en Barcelona *La Antorcha*, semanario enciclopédico de ciencias, artes, literatura e industria, dedicado a ilustrar todas las clases y favorecer todos los intereses de la nación española. Publicó también algunos estudios lingüísticos no despreciables, especialmente sobre dialectos y jergas peninsulares.

Era hombre de buena voluntad y de buen talento natural; había viajado y estudiado mucho; tenía nociones de muchas cosas, aunque casi todas las sabía mal; por donde vino a ser viajante comisionista de una ciencia de pacotilla.

Un grupo de fervientes discípulos suyos fundó en 1847 (Barcelona) *El Eco de la Frenología* y de las *Escuelas Filosóficas*, revista quincenal, en la cual tomaron parte el doctor don Narciso Gay y Beya; el clérigo aragonés don Julián Soto, que había pertenecido a la Congregación de Misioneros de san Vicente de Paúl y que fue luego director del Instituto de Figueras; el sastre literato don Magín Pers y Ramona, a cuya pluma o tijera se debe, entre otras heterogéneas confecciones, el *Manual de frenología* al alcance de todos (Barcelona, imprenta De Tauló, 1849).

82   En la *Unión Médica*, periódico oficial de la academia Quirúrgica Matritense y de la Cesaraugustana y Mallorquina, causó grave escándalo por los años de 1852 un bachiller, don José Garófalo y Sánchez, proclamándose materialista puro y diciendo, entre otras ridiculeces, que el dogma cristiano se alojó en la escuela de los filósofos platónicos, bien como el forastero que, llegado a una población, se acomoda en la casa de un pariente o íntimo amigo.

de anfiteatro ni de laboratorio. Nadie ignora que Mata explicaba toxicología sin hacer experimentos en la cátedra. Más que hombre de ciencia, para lo cual le faltaba cierto desinterés y reposo, era un activo vulgarizador científico, dotado de extraordinaria lucidez de palabra, que parecía agrandarse al contacto de las realidades de la tierra. Para popularizar una doctrina, para exponerla de modo ameno y accesible a la general comprensión, no tenía rival; sus propios libros y sus infinitos discípulos están ahí para atestiguarlo.

La filosofía de Mata, aún más que materialista y empírica, era sensualista y nominalista; consistía en un horror a los universales, a la personificación de las abstracciones, a los conceptos puros y abstractos. Era un antiyoísmo, un anti-idealismo, mucho más que un materialismo en el estricto rigor de la palabra. Claro que el materialismo iba incluido virtualmente en las negaciones del doctor Mata, y con leve esfuerzo podía deducirse de ellas. No niega el alma, no le escatima sus facultades, pero es lo cierto que el alma en su sistema sobra. Su observación no es la experiencia psicológica, es la observación de la masa encefálica y del sistema nervioso. No niega la psicología, pero la refunde en la fisiología, como una parte de ella.

Y, sin embargo, mirada la cuestión con el criterio de la más sana, tradicional y ortodoxa filosofía, esta refundición nada tiene de muy escandaloso y extraño, sino que el doctor Mata invierte los términos. Admirable por lo contundente en su impugnación del absurdo divorcio establecido por los psicólogos, desde Descartes acá, entre las operaciones del alma y las del cuerpo; pero esto va contra los psicólogos seudo-espiritualistas, no contra la filosofía tradicional. Los fisiólogos en este punto han venido a dar la razón y la victoria a la doctrina esco-lástica del compuesto humano y del alma como forma sustancial del cuerpo. No hay progreso fisiológico que no sea un nuevo mentís a la incomunicación de los dos mundos amurallados y cerrados cada uno sobre sí que fantaseó Descartes en el hombre. Lo más curioso, lo más razonable y lo más vivo de la obra filosófica de Mata son, sin duda, sus ataques, casi siempre certeros, y a veces condu-cidos con habilidad dialéctica extraordinaria, contra los psicólogos eclécticos y los yoístas alemanes. Pero su clasificación de las facultades intelectuales, de los instintos y de los sentimientos es una pobreza, atrasadísima ya en 1858 cuando el autor escribía y sembrada de reminiscencias de la *Craneoscopia*, del doctor Gall. Ciertamente que tan dudosa originalidad no autorizaba a Mata para llamar a su libro filosofía española. Es filosofía de cualquier parte, de la que se recoge en medio de la calle, de la que destrozan en sus conversaciones los estudiantes de san Carlos. «La razón humana no es una facultad, sino un estado... El cerebro no es un órgano simple, sino un conjunto de órganos... Cada órgano supone una facultad, y cada facultad un órgano... La organización es la causa de los instintos y sentimientos.» Ni siquiera hay novedad en la clasificación de éstos: filogenitura, destructividad, amor a la propiedad, etc. En suma, frenología pura, con alguna novedad de detalles. No es el único pensador en quien la parte negativa vale mucho más que la positiva.

El suponer las pasiones y los sentimientos resultado exclusivo de la organización, lleva al doctor Mata, hombre sincero de mucha lógica a su modo, a consecuencias ominosas para la libertad moral y a fundar un criterio médico-psicológico sumamente laxo en todas las cuestiones relativas al diagnóstico diferencial de la pasión y la locura y a la imputabilidad de los actos atribuidos a locos y personas enajenadas. En tan resbaladizo terreno se defendió mal de la nota de fatalista y de los reparos experimentales y de práctica forense, que no ya los psicólogos ni los juristas, sino los médicos, opusieron a su doctrina,[83] la cual lleva derechamente a considerar el crimen como estado patológico y a sustituir los presidios con los manicomios. Entre la juventud universitaria llegó

---

83 *Filosofía española. Tratado de la Razón humana con aplicación a la práctica del foro. Lecciones dadas en el Ateneo Científico y literario de Madrid*, por el doctor don Pedro Mata, Catedrático de término en la Universidad Central, encargado de la asignatura de Medicina Legal y Toxicología, etc. Madrid, Carlos Baylli-Baillière, 1858; 4.º, 756 páginas. Este tomo primero, o primera parte, que trata de la razón humana en estado de salud, es el que tiene más curiosidad filosófica. El segundo (1864) versa sobre los estados intermedios (sueño, ensueños, sonambulismo, magnetismo, etc.), y el tercero, sobre la locura. *—De la libertad moral o libre albedrío. Cuestiones Fisio-Psicológicas sobre este tema y otros relativos al mismo, con aplicación a la distinción fundamental de los actos de los locos y los de los apasionados o personas respetables*, por el doctor don Pedro Mata... (Madrid, Baylli-Baillière, 1868), en 4.º, 450 páginas. Contiene la discusión habida por Mata en la Academia de Medicina de Madrid con los doctores don Joaquín Quintana, don Matías Nieto y Serrano, don José María Santucho y otros en 1863. Además de estas obras propiamente filosóficas, invaden con mucha frecuencia el terreno de la filosofía las restantes del doctor Mata, en especial su *Doctrina médico-filosófico-española*, sostenida durante la gran discusión sobre Hipócrates y las Escuelas hipocráticas en la Academia de Medicina y Cirugía de Madrid y en la prensa médica... (Madrid, Baylli-Baillière, 1860). Es curioso en sentido contrario el libro del doctor sevillano Hoyos

a formar escuela, que en 1868 levantó bandera francamente positivista en *El Pabellón Médico*, cuyo programa, atribuido al mismo doctor Mata, fue triturado por la recia mano del doctor Letamendi en los *Archivos de la Medicina española*. Mata, frenólogo primero y secuaz fervoroso de las doctrinas de Gall, como lo patentizan sus lecciones de *La razón humana* y aun la primera edición de su *Tratado de medicina legal*, positivista a la postre y pedisecuo de las doctrinas de M. Luys en su libro *Del cerebro*, fue por más de treinta años el portaestandarte de los empíricos o nominalistas españoles, para lo cual le sirvieron admirablemente su facundia improvisadora, la claridad de su expresión, su nunca rendido ardor polémico, su ardiente fe científica y el prestigio que su enseñanza le daba entre innumerables oyentes. Casi puede decirse que fue jefe de secta. De él dijo pintorescamente Letamendi que «tuvo fuerza dialéctica tan robusta de suyo, pero tan mal empleada, que no parece sino encaballada de hierro, construida para sostener tejados de esteras».

Las escuelas idealistas alemanas, si se exceptúa la de Krause, tuvieron muy aislados y poco influyentes sustentadores. La misma crítica kantiana, con andar en lenguas de mucho, que la veían cómodamente expuesta en libros franceses de Tissot, Cousin y Barni, fue entendida de muy pocos o aplicada solo en direcciones secundarias. Así hay algo y aun mucho de kantismo filosófico, matemá-

---

Limón *El hipocratismo en su evolución contemporánea*. Esta disputa hipocrática, uno de los más curiosos episodios de nuestra ciencia moderna, fue en el fondo de una polémica entre los médicos espiritualistas, vitalistas y animistas de una parte, y los materialistas de otra.

De Mata debe leerse, además, el *Criterio médico-psicológico para el diagnóstico diferencial de la pasión y la locura*, y aun el *Examen crítico de la homeopatía*, lecciones que dio en el Ateneo en 1853, todos los cuales libros, y hasta su propio compendio de *Medicina legal y toxicología*, de que hay multiplicadas ediciones y que todavía sirve para la enseñanza, están salpicados de proposiciones materialistas más o menos escandalosas y paladinas. Como impugnadores de Mata, véase, a más de los citados, a Campoamor (*Polémicas*). Navarro Villoslada (*Textos vivos*); pero, sobre todo, a Letamendi, en el n.º 6., año 1 (1868), de los *Archivos de la Medicina española*.

Era Mata tan acérrimo nominalista, que llegó a encariñarse con los de la Edad media, especialmente con Pedro Abelardo, a quien tenía por tal no con mucha razón, y le convirtió en protagonista de una novela, infelicísima como todos sus ensayos literarios, la cual fue prohibida por varios obispos y dio motivo a una defensa del doctor Mata, que recuerdo haber leído, y que era, o quería ser a la vez, panegírico de la filosofía de Abelardo. Apúntolo por la singularidad del caso.

tico en la *Teoría trascendental de las cantidades imaginarias*, obra póstuma de rey Heredia, pensador original y solitario, y algo también de la estética kantiana y de la *Crítica del juicio* puede descubrirse, mezclado con otros elementos allegadizos en la *Esthética*, de Núñez Arenas. Pero libro de filosofía primera que con todo rigor puede ser calificado de neokantiano, dado que a lo que más se parece es al criticismo de Renouvier, es el del doctor Nieto Serrano, *Bosquejo de la ciencia viviente*, el cual, ora por lo abstruso de su estilo, que supera a todo lo imaginable y oscurece a la misma *Analítica*, ora por la especie de tiranía intelectual ejercida años pasados por los krausistas, no fue leído ni mucho menos juzgado como su extensión y relativa importancia parece que requerían.

De un modo no menos oscuro ha vivido el hegelianismo, comenzado a difundir en nuestras universidades por los años de 1851, que solo en la de Sevilla logró arraigarse, y aun allí está hoy casi muerto. Fue el Sócrates de esta nueva doctrina un catedrático de metafísica llamado Contero Ramírez, de quien ni una sola línea, que yo sepa, se conserva escrita, como no sean las de un programa que su discípulo N. del Cerro publicó en la *Revista de Instrucción Pública*. Pero, si no sus escritos, a lo menos sus palabras en la cátedra bastó a formar una especie de cenáculo hegeliano, que, dilatando su existencia más allá de los términos de la vida de Contero y no absorbido ni anulado por el posterior dominio del krausismo en la cátedra de Metafísica de Sevilla, todavía conserva sus tradiciones y manda a Madrid aventajados expositores de tal o cual rama de la filosofía de Hegel. Así, v. gr., Benítez de Lugo, expositor de la *Filosofía del derecho*, y Fabié, traductor de la *Lógica*, de Hegel, con introducción y escolios de propia Minerva, si bien, respecto de Fabié, conviene advertir tres cosas: 1.ª, que, aunque oyó algún tiempo las lecciones de Contero, no puede con toda propiedad ser llamado discípulo suyo, puesto que recibió más bien su enseñanza de los libros del napolitano Vera; 2.ª, que el hegelianismo de Fabié parece haberse templado y aminorado mucho en estos últimos años, si ya no es que estudios de erudición histórica han distraído su laboriosa atención de las meditaciones metafísicas; 3.ª, que el señor Fabié se ha declarado repetidas veces católico, a pesar de ser hegeliano, y por más que esta conciliación ofrezca graves e insuperables dificultades, pues la heterodoxia del hegelianismo no consiste tanto en los pormenores como en el fundamento y esencia del sistema, radicalmente incompatible con la personalidad y distinción del ser divino, prefiero creer que de la vasta construcción de Hegel rechaza el señor Fabié todo lo que es incompatible con la verdad cristiana, y acepta solo tal cual detalle, que luego pule, aderezar y amolda de manera que encaje, sin discrepar un punto, en la mismísima *Suma* de santo Tomás. De donde vendríamos a sacar por última consecuencia que el señor Fabié, reconociendo, como todos, que al estupendo entendimiento de Hegel deben evidente progreso la filosofía del arte, la del derecho, la de la historia y la lógica misma, viene con todo eso a separarse de él en el punto más capital dando a su idealismo una interpretación no hegeliana, sino platónica, en lo cual ya habían caído algunos hegelianos de la derecha. De esta manera imagino yo que el señor Fabié, de cuyo catolicismo no he dudado nunca, podría ser hegeliano; es decir, echando al agua a Hegel y quedándose con Cristo.

No así Pi y Margall. Este sí que es hegeliano, y de la extrema izquierda. Sus dogmas los aprendió en Proudhon ya en años muy remotos, y no los ha olvidado ni soltado desde entonces. Este agitador catalán es el personaje de más cuenta que la heterodoxia española ha producido en estos últimos años. Porque en primer lugar tiene estilo, y, aunque incorrecto en la lengua, dice con energía y con claridad lo que quiere. Franqueza inestimable, sobre todo si se pone en cotejo con la nebulosa hipocresía krausista, que emplea el barbarismo como arma preventiva, puesto que así nadie puede llamarse a engaño. Cierto que la originalidad de Pi es nula y que sus ideas son de las más vulgares que corren en los libros de Proudhon, Feuerbach y Strauss, por lo cual dijo ingeniosamente Valera que no comprendía la enemiga de Pi contra la piedad y aquello de que estaba sacada del fondo común, cuando precisamente el libro en que tales doctrinas se exponían, y que el señor Pi tendría indisputablemente por propiedad suya, era de las cosas más sacadas del fondo común que pueden imaginarse. Pero al fin, es algo, y en un estado de barbarie y noche intelectual como el que en este siglo ha caído sobre España no es pequeño mérito haber entendido los libros que se leen, y asimilarse su doctrina, y exponerla en forma, si no correcta, inteligible.

El señor Pi publicó en 1851 una supuesta *Historia de la pintura española*,[84] cuyo primer volumen (único conocido), con ser en tamaño de folio, no alcanza más que hasta los fines del siglo XV, es decir, a la época en que empieza a haber

---

84   Manini y Compañía editores.

pintura en España y a saberse documentalmente de ella. De los restantes tomos nos privó la Parca ingrata, porque, escandalizados varios obispos, subscriptores de la obra, de las inauditas herejías que en ella leyeron, comenzaron a excomulgarla y a prohibir la lectura en sus respectivas diócesis, con lo cual el Gobierno abrió los ojos y embargó o quemó la mayor parte de la edición, prohibiendo que se continuara.

De la parte estética de esta *Historia* en otra parte hablaré. Pero la estética es lo de menos en un libro donde el autor, asiendo la ocasión por los cabellos y olvidando hasta que hay pintura en el mundo, ha encajado toda la crítica de la Edad media, y principalmente del cristianismo.[85] De esta crítica, centón informe de hegelianismo popular de la extrema izquierda y humanitarismo progresivo al modo de Pierre Leroux, quedó Pi y Margall tan hondamente satisfecho, que todavía en 1873, como si los años no hubiesen corrido, ni las filosofías tampoco, los reprodujo al pie de la letra con nuevo título de *Estudios sobre la Edad media*, y en verdad que debió quedar escarmentado de hacerlo habiendo caído como cayeron bajo la férula de don Juan Valera, que escribió de ellos la más amena rechifla en la *Revista de España*, sin que desde entonces el nombre filosófico de Pi y Margall haya podido levantarse de aquel tremendo batacazo. En sustancia, lo que en su *Historia de la pintura* enseña Pi es que el cristianismo llevaba implícito, aunque confusamente, el dogma de la unidad y solidaridad humanas, del cual lógicamente se deduce el de la universal fraternidad y aun el del comunismo, pero que Jesús, hombre de aspiraciones sentimentales más bien que de convicciones profundas, no sistematizó su doctrina. Sin embargo de lo cual, el señor Pi y Margall no culpa a Cristo (le perdona la vida, como si dijéramos), porque Cristo, después de todo, para su tiempo sabía bastante. ¡Lástima que introdujese el dualismo entre el cielo y la tierra! Pero ¡cómo ha de ser!, la humanidad ha procedido siempre del mismo modo: empieza por tener aspiraciones, acaba por tener sistemas. Aparte de su dualismo, el señor Pi nota al cristianismo de poca invención. Jesucristo no fue más que el continuador de los demás filósofos que le habían precedido. Tomó de acá y de allá, de Platón,

---

85 *Estudios sobre la Edad media*, por don Francisco Pi y Margall (Madrid, Imprenta de Rivadeneyra, 1873), 12.º, 204 páginas. (Este tomito de la Biblioteca Universal está formado con un capítulo de la *Historia de la pintura*, de Pi, y otro de su libro *Reacción y revolución*.)

de Zenón, de Moisés, de los esenios... Solo le faltó plagiar la *Historia de la pintura* del señor Pi, que en esto de rapsodias tiene tan sagaz olfato, que hasta descubre en la doctrina de los esenios reminiscencias de los poemas de Virgilio. A pesar de tantos arroyuelos como vinieron a enriquecerle, el Evangelio parece, a los ojos del señor Pi, oscuro, defectuoso y vago; en suma, una evolución, un orden de ideas más o menos estable, pero no eterno; el resultado legítimo de evoluciones inferiores, cosa absolutamente modificable. La crítica del cristianismo está hecha como pudiera hacerse la de una mala comedia. Lo absurdo, lo grotesco mejor dicho, de tal manera de proceder con ideas que a los ojos del más desalmado racionalista serán siempre las ideas que han guiado y guían a la más culta y civilizada porción de la especie humana y las que han inspirado, por espacio de diecinueve siglos, todo progreso social, toda obra buena, toda empresa heroica, toda sublime metafísica, todo arte popular y fecundo, arguye por sí sola no ya la vana ligereza del autor, sino el nivel espantosamente bajo a que han descendido los estudios en España cuando un hombre que no carece de entendimiento, ni de elocuencia, ni de cierta lectura, y que además ha sido jefe de un partido político y hasta hierofante y pontífice y cabeza de secta, no teme comprometer su reputación científica escribiendo tales enormidades de las cosas más altas que han podido ejercitar el entendimiento humano desde Orígenes hasta Hegel. Y no es cuestión de ortodoxia, sino de buen gusto y de estética y de sentido común. Ya sería harto ridículo decir compasivamente de Aristóteles: «No culpemos al Estagirita...». ¿Qué será decirlo de Cristo, ante quien se dobla toda rodilla en el cielo y en el abismo? ¡No parece sino que las viejas y los párvulos han sido los únicos que han creído en su divinidad!

Atajada por entonces la continuación de la *Historia de la pintura*, tuvo Pi y Margall que reservar sus filosofías para ocasión más propicia, como lo fue de cierto la revolución de 1854. Aprovechándose de la ilimitada libertad de imprenta que aquel movimiento político trajo consigo, hizo correr de molde un libro político-socialista intitulado *Reacción y revolución, síntesis de las ideas proudhonianas*. Allí Pi combate el cristianismo (son sus palabras), anuncia su próxima desaparición, fundado en que el genio ha renacido ya, la revolución ha roto su crisálida; proclama, como sustitución del principio de caridad, el derecho a la asistencia y al trabajo; y en metafísica afirma la identidad absoluta del ser y de la idea, que se desarrolla por modo tricotómico. ¿Qué es la muerte? Una transformación, un nuevo accidente de la vida. ¿Qué es lo que ataja los progresos de la revolución social que proclama Pi? El consabido dualismo, es decir, la creencia en la inmortalidad del alma, que hace al hombre insolidario con la humanidad en el tiempo. «La revolución en España no tiene base filosófica — añade Pi—; apresurémonos a dársela.» Y la base que propone es el panteísmo, entre cuyos partidarios cuenta al mismísimo evangelista san Juan, «cuyo Verbo es el Brahma de los indios, el logos de los alejandrinos, el devenir o llegar a ser de Hegel». ¿Pero Hegel resuelve el misterio? ¿Es Hegel el filósofo que colma y aquieta las altas aspiraciones del señor Pi? Sí y no, porque el señor Pi nos deja a media miel, limitándose a decir cincuenta veces que es panteísta, que es un ser en sí y para sí, un sujeto objeto, la reproducción de Dios, Dios mismo, una determinación de lo infinito. Lo único que al señor Pi le pone de mal humor con Hegel es su teoría gubernamental y cesarista del Estado. El ideal del señor Pi es un hegelianismo de gorro frigio, bancos del pueblo y república federal.[86] Así filosofamos los españoles, y de tales filosofías salen tales Cartagenas. Pi, como verdadero *enfant terrible* de la extrema izquierda, coronó sus propias lucubraciones traduciendo el *Principio federativo*, las *Contradicciones económicas* y otros opúsculos de Proudhon, grande y vehemente sofista, propio más que otro alguno para calentar cabezas españolas.

Del hegelianismo histórico de Castelar y qué cosa sea este hegelianismo, ya se dirán más adelante dos palabras. De otros más oscuros panteístas puede prescindirse sin grave daño. Pero no ha de tenerse por inoportuno hacer mérito de dos libros inauditos y semifilosóficos, que son, cada cual por su estilo, un par de muestras originalísimas del talento audaz e inventivo que tenemos los españoles abandonados, sin temor de Dios, a nuestra espontaneidad racional, para ponernos de un salto, sin libros, en propia conciencia, y como por adivinación y ciencia infusa, al nivel de los más adelantados desvaríos intelectuales de otras naciones y hasta de la docta Alemania. El primero de estos libros se imprimió en 1837, cuando apenas ningún español había oído el nombre de

---

86 Además de estos libros, publicó el señor Pi antes de la revolución del 68 diversos trabajos de crítica artística y literaria, más o menos saturados de sus opiniones favoritas. Son suyos, aunque no llevan su nombre, los prólogos de las obras de san Juan de la Cruz y del padre Mariana en la Biblioteca de Rivadeneyra. Este último, atestado de no leves herejías, es, por otra parte, lo más elegante y vigoroso que Pi y Margall ha escrito nunca.

Kant,[87] y menos el de Fichte: el de Schelling ni el de Hegel; cuando nadie sabía de filosofía alemana, ni de metafísica trascendental, ni de sistemas de la identidad, ni de racionalismos armónicos. El rótulo del libro dice a la letra: *Unidad simbólica y destino del hombre en la tierra o filosofía de la razón por un amigo del hombre.* Obra dedicada a la infancia de Isabel II, reina de España.[88] Consta de varios tomitos pequeños, en que está repetido siete u ocho veces el sistema. El amigo del hombre era un progresista, don Juan Álvarez Guerra, que para dedicarse con todo sosiego a la búsqueda de la unidad simbólica no quiso ser jefe político de una provincia según nos cuenta en el preámbulo. No se busquen en su sistema reminiscencias francesas ni alemanas; confiesa que no sabe nada, que no ha leído nada, como no sean Rousseau y Benardino de Saint-Pierre: es filósofo autodidacto; todo lo va a sacar de su propio fondo, todo lo va a «elaborar con su sola razón; si es ignorante, tanto mejor, así estará menos apartado de la verdad». La educación es la que pierde y extravía al hombre, haciéndole olvidar la ciencia que trae grabada en el alma cuando viene al mundo. Esta ciencia es la verdad divino-universal, o séase la unidad simbólica. ¿Y qué es la unidad simbólica, pregunta Álvarez Guerra en una especie de catecismo que va al fin de la obra? «Es la materia unida a su orden de acción, es la unidad físico-moral, o la eternidad inconcebible, unida a su creación y formando el universo ordenado... Esta unidad es compleja y es el símbolo o el tipo que tomó la misma eternidad para toda su creación, así en grande, o colectivamente, como en pequeño, o en cada uno de los seres creados. Y llámase esta unidad físico-moral porque sus dos partes o factores son la materia y su orden de acción amorosa impreso en la materia... El hombre no puede concebir a su creador sino unido a su creación y formando la unidad simbólica de todo el universo.» El sistema es, pues, una especie de armonismo krausista, y eso que Álvarez Guerra no tenía el menor barrunto de la existencia de un hombre llamado Krause. «En cada globo celeste, y esto también es krausi-espiritismo de lo más fino, hay una inteligencia reguladora de todo el contenido del mismo. A esta inteligencia parte o emanación de

---

87 Tengo para mí que el primer español que citó el nombre de Kant (poniéndole al lado de los de Vives, Bacon y Herder) fue el duque de Frías en una oda *A Pestalozzi*, que compuso e imprimió en 1807.

88 Imprenta de don Marcelino Calero, 1837. Tomo 1, 376 páginas. Tomo 2, 380. No he visto el tomo 3, que, según parece, se imprimió en 1855. Pero tengo un *Complemento*, o sea, tomo 4, impreso en Sevilla en 1857, 111 páginas, 8.º

la unidad simple se le dio su unidad compleja y simbólica, su dirección recta en los dos factores del impulso y moderador.» Este impulso y este moderador rigen y gradúan toda la moral práctica de Álvarez Guerra. «Aplica tu moderador a tu impulso, y serás feliz», he aquí su imperativo categórico. «Es un dislate creer que hay mal alguno —añade muy satisfecho—. En el Creador todo es bien, porque su obra es infinita en espacio, tiempo y número, con dos polos de ascenso y descenso, que llevan consigo la unidad simbólica, la unidad redonda que llamamos todo»; una especie de círculo semejante al que trazaba Salmerón en la pizarra allá cuando aprendíamos metafísica.[89] Para difundir esta filosofía y restablecer el orden moral, el Ser Supremo, por uno de los atributos de su omnipotencia (voy copiando siempre al señor Álvarez Guerra), eligió al autor de la unidad simbólica, temerario hijo de la nada, la más imbécil de sus criaturas... (página 6).

El otro libro a que aludí se rotula *Armonía del mundo racional en sus tres fases, la humanidad, la sociedad y la civilización*,[90] y su autor, don Miguel López Martínez, director de un periódico moderado, le escribió con el inverosímil propósito de poner de acuerdo el panteísmo con el dogma católico (¡!). La actividad humana es una modificación de la divina. A las modificaciones debió preceder una esencia que pudiera modificarse y ser eterna, cualquiera que fuese la duración de su estado de unidad absoluta. La creación es una modificación de Dios que la sacó de su propia esencia. El hombre es la determinación más noble de la existencia creada, etc., etc., de la esencia una e infinita, que se modifica toda y perpetuamente. El atributo diferencial del absoluto específico humanidad es la razón, que aspira al infinito por su identidad con el absoluto universal, etc.

A esto y poco más se redujo nuestra cultura filosófica no católica en el período anterior a la dominación de los krausistas. A su tiempo haremos breve memoria de los impugnadores de Donoso Cortés, entre los cuales descolló el neocartesiano Martín Mateos, partidario de Bordas-Demoulín entonces y convertido a la larga en apologista ortodoxo.

La filosofía social, más bien que la metafísica pura, ofreció campo a los débiles y aislados conatos de nuestros pensadores. Así y todo, apenas se hizo más que traducir algunos catecismos humanitarios de los más vulgares que en

---

89   Sobre la *Unidad simbólica* puede leerse un chistoso artículo del señor Caminero en la *Revista de España* (tomo 22, páginas 614 a 622).

90   Madrid 1851, Imprenta de los señores Martínez y Minuesa; 4.º, 307 páginas.

Francia había engendrado el impulso de Lamennais y de Pierre Leroux. Así Larra puso en castellano *Las palabras de un creyente*, con el título de *El dogma de los hombres libres*, anteponiéndole un prologuillo de sabor cuasi protestante. El biógrafo y apologista de Larra, don Cayetano Cortés, autor de un *Compendio de moral*, libro semideísta, imprimió también un *Ensayo crítico sobre Lamennais y sus obras*, o breve exposición de los principios democráticos y su influencia presente y futura en la sociedad humana, donde se afirma sin ambages que «el cristianismo es solo un gran pensamiento social», y que es preciso regenerarle quitando al papa «la acción e influencia que hasta ahora ha ejercido en el régimen y disciplina de las iglesias cristianas». De los falansterios de Fourier se hizo apóstol el demócrata Sixto Cámara en su librejo *Del espíritu moderno*, o sea carácter del movimiento contemporáneo. Otro demócrata con puntas de filósofo y de reformador social, notable sobre todo por lo desusado y apocalíptico de su estilo, don Roque Barcia, comenzó a sonar y a florecer por los años de 1854. En su *Filosofía del alma humana*[91] y en el tratadito de la *Generación de las ideas* que la acompaña expuso doctrinas ontológico-psicológico-filológicas tan revesadas y *sui generis*, que algunos, en su afán de clasificarlo todo, las han calificado de sincretismo greco-oriental ligera y vagamente formulado. La esencia es para Barcia la virtud eterna del ser, el principio oculto de la existencia universal. En esta unidad de esencia se funda la unidad de las ideas, modificaciones o expresiones parciales todas ellas de la idea primera, signo de la afirmación universal. De aquí la posibilidad de organizar una síntesis de los conocimientos humanos fundada en que todo es universal y todo es uno. Sobre la misma base panteísta pienso que estaría edificado su libro rarísimo de *El cristianismo y el progreso*, que nunca he alcanzado a ver, porque el Gobierno de 1861 embargó y destruyó la edición, dando ocasión a Barcia para exclamar: «¡Me han quemado vivo en mi pensamiento!». Desde 1855, Barcia había penetrado en el campo de la heterodoxia franca como aventurero desligado y sin bandera conocida, a no ser la de un protestantismo liberal, latísimamente interpretado a tenor de la genialidad del autor: «No, quiero la razón helada de Lutero ni de Calvino... Yo, hijo de

---

91 *Filosofía del alma humana*, o sea *Teoría de los actos externos e internos del hombre. Precedido de unos apuntes etimológicos...* y seguido de otros apuntes sobre generación de ideas, para completar los estudios filosóficos, por don Roque Barcia, autor de los *Viajes*, Director del Círculo científico y literario de Madrid (París, Quai de l'école, 1856), 236 páginas, 8.º

Jesucristo, hijo de su cruz y de su palabra: yo, Jesucristo como creencia y como historia, quiero que la religión que yo adoro abra un juicio a los que se llaman doctores suyos y que sean medidos de los pies a la cabeza por el sentimiento cristiano». Así exclamaba en su folleto *Cuestión pontificia*, al cual siguieron la *Teoría del infierno* y otros paladinamente heréticos.

La absoluta miseria filosófica de España en el largo período que vamos historiando muéstrase patente en lo contradictorio, antinómico y vago de las ideas generales que informan aquella brillante literatura romántica, donde todo acierto parece como instintivo y donde se procede siempre por atisbos, vislumbres, adivinaciones y fantásticos caprichos mucho más que por principios lógicamente madurados. Viniendo tras de un siglo de poesía prosaica como lo fue el siglo XVIII, era natural que extremasen los románticos el intento contrario y que procurasen prescindir de la labor racional como de potencia áspera y enojosa. Solían hacer arte puro, sin darse cuenta clara de ello ni saber de la moderna fórmula el arte por el arte; pero con más frecuencia, y escudados con su propia ignorancia, se atribuían pretensiones trascendentales y hablaban mucho de la misión del poeta. Húboles entre ellos grandísimos y estupendos, tales como desde Calderón acá no habían aparecido en España, pero su verdadera misión no fue otra que hacer buenos versos y dejar frutos regalados de hermosa y castellana poesía. De la intención trascendental de sus obras, ¿quién sabe nada ni quién ha de tomarla por lo serio? Cuando en España no había ya filósofos, ¿cómo pedir filosofía al poeta, que Platón define cosa leve y alada? Los románticos eran poetas en un estado de cultura casi precientífico, lo cual quiere decir que eran poetas a secas y a la buena de Dios, sin metafísicas ni simbolismos. Eran a modo de Spiráculos, por medio de los cuales hablaba el estro santo y pronunciaba la Pitia sus oráculos. Generalmente se jactaban de no saber nada, de no haber estudiado ni querer estudiar ni saber cosa ninguna, sobre todo de las universales y abstractas. Unos decían con Espronceda:

¡Yo, con erudición, cuánto sabría!

Otros, como Tassara, se lamentaban amargamente y se creían infelices porque lo sabían todo. Y ciertamente que en los más de ellos no había motivo para tales lamentaciones. Lo general, lo corriente, lo popular en España y entre poetas era no saber nada, o aparentarlo con tanta extremada perfección, que el disimulo se confunde con la realidad. De aquí la ausencia de todo propósito trascendental; de aquí que un mismo drama resulte, según se mire, providencialista o fatalista; de aquí que un mismo poeta, en el espacio de pocos versos y de una misma composición, aparezca ateo y creyente, blasfemo y devoto, libertino y asceta, tradicionalista y racionalista, escéptico de la razón humana y escéptico del poder divino. ¿Quién esperaría encontrar, y es observación agudísima del señor Valera, en los versos de Espronceda a Jarifa un ataque directo a la razón humana, calificada de delirio insano, como no lo ha hecho el más furibundo tradicionalista, como no lo hizo el mismo Donoso Cortés? Verdad es que Espronceda tenía inquina y mala voluntad a la razón, y por eso dijo en *El estudiante de Salamanca*:

> Que es la razón un tormento,
> y vale más delirar
> sin juicio, que el sentimiento
> cuerdamente analizar
> fijo en él el pensamiento.

Y ciertamente que es más cómodo no razonar, si el razonamiento ha de servir solo para acumular las trivialísimas dudas que uso el poeta en boca del gigante en el estupendamente versificado prólogo de *El diablo mundo*:

> ¿Es Dios tal vez el Dios de la venganza,
> y hierve el rayo en su irritada mano?, etc., etc.

Espronceda, sin embargo, por una maravillosa intuición poética, acertó a expresar y a revestir de formas y colores, en ese mismo prólogo y en el primer canto de su poema, ciertas ideas filosófico-panteístas de eterna circulación de la vida como raudal perenne de la idea en la materia. La inmortalidad que se celebra en el hermoso himno:

> Salve, llama creadora del mundo,
> lengua ardiente de eterno saber,

puro germen, principio fecundo
que encadenas la muerte a tus pies,

no parece ser otra cosa que la idea hegeliana, libre y poéticamente interpretada, o más bien presentida antes que comprendida, por el poeta.

Bien decía él de sí mismo:

Vamos andando sin saber adónde.

Fue muy posterior la irrupción de la metafísica alemana, como nuevo ingrediente mitológico, en nuestros poemas. Aún no había escrito el señor Campoamor (pienso que por broma o desenfado humorístico) en su ya olvidado poema *Colón* aquellas inverosímiles octavas, que parecen un trozo de programa schellingiano:

Del mundo, el hombre y Dios tal es la ciencia;
la creación el yo brota inflamada;
el yo es un Dios de limitada esencia,
Dios es un yo de esencia ilimitada
Y, siendo el yo creado un Dios finito,
es el Dios increado un yo infinito.

No sé si los lectores de 1851 entenderían esta monserga, pero sé que los poetas de 1837 no hilaban tan delgado, reduciéndose sus audacias en el terreno de lo especulativo a tal cual alarde de escepticismo o de indiferencia en cuanto al destino futuro:

Nada me importa mi ceniza fría
donde vaya a parar; irá a la nada,
adonde va la rama abandonada,
adonde va esa flor.[92]

_____

92   Bermúdez de Castro, *Ensayos poéticos.*

146

Las traducciones de novelas francesas fueron no leve parte en la propagación de malsanas novedades. A ello contribuía el bajísimo estado intelectual de nuestro pueblo, incapaz entonces de paladearse con más sustanciosas novedades. Las mismas teorías filosófico-sociales y humanitarias reclamadas en Francia llegaban aquí mucho más por las novelas de Jorge Juan o por los indigestos abortos, hoy olvidados, de Eugenio Sué[93] que por libros abstractos y teóricos. La impía soberbia de *Lelia*, los sueños teológicos del pesadísimo *Espiridión*, último eco de las doctrinas del *Evangelio eterno*; la apoteosis de los taboritas o calixtinos de Bohemia en *La condesa Rudoldstat*, no diré que hicieran muchos prosélitos, pero sí que el espíritu general de todo ello y la atmósfera de teosofía o iluminismo librepensador en que se movía la célebre escritora debió hacer algunas víctimas entre las mujeres de alma apasionada y soñadora. En cuanto al vulgo de los lectores, hallaba más placer en las bestiales invenciones y en la burdísima trama de *Martín el Expósito* o de los *Misterios de París*. Así, pues, debió ser, y fue de hecho, mayor el estrago de la novela socialista que el de la racionalista y dogmatizante. Y no es cosa poco triste que, para hacer la historia de un período del desarrollo de las ideas en España, tengamos que buscarla en tan anticientíficas cloacas.[94]

---

93   Una de las pruebas más señaladas de la confusión de ideas y de la poca noticia que en España había de las modernas utopías socialistas, nos la da el hecho de haber publicado en sus folletines, periódicos conservadores como *El Heraldo*, novelas socialistas al modo de *Martín el Expósito* o de los *Misterios de París*, de las cuales hizo luego estupendas imitaciones (*María, la hija de un jornalero*, *La marquesa de Bellaflor*, etc.), el infatigable don Wenceslao Ayguals de Izco, comandante de la milicia nacional de Vinaroz.

94   Ahora quizá parezca oportuno, por vía de nota, decir algo del estado de la filosofía en nuestras posesiones ultramarinas. Seré breve, y eso que tengo a mano casi todos los materiales necesarios para escribirla.• Desde fines del siglo XVIII había comenzado a propagarse, en Cuba, como en México y otras partes de la América española, lo que entonces llamábamos eclecticismo, es decir, la filosofía analítica de Genovesi y Vernei, con tendencias sensualistas muy marcadas. De tales enseñanzas fue eco el presbítero don José Agustín Caballero, que dejó inéditas unas *Lecciones de filosofía ecléctica*. Pero el verdadero propagador del método analítico y el primer maestro de filosofía digno de memoria que ofrecen los anales literarios de Cuba es el presbítero don Félix Varela, apreciable mucho más por sus condiciones de maestro y de iniciador que por la hondura y originalidad de su pensamiento especulativo, que venía a resolverse en inquina ciega contra la escolástica. Todavía dura bendecida su memoria, y sus discípulos le llaman a boca llena el más grande de los cubanos y el primero que los enseñó a pensar, el Sócrates

147

de la grande Antilla, etc., etc. Fue católico sin duda y no tan enemigo de España como otros criollos. Su biógrafo mismo confiesa que, en 1823, cubanos y españoles constituían una misma familia (página 213). Lo que le mantuvo expatriado en Nueva York no fue el ser filibustero, sino el haber sido diputado en el período constitucional de los tres años y uno de los que votaron la suspensión de Fernando VII. Sus obras filosóficas son *Institutiones philosophicae eclecticae* (La Habana 1812 a 1814, los dos primeros tomos en latín, los dos últimos en castellano), varios elencos o programas, un discurso sobre la *Influencia de la teología en la marcha de la sociedad*, leído en 1817 en la Sociedad Patriótica de La Habana; la *Lección Preliminar del curso de 1818*, un tomo de *Misceláneas filosóficas*, ciertos *Apuntes...* sobre la dirección del espíritu humano, las *Lecciones de filosofía* (obra distinta de las *Instituciones*, por primera vez impresa en 1818), y, sobre todo, las *Cartas a Elpidio sobre la impiedad, la superstición y el fanatismo en sus relaciones con la sociedad* (Nueva York 1835 y 1836, dos tomos), obra que le da derecho a figurar entre los principales apologistas españoles del primer tercio de este siglo. Su eclecticismo, si bien con pretensiones cartesianas, no deja de ser una muy pobre ideología analítica, manera de tránsito entre Destutt-Tracy y Laromiguière. Rechazó siempre el eclecticismo, y a Cousin le trata duramente. Pero siempre será digno de alabanza el entusiasmo con que promovió los estudios filosóficos, la Pureza de su fe católica, que le salvó, lo mismo que a nuestro padre Muñoz, de los escollos del sensualismo; el ardoroso brío de sus escritos contra los impíos y la activa y fructuosa propaganda católica que hizo en los Estados Unidos contra los protestantes, fundando iglesias y asilos de beneficencia, catequizando muchos herejes y saliendo vencedor de reñidísimas polémicas, algunas de ellas orales. Dichoso quien tales cosas realizó y tanto mereció de la Iglesia, por más que algunas sombras de los errores políticos y filosóficos de su tiempo anublasen su mente. Varón más digno de loor por lo que practicó que por lo que escribió y enseñó a sus discípulos. Hasta se le debe en parte la introducción de los estudios experimentales de química y física en las aulas de La Habana: mérito que debe compartir con el obispo Espada, vascongado de nacimiento. Al sensualismo del padre Varela, que se anticuó muy pronto, sucedió un período de discordia entre sus discípulos, inclinándose unos, como el doctor Manuel González del Valle, al eclecticismo cousiniano, que mezcló con ciertas reminiscencias de Luis Vives y de los psicólogos escoceses, y prefiriendo otros los sistemas alemanes, pero de una manera casi empírica, rudimentaria y nada sistemática. De ellos fue el famoso don José de la Luz Caballero, hábil director de colegios, gran propagandista del filosofismo y separatismo entre la juventud de la grande Antilla, que le venera como a su Confucio. Educó a los pechos de su doctrina una generación entera contra España, creó en el Colegio del Salvador un plantel de futuros laborantes y de campeones de la manigua; pero dejó escrito muy poco, y de filosofía menos, y, aunque hombre reflexivo y culto, carecía de rigor

II. El krausismo. Don Julián Sanz del Río; su viaje científico a Alemania; su doctrina; sus escritos hasta 1868; sus principales discípulos

Allá por los años de 1843 llegó a oídos de nuestros gobernantes un vago y misterioso rumor de que en Alemania existían ciencias arcanas y no accesibles a los profanos, que convenía traer a España para remediar en algo nuestra penuria intelectual y ponernos de un salto al nivel de nuestra maestra la Francia,

---

dialéctico y del desasimiento de toda consideración práctica que caracterizan al metafísico puro. Así, examinando sus elencos o programas, se ve que el fin moral o político, entendido a su modo, le perseguía siempre, y que, propagandista mucho más que filósofo, miraba con despego las cuestiones ontológicas.

Era el suyo un racionalismo vago, que se aquietaba con moralidades sentenciosas en estilo cortado y lapidario, como las sentencias de los siete sabios griegos. Frases como éstas y del mismo jaez son todas las que citan sus admiradores: «La filosofía es el bautismo de la razón... La humanidad, si no aspira, no respira... La religión es el alma del alma», y otras por el mismo estilo, no bastan para establecer la filiación filosófica de nadie, ni su biógrafo, con haber escrito acerca de él cerca de 400 páginas, nos suministra datos suficientes para juzgar si fue panteísta, como generalmente se cree, o filósofo ortodoxo, como él se proclamaba. Pienso, con todo, que no yerran los que quieren emparentarle con los krausistas y con Sanz del Río. Afirmó siempre que la verdad era una sola, y uno el método de buscarla, una y la misma en todas las ciencias, una en el sujeto y el objeto. Lo que mejor conocemos de su filosofía es la parte negativa, la impugnación del sistema de Víctor Cousin, que él no sustituye con cosa alguna, sino con otro eclecticismo a su modo.

El entierro de don Pepe (así le llamaban cariñosamente sus innumerables discípulos) fue una verdadera algarada contra España, malamente consentida por el capitán general (1862), y uno de los más temerosos amagos de la insurrección de 1868.

En las repúblicas independientes de América aun fue menor el movimiento filosófico. Nunca he llegado a ver la *Teoría del entendimiento humano*, de Andrés Bello, ni sé lo que en puntos de filosofía alcanzaba el benemérito filólogo; pero he oído que defiende, no sin ingeniosa novedad, algunas opiniones idealistas de Berkeley, siguiendo en lo demás las huellas del espiritualismo de Cousin y aprovechando los minuciosos análisis de la escuela de Edimburgo; de todo lo cual presumo que ha de resultar un conjunto bastante abigarrado. En Nueva Granada y otras repúblicas, el utilitarismo de Salas y la ideología de Tracy han sido ciencia oficial hasta hace pocos años; dato bien triste y elocuente por sí solo.

En Portugal el movimiento filosófico aún es menor si cabe, y ningún nombre de pensador de aquel reino ha logrado pasar la frontera, como no sea el de Pinheiro Ferreira, traductor directo y comentador de las Categorías, de Aristóteles. El eclecticismo francés ha servido, como en todas partes, a falta de otra cosa mejor. La filosofía escolástica está allí muerta. Nadie ha querido tampoco calentarse la cabeza en estudiar idealismos alemanes, y hoy,

de donde salía todos los años Víctor Cousin a hacer en Berlín su acopio de sistemas para el consumo de todo el año académico. Y como se tratase entonces del arreglo de nuestra enseñanza superior, pareció acertada providencia a don Pedro Gómez de la Serna, ministro de la Gobernación en aquellos días, enviar a Alemania, a estudiar directamente y en sus fuentes aquella filosofía, a un buen señor castellano, natural de Torre-Arévalo, pueblo de la provincia de Soria, antiguo colegial del Sacro-Monte, de Granada, donde había dejado fama por su piedad y misticismo, y algo también por sus rarezas; hombre que pasaba por aficionado a los estudios especulativos y por nada sospechoso en materias de religión.

La filosofía alemana era, aunque poco conocida de los españoles, no enteramente forastera, ni podía suceder otra cosa cuando de ella daban tanta noticia y hacían tales encarecimientos los libros franceses, únicos que aquí leíamos. El mismo Balmes alcanzó a estudiar, en traducciones, la *Crítica de la razón pura*, la *Doctrina de la ciencia* y el *Sistema de la identidad*, e hizo sobre ellos observaciones profundas, como suyas, en la *Filosofía fundamental*, obra que los *gnósticos* españoles han afectado mirar con desdén, pero que alguna oculta virtud debe de tener en sí cuando tanto se han quebrado en ella los dientes el mismo hierofante Sanz del Río y su predilecto discípulo Tapia.

Balmes, que en sus últimos años leyó no poco y que, presintiendo una revolución filosófica en España, trató de ahogar el mal con la abundancia del bien, restaurando, aunque no sistemáticamente, la escolástica e impugnando

con alguna excepción honrosa, toda la juventud dorada que bulle y se agita en Coímbra y en Lisboa es ferozmente atea, materialista o positivista, jurando únicamente por Littré o por Augusto Compte. Todavía no hemos alcanzado a los portugueses en esta vertiginosa carrera; pero todo se andará, si Dios no lo remedia.

• *Vida del presbítero don Félix Varela*, por José Ignacio Rodríguez. Nueva York (Imprenta de O Novo Mundo, 1878), 8.º, 448 páginas.

—*Vida de don José de la Luz y Caballero*, por José Ignacio Rodríguez (Nueva York, Imprenta de El Nuevo Mundo).

—*La América Ilustrada* (1874), 8.º, 327 páginas.

—*De la filosofía en La Habana*, discurso por don José Manuel Mestre, doctor en Filosofía y catedrático de la misma Facultad en la Real Universidad Literaria. Seguido de una carta inédita del presbítero don Félix Varela, y un artículo del doctor don José González del Valle.

las negaciones racionalistas más bien que oponiéndoles un cuerpo de filosofía ortodoxa, no perdió de vista, ni siquiera en sus tratados elementales, ni siquiera en la *Historia de la filosofía*, con que cierra su compendio, lo que sabía del movimiento filosófico de Alemania, y hasta dio idea bastante clara de algunos puntos del sistema de Krause, tomándolos de las *Lecciones de psicología*, de Ahrens.

Ya en 1851 se había publicado, traducido a nuestra lengua por don Ruperto Navarro Zamorano, el *Curso de derecho natural o filosofía del derecho*, del mismo Ahrens, impreso por primera vez en Bruselas en 1837, y que todavía hoy se reimprime y traduce entre nosotros, y se recomienda en las cátedras, y se devora por los estudiantes como *novissima verba* de la ciencia. El primitivo traductor suprimió un capítulo entero sobre la religión, porque contenía doctrinas que, atendido nuestro estado actual, sería grande imprudencia difundir. ¡Notable escrúpulo de traductor, cuando dejaba todo lo demás intacto!

Es error vulgarísimo el creer que Sanz del Río fue enviado a Alemania a aprender el krausismo. Basta hojear su correspondencia para persuadirse del verdadero objeto de su comisión, que fue estudiar la filosofía y la literatura alemanas en toda su extensión e integridad, lo cual él no hizo ni podía hacer quizá, por ser hombre de ninguna libertad de espíritu y de entendimiento estrecho y confuso, en quien cabían muy pocas ideas, adhiriéndose estas pocas con tenacidad de clavos. Solo a un hombre de madera de sectario, nacido para el iluminismo misterioso y fanático, para la iniciación a sombra de tejado y para las fórmulas taumatúrgicas de exorcismo, podía ocurrírsele cerrar los ojos a toda la prodigiosa variedad de la cultura alemana y, puesto a elegir errores, prescindir de la poética teosofía de Schelling y del portentoso edificio dialéctico de Hegel, e ir a prendarse del primer sofista oscuro, con cuyos discípulos le hizo tropezar su mala suerte. Pocos saben que en España hemos sido krausistas por casualidad, gracias a la lobreguez y a la pereza intelectual de Sanz del Río. Pero, afortunadamente, un discípulo suyo, hijo del mayor protector que entonces tenía Sanz del Río en el Ministerio de Instrucción Pública, ha publicado cartas del filósofo en que hay las más explícitas revelaciones sobre este punto.[95]

---

95 *Cartas inéditas de don Julián Sanz del Río* publicadas por don Manuel de la Revilla, Madrid. Casa editorial de Medina y Navarro (sin fecha, según pésima costumbre de algunos editores nuestros; creo recordar que fue hacia 1875); 8.º, 109 páginas.

Sanz del Río poseía, antes de su viaje, ciertas nociones de alemán, que luego perfeccionó, hasta ponerse en situación de entender los libros y de entenderse con las gentes. La visita que hizo en París a Víctor Cousin no le dejó satisfecho; su ciencia le pareció de embrollo y de pura apariencia. No faltará quien sostenga que, con toda su ligereza trascendental, que yo reconozco, el doctísimo ilustrador de Platón, de Proclo y de Abelardo, el autor de tantos deleitables cursos de historia de la filosofía, el renovador de la erudición filosófica y caudillo de una falange de investigadores muy de veras y no de embrollo ni de apariencia, el vulgarizador elegantísimo del espiritualismo entre las gentes de mundo y (¿por qué no decirlo, aunque pocos se lo agradezcan?) el crítico exterminador del sensualismo condillaquista, será siempre en la historia de la filosofía un personaje de mucha más importancia que Krause y su servilísimo intérprete Sanz del Río y que todos los krausistas belgas y alemanes juntos, porque sabía más que ellos, y entendía mejor lo que sabía, y lo exponía además divinamente y no en términos bárbaros y abstrusos. Enhorabuena que Aristóteles, o santo Tomás, o Suárez, o Leibnitz, o Hegel pudieran calificar de ligera y de filosofía para uso de las damas la de Víctor Cousin; pero que venga a decirlo un espíritu tan entenebrecido como el de Sanz del Río, cuyo ponderado método se reduce a haber encerrado sus potencias mentales en un carril estrechísimo, trazado de antemano por otro, cuyas huellas va repitiendo con adoración supersticiosa, es petulancia increíble. Pero ya se ve; a los ojos como los de Sanz del Río, que solo aciertan a vivir entre telarañas, todo lo que sea luz y aire libre ha de serles forzosamente antipático.

Así que nada oyó en la Sorbona que le agradase, y para encontrar filósofos de su estofa, y aun no tan enmarañados, pero sí tan sectarios como él, tuvo que ir a Bruselas y ponerse en comunicación con Tiberghien y con Ahrens, que le dio a conocer a Krause y le aconsejó que sin demora se aplicase a su estudio, dejando a un lado todos los demás trampantojos de hegelianismo y cultura alemana, puesto que en Krause lo encontraría todo realzado y transfigurado por modo eminente. Mucho se holgó Sanz del Río del consejo, sobre todo porque le libraba de mil estudios enojosos y del quebradero de cabeza de formar idea propia de las cosas y de juzgar con juicio autónomo las múltiples y riquísimas manifestaciones del genio alemán. ¡Cuánto mejor encajarse en la cabeza un sistema ya hecho y traerle a España con todas sus piezas!

El espíritu de Sanz del Río no sabía caminar un paso sin andadores. «Como guía que me condujera con seguridad por el caos que se presentaba ante mi espíritu, hube de escoger de preferencia un sistema, a cuyo estudio me debía consagrar exclusivamente hasta hallarme en estado de juzgar con criterio los demás.» Excuso advertir que este día no llegó nunca, y que el camino tomado por Sanz del Río era el que más debía alejarle de tal fin, si es que alguna vez se le propuso, ya que, comenzando por encajonar su entendimiento en un dogmatismo cerrado y por jurar *in verba magistri*, tornábase de hecho incapaz de ver ni de juzgar nada que no fuese aquello, abdicaba de su propio pensar y hasta mataba en sí el germen de la curiosidad.

Nadie ignora que en tantos años como Sanz del Río desempeñó la cátedra de *Historia de la filosofía*, ni por casualidad tocaba tal historia; bastábale enseñar lo que él llamaba el sistema, es decir, el suyo, el de Krause, la verdad, lo uno. Lo que habían pensado los demás, ¿qué le importaba? «Escogí aquel sistema —prosigue diciendo— que, según lo poco que yo alcanzaba a conocer, encontraba más consecuente, más completo, más conforme a lo que nos dicta el sano juicio, y sobre todo más susceptible de una aplicación práctica (¡vaya un metafísico!)...; razones todas que, si no eran rigurosamente científicas, bastaban a dejar satisfecho mi espíritu.» Bueno es hacer constar que Sanz del Río se hizo krausista por razones no rigurosamente científicas.

Instalado ya en la Universidad de Heidelberg, cayó bajo el poder de Leonhardi y de Roeder, que acabaron por krausistizarle y de taparle los oídos con espesísima cera para que no oyese los cantos de otras sirenas filosóficas que podían distraerle de la pura contemplación del armonismo. Las pobrísimas observaciones que luego hizo sobre Hegel muestran hasta dónde llegaba esta superstición y embebecimiento suyo. A los pocos meses de estudiar el krausismo, y antes de haberle comparado con otros sistemas, ya escribe a don José de la Revilla que «tiene convicción íntima y completa de la verdad de la doctrina de Krause; convicción producida directa e inmediatamente por la doctrina misma que yo encuentro dentro de mi mismo ser, si no idéntico, total». Dentro de su mismo ser encuentra cada cual todo lo que quiere, incluso los mayores absurdos. Si esto no es proceder como un fanático cortarse voluntariamente las alas del pensamiento, y desentenderse de toda realidad exterior, confesaré que tienen razón los que llaman a Sanz del Río campeón de la libertad filosófica.

Sanz del Río temía cándidamente que esta doctrina fuese demasiado buena o demasiado elevada para españoles; pero, con todo, estaba resuelto a propagarla, porque puede acomodarse a los diferentes grados de cultura del espíritu humano. Ya para entonces había dado al traste con sus creencias católicas: «¿Cree usted sinceramente —escribía a Revilla— que la ciencia, como conocimiento consciente y reflexivo de la verdad, no ha adelantado bastante en dieciocho siglos sobre la fe como creencia sin reflexión para que en adelante, en los siglos venideros, haya perdido ésta la fuerza con que ha dirigido hasta hoy la vida humana?»

Sanz del Río hizo dos visitas a Alemania: una en 1844, otra en 1847. En el intervalo de la una a la otra residió en Illescas, pueblo de su mujer, haciendo tales extravagancias, que las gentes le tenían por loco. Y realmente da algo que sospechar del estado de su cabeza en aquella fecha una carta enormísima y más tenebrosa que las *Soledades*, de Góngora, que en 19 de marzo de 1847 dirigió a su mecenas don José de la Revilla. Allí se habla o parece hablarse de todo, especialmente de educación científica; pero lo único que resultaba bastante claro es que el autor pide, en términos revesados y de conjuro, aumento de subvención y de sueldo. Véase con qué donaire escribía Sanz del Río sus cartas familiares: «Ahora, pues, en el proseguimiento de este propósito, con la resolución de que hablo a usted, ocúrreseme de suyo considerar lo que me resta de personalidad exterior, digámoslo así, en el sentido del objeto propuesto y de relaciones con el Gobierno bajo el mismo respeto..., cuanto más que en el caso presente el todo que en ella se versa trae su principio y conexión directa del Gobierno... En conformidad de esto, he debido yo preguntarme: ¿en qué posición me encuentro ahora con el Gobierno y cómo obraré en correspondencia con ella... en la condicionalidad y ocasión presente?... ¿Cómo y por qué género de medios conviene que sea cumplido a lo exterior el objeto de mi encargo? Y como parte contenido en este genérico, ¿qué fin inmediato, aun bajo el mismo respeto de aplicación exterior, llevo yo propuesto en la resolución de viajar?»

Yo no sé si don José de la Revilla llegó a entender ni aun leer entera esta carta, que en la impresión tiene cuarenta y tantas páginas de letra menudísima, todas ellas tan amenas como el trozo que va copiado; pero es lo cierto que a él y a las demás oficinas les pareció un monstruo y un genio el hombre que tan oscuramente sabía escribir a sus amigos hasta para cosa tan trivial como pedir dinero. Así es que determinaron crear para él una cátedra de Ampliación de la filosofía y su historia en el Doctorado de la Facultad de Letras, cátedra que Sanz del Río rechazó al principio con razones tan profundas, que el ministro y los oficiales hubieron de quedarse a media miel, dejándole al fin en libertad de aceptar la cátedra cuando y como quisiera y de imprimir o dejar de imprimir un Tratado de las sensaciones, que había traído de Alemania como fruto de sus tareas.

Sanz del Río, aunque escritor laborioso y muy fecundo a su modo, con cierto género de fecundidad estrambótica y eterna repetición de las mismas ideas, no estaba aquejado de la manía de escribir para el público. Gustaba más de la iniciación oral y privada en el cenáculo de discípulos que comenzó a atraerse desde que ocupó la cátedra de la Central. Cuando escribía, solía hacerlo para sí mismo y para esos oyentes más despiertos; así es que obra suya propiamente filosófica no hay ninguna anterior a la *Analítica*. Antes solo se había dado a conocer por algún trabajo de los que él llamaba populares, v. gr., la traducción o arreglo del *Compendio de historia universal*, compuesto en alemán por el doctor Weber, de la Universidad de Heidelberg, y aumentado por el nuestro con varias consideraciones generales y notas de sabor panteístico-humanitario, a pesar de lo cual la obra se publicó en 1853 bajo el patrocinio de altísimos personajes conservadores y fue señalada como libro de texto en nuestras universidades. La traducción es incorrecta y estrafalaria; hasta las cosas más vulgares se dicen con giros memorables por lo ridículos: El espíritu simple de los primeros pueblos no tenía más que un ojo (leemos en la página 297 del tomo I).

Cúpole en turno a Sanz del Río la oración inaugural de la Universidad en el curso de 1857 a 1858,[96] e hizo con mejor estilo del que acostumbraba, y aun con cierta varonil y austera elocuencia, que no excluye la dulzura cautelosa y persuasiva, un elogio de los resultados morales de la filosofía y exhortación a los jóvenes a su estudio como única ley, norma y disciplina del espíritu. En tono medio sentimental, medio estoico, todo tira en aquel discurso a insinuar las ventajas de la llamada moral independiente y desinteresada, de la ética kantiana en una palabra, que a ella vendrá a reducirse, si es que tiene algún sentido, la

---

96 *Discurso pronunciado en la solemne inauguración del año académico de 1857 a 1858 en la Universidad Central*, por el doctor don Julián Sanz del Río, catedrático de Historia de la Filosofía en la Facultad de Filosofía y Letras (Madrid, Imp.). Nacional, 1857), 42 páginas, 4.º

perogrullada de Krause, que cita Sanz del Río como portentoso descubrimiento suyo: El bien por el bien como precepto de Dios. Fórmula ambidextra por decirlo así, pero que, entendida como suena, sería cristiana y de las más corrientes si no supiéramos lo que significa la palabra Dios en todo sistema panteístico. La hipocresía es lo peor que tiene el krausismo, y ésta es la razón de aquel discurso tan capciosamente preparado, rebosando de misticismo y ternezas patriarcales, donde venía a anunciarse a las almas pecadoras una nueva era, en que el cuidado de ellas correría a cargo de la filosofía, sucesora de la religión en tales funciones, deslumbrase a muchos incautos, hasta que el señor Ortí y Lara, joven entonces, que desde aquel día se convirtió en sombra negra para Sanz del Río y los krausistas, descubrió el veneno en un diálogo que publicó en *La Razón Católica*, revista de Granada. Este arrojo le costó (y dicho sea entre paréntesis, como una de tantas muestras de la tolerancia krausista) una represión de parte del Consejo universitario.

En 1860 logró la solicitud de sus discípulos que Sanz del Río se decidiese a confiar a los tórculos la primera parte de sus lucubraciones metafísicas, encabezada con el rótulo de *Sistema de la filosofía-análisis*,[97] que luego se trocó en el más breve y sencillo de *Analítica*. En cuanto a la segunda parte, o *Sintética*, debió de llevarse al otro mundo el secreto, porque ni él lo reveló ni sabemos que ninguno de sus discípulos lo haya descubierto.

Entrar aquí en una exposición minuciosa del análisis krausista sería tan impertinente en una obra histórica como inútil, ya que es sistema enteramente muerto y del cual reniegan los mismos que en otro tiempo más fervorosamente le siguieron. Además, aunque los krausistas hayan querido presentar su filosofía como inaccesible a los profanos, de puro alta y sublime, es lo cierto que, reducida a términos llanos y despojada de toda la bambolla escolástica con que la han revestido ad terrorem puerorum, es fácil encerrarla en muy breves y nada originales proposiciones, y así lo han hecho sus impugnadores castellanos, entre los cuales merecen especial atención el señor Ortí y Lara y el señor Caminero.

---

97 C. Chr. F. Krause. *Sistema de la Filosofía. Metafísica. Primera parte*. Análisis expuesto por don Julián Sanz del Río. Catedrático de Historia de la Filosofía, en la Universidad Central, Madrid. Imprenta de Manuel Galiano... 1860; 8.º, 71 + 572 páginas.

La escuela krausista, modo alemán del eclecticismo, se presenta, después de cosechada la amplia mies de Kant, Fichte, Schelling y Hegel, con la pretensión de concordarlo todo, de dar a cada elemento y a cada término del problema filosófico su legítimo valor dentro de un nuevo sistema que se llamará *racionalismo armónico*. En él vendrán a resolverse de un modo superior todos los antagonismos individuales y todas las oposiciones sistemáticas; el escepticismo, el idealismo, el naturalismo, entrarán como piedras labradas en una construcción más amplia, cuya base será el criticismo kantiano. La razón y el sentimiento se abrazarán estrechamente en el nuevo sistema. Krause no rechaza ni siquiera a los místicos; al contrario, él es un teósofo, un iluminado ternísimo, humanitario y sentimental, a quien los filósofos trascendentales de raza miraron siempre con cierta desdeñosa superioridad, considerándole como filósofo de logias, como propagandista francmasónico, como metafísico de institutrices; en suma, como un charlatán de la alta ciencia, que la humillaba a fines inmediatos y no teoréticos.

Ni siquiera en el punto de partida tiene novedad Krause. Como Descartes, como casi todos los espiritualistas poscartesianos, arranca de la afirmación de la propia existencia, de la percepción simple, absoluta, inmediatamente cierta del yo; percepción no adquirida en forma de idea, ni por juicio, razonamiento o discurso, sino por inmediata y misteriosa intuición. Este conocimiento yo es como el huevo en que está encerrada toda la ciencia humana, así la analítica como la sintética.

Yo bien sé que Sanz del Río, o séase Krause, que habla por su boca, no quiere avenirse a que su sistema se confunda con el de Fichte, antes terminantemente dice que no es la intuición yo el principio de todo conocimiento, y que en nosotros se da el conocimiento de nuestro cuerpo y el del mundo exterior, y además pensamos seres superiores a nosotros. Pero, bien mirada la cuestión, muy claro se ve ser de palabras, puesto que Krause afirma que el pensamiento de otros seres que yo se da siempre de un modo relativo, condicionado y subalterno, como explicándose por el conocimiento yo y teniendo en él su raíz en medio de la aparente oposición.

Considerado el yo en sus propiedades fundamentales, afirma de él la ciencia analítica que es uno, el mismo, todo y enteramente, es decir, su unidad, su identidad y su omneidad, palabra bárbara sustituida por Sanz del Río en nuestro vocabulario filosófico a la totalidad u otra análoga. De estas propiedades del ser, o séase del yo, porque ya empieza el perpetuo sofisma de confundirlos, deduce Krause, atento siempre a lo práctico y ético, esta regla de conducta o imperativo categórico: «Sé uno, el mismo, todo contigo, realiza en unidad, en propiedad, en totalidad la ley de hombre en todas tus funciones y relaciones, por toda tu vida».

Reconociendo el yo en su interioridad, se afirma analíticamente la distinción de espíritu y cuerpo, puesto que el yo es el fundamento permanente del mudar y el sujeto y la base de sus estados. La percepción inmediata de este dualismo no es pura percepción sensible; requiere una porción de anticipaciones racionales (cosa, algo, lo propio, lo todo, la parte, la relación, etc.), sin los cuales jamás podríamos formar sobre la actual impresión sensible un conocimiento propio y preciso de nuestros estados, sentidos como partes de nuestro cuerpo.

Pero el cuerpo no está aislado, pertenece todo a la naturaleza como parte viva y contenida en ella, y como la naturaleza es exterior y opuesta a nosotros mismos, también el cuerpo, como parte de la naturaleza, es exterior a mí, es lo otro que yo. De aquí procedemos al conocimiento analítico de la naturaleza. La naturaleza es cosa en sí, sujeto de sus propiedades, extensa en el espacio, continua en el tiempo. La percepción inmediata del sentido no nos autorizaría para afirmar que se daba fuera de nosotros un objeto y mundo natural, una naturaleza sensible, porque el carácter singular y contingente de toda sensación la dejaría estéril si no trajésemos mentalmente las consabidas anticipaciones racionales o intelecciones *a priori*. ¡Cosa más anticientífica que un sistema fundado todo en anticipaciones! Bajo las formas intuitivas de espacio y tiempo, nuestra fantasía elabora continuamente una imagen viva y propia de la naturaleza, imagen que es a la vez interior y exterior, ideal y sensible. Y aquí comienza a levantarse una punta del velo que cubre el tabernáculo del sistema, dado que, siendo unos mismos los conceptos comunísimos o nociones *a priori* (ser, esencia, unidad, propiedad, etc.) que aplicamos a la percepción yo y los que afirmamos de la naturaleza, empieza a vislumbrarse ya la trascendencia del fundamento de una realidad objetiva sobre el yo y sobre la naturaleza. Conviene, sin embargo, suspender el juicio y no precipitarse, así lo previene la *Analítica*. Entra luego el conocimiento de otros sujetos humanos por fundamentos de hecho y raciocinio, de tal suerte que «nuestro conocimiento de otros nombres está ligado y condicionado en todos sus términos y grados con nuestro conocimiento propio, del cual inducimos a un sujeto semejante a nosotros sobre manifestaciones análogas a las de nuestro cuerpo».

Entremos en el conocimiento analítico del espíritu. «Yo me distingo de mi cuerpo como yo mismo, dice Sanz del Río...; yo me reconozco ser el mismo sujeto, aun sin mirar a mi cuerpo, como el opuesto a mí, quedando todavía yo mismo, subsistiendo en mí propio, y en esta pura percepción me llamo yo espíritu-el espíritu.» Con permiso de Sanz del Río, yo espíritu es una cosa, y el espíritu, otra muy diversa. En resumen, que yo soy espíritu en cuanto me distingo de mi cuerpo. Lo demás que el discípulo de Krause añade es un tránsito arbitrario. Yo me conozco y me llamo hombre, pero no me conozco ni me llamo el hombre. Podré saberme inmediatamente, a distinción de mi cuerpo en mí, como bárbaramente escribe Sanz del Río; pero de este hecho de conciencia nadie pasa.

Hay una propiedad común y extensiva a todas las propiedades particulares del yo; esta propiedad es el mudar. El mudar es lo otro y lo diferente en la misma cosa; de aquí un sujeto permanente en toda mudanza; los estados mudables se excluyen recíprocamente, pero la propiedad permanece en medio de ellos. El fundamento del relativo no-ser y la recíproca exclusión de los estados de una cosa consiste en la individual determinación de cada uno; pero el mudar mismo y la ley de mudar cada propiedad es permanente en sí y solo mudable e interiormente determinable en otra, sin cesar; en suma, una mera propiedad formal, de tiempo; el tiempo es puramente el cómo y la manera del mudar, el modo como las mudanzas mudan (sic) de una en otra, sin cesar; en suma una mera propiedad formal, pura continuidad infinitamente divisible, ora matemática, ora históricamente. Lo opuesto del tiempo es la duración. Como si la duración no fuese tiempo o cosa que está en el tiempo.

La percepción del mudar y de la permanencia relativamente a mí mismo engendra la idea de fundamento y causa. En este juicio analítico van incluidos otros dos: 1.º, yo soy el fundamento del mudar, como propiedad mía, y de la total sucesión de mis mudanzas, fundamento esencial, fundamento eterno; 2.º, yo soy el fundamento temporal y actual de cada mutación y estado sucesivo, en cuanto los voy determinando. La verdad objetiva de esta relación de fundamento es trascendental y absoluta, sale fuera y sobre la percepción yo, y es, en suma, otra anticipación racional, otro concepto intruso en el procedimiento analítico.

Fundamento es lo que da y contiene en sí lo fundado, determinándolo según él mismo. «Luego lo fundado —añade Sanz del Río en su peculiar estilo de rompecabezas— es del fundamento y en él y según él, y la relación de fundar dice propiedad, continencia y conformidad de lo fundado al fundamento... Lo particular es del todo, en y según el todo; luego lo fundado es, respecto de lo fundente, lo limitado, lo finito.» Y he aquí el concepto de límite bajo el de fundamento: limitabilidad interior, limitación exterior (activa y pasiva); y el concepto de lo infinito-absoluto sobre el de fundamento, que de él recibe su sentido y su integridad racional.

Aclarado el concepto de fundamentos y de causa, procede indagar analíticamente nuestra propia causalidad, y, en efecto, Sanz del Río averigua que yo soy fundamento de mis propiedades y de mis estados individuales en el tiempo, subsistiendo y sabiéndome el mismo sobre la sucesión de todos y sobre la determinación de cada uno, es decir, fundando eternamente mi sucesión temporal y cada estado en ella. La potencia es el fundamento permanente de esta sucesión de estados, la actividad es el fundamento temporal próximo de cada estado en mí. En la potencia como tal no cabe determinación cuantitativa, pero sí en la actividad, y su modo cuantitativo es la fuerza o energía. La potencia determina la actividad en forma de moción y la hace ser efectiva; de aquí el deseo, el anhelo, la inclinación. Pero la actividad, como causalidad próxima, está siempre muy lejos de agotar todo lo que yace en la posibilidad general y eterna, o dicho en términos estrambóticos y risibles, como se dice todo en el krausismo, está siempre en débito respecto de la potencia. ¡Tú que tal dijiste! Ahora sale por escotillón, fundala en un juego de palabras, nada menos que la noción del deber, de la obligación, del fin. Lo esencial, en cuanto realizable, es el bien; de donde se deduce que el bien es lo permanente constante entre los estados sucesivos y mudables. «Mi esencia relativamente a mi tiempo es mi bien, en forma de ley, por toda mi vida.»

El concepto de la vida es el de la manifestación de la esencia de un sujeto en una continuidad de estados referidos al sujeto mismo; de aquí que para los krausistas todo vive.

La potencia y la actividad, en su variedad interior, ofrecen tres modos: el conocer, el sentir, el querer. Además de examinar cada una de por sí, Sanz del Río las considera en su relación con el yo, como fundamento permanente y temporal de sus estados y en la relación que ellas tienen entre sí. En todo esto no hay cosa que muy señalada sea, fuera del precepto de cultivar todas las facultades armónicamente, debajo de mí, como el sujeto de ellas.

Yo conozco. ¿En qué consiste la relación del conocer? En ponerse en relación el sujeto, como conocedor, con el objeto, como lo conocido. Entran, pues, en el conocer tres términos distintos: el conocedor, lo conocido y el conocer mismo o la razón de conocer. Lo conocido puede ser el ser mismo o una propiedad del ser y puede ser un objeto interior o exterior al sujeto. «Y como la esencia es realmente conocida en el ser del que es tal esencia, se infiere que lo conocido es siempre el ser en sí o en sus propiedades.» La unión de los términos en el conocimiento es unión de esencia, unión esencial. «El que conoce, siendo el mismo tal y en sí, se une con el conocido como siendo el mismo objeto y en sí tal.» Esta unión esencial funda la verdad del conocimiento. ¿Y quién nos certifica de su verdad? ¿Por ventura el conocimiento yo? ¿Pero sobre qué fundamento se conoce el yo con absoluta certeza? Sanz del Río no lo declara por ahora, pero de fijo que mi lector lo va sospechando. Ahora baste saber que la relación del conocer es relación de propiedad, de sustantividad, de seidad, y no de totalidad, y que, por tanto, el espíritu racional finito puede conocer lo infinito. El pensar se distingue del conocer en que es solo una actividad con tendencia a efectivo conocimiento, es nuestra causalidad temporal y actual aplicada, con fuerza y energía determinada, a conocer. El conocimiento solo es entero, según su concepto, cuando el sujeto abraza en un conocimiento racional y sistemático lo pensado. De aquí la primera ley de la lógica analítica: que conozcamos la cosa en unidad, como una, y como un todo de sus partes y sus propiedades.

Estudiando el conocer en su variedad interior, preséntanse desde luego tres cuestiones: qué conozco y pienso yo, bajo qué cualidad conocemos el objeto, cómo conozco yo. Lo que conozco y pienso yo, es, en primer lugar, a mí mismo, y en este conocimiento hay que distinguir lo común y lo individual. Este pensamiento de lo común lleva a concebir racionalmente otros seres que realicen en sí individualmente su posibilidad y su esencia, el ser común del espíritu, cada uno como el único y último en su lugar, como un yo. De aquí es fácil el tránsito a la concepción de un mundo infinito racional, que comulga con nosotros mediante el sentido y la fantasía. Por una distinción e inducción semejantes, conócenlos el cuerpo y el linaje natural humano, la naturaleza como género infinito. La unión de los dos términos naturaleza y espíritu se llama humanidad, y tiene en el *schema*, o representación emblemática del ser, la figura de una lenteja, de una lenteja infinita, porque aquí es finito todo, lo cual no obsta para que fuera y sobre esta humanidad quede ser y esencia que ella no es ni contiene. Es preciso indagar un término superior, ya que ni la razón por razón ni la naturaleza por naturaleza contienen en sí el fundamento de su opuesto, y menos aún el del tercer compuesto. Este término es lo infinito-absoluto, Dios, el ser por todos conceptos de ser, el ser de toda y absoluta realidad, el fundamento absoluto y todo de lo particular. Bajo él se da y determina todo lo que pensamos, y fuera de él no se da algo de ser que él mismo no sea. A esto los profanos lo llamamos panteísmo, tan neto y preciso como el del mismo Espinosa; pero los krausistas no quieren convenir en que lo sea, y han inventado la palabra de doble sentido y alcance *panentheísmo* que lo mismo puede interpretarse todo en Dios que todo-uno-Dios, según se descomponga.

¿Bajo qué cualidad me conozco y pienso yo?, sigue preguntando Sanz del Río. Y responde: Bajo concepto de ser, de esencia, de unidad, de *seidad* (sic), de *omneidad*, de unión; o lo que es igual, yo soy lo que soy, el uno, el mismo, el todo yo, el unido y el primero en mí, sobre la distinción de la *seidad* y la totalidad. Resta considerar la forma o el cómo de lo que soy, en una palabra, cómo soy yo, a lo cual la *Analítica* responde: Yo me pongo, yo soy puesto. Y así como la esencia se determina al punto como unidad de la esencia, así la forma se determina como Uniformidad. En la forma se distinguen sucesivamente la relación, la contención, la composición y la posición primera, *scilicet*: Yo como el puesto y poniéndome, me «refiero» a mí, me apropio todo lo determinado en mí...; yo me «contengo» en y en esta forma abrazo de mí hacia dentro todo lo particular que soy yo o hago...; yo me «compongo» de mis oposiciones, bajo mi posibilidad total y una..., y, finalmente, yo me «pongo» el primero. Y aquí ocurre preguntar: ¿cómo me pongo yo? Y contesta profundamente Sanz del Río; Yo me pongo de un modo positivo, afirmándome de mí. La negación y el no es cosa puramente relativa.

Falta referir la esencia a la forma, pero no hay cosa más fácil y sencilla: yo soy lo que soy poniéndome, yo pongo mi esencia. Y esta forma de la esencia la llamamos existencia.

Bajo nuestra existencia una y toda, distinguimos cuatro esencias o modalidades: existencia superior (originalidad) sobre los diferentes modos de existencia, existencia eterna, existencia temporal (efectividad) y existencia eterna-temporal o continuidad.

Por eso, en toda existencia humana luchan siempre el hombre ideal, eterno, siempre posible y determinable, y el hombre individual, el último, el efectivo.

Resumen de toda esta indagación: me conozco en realidad (como esencial, etc.), en formalidad (como puesto, etc.), en modalidad (como existente, etc.). Bajo las mismas categorías se conocen los objetos otros que el yo, y supremamente el ser infinito-absoluto, con la diferencia de que en él las esencias se conocen como infinitas y como totalidades.

Tal es el principio orgánico y sintético que determina todo conocimiento en forma de ciencia.

Entra luego Sanz del Río a exponer las fuentes del conocimiento, sin apartarse mucho en esto de las opiniones vulgares en las escuelas; nos da razón del conocimiento sensible y del inteligible, del inteligible abstracto, o por noción; del inteligible puro, o ideal; del superior, o racional, y del inteligible absoluto, o ideal absoluto.

Este último es el que nos interesa, porque en él está la medula del sistema. En el tal conocimiento «se conoce nuestro objeto como objeto propio y todo, en todos conceptos de tal, en toda su objetividad, en su pura, entera realidad». La verdad objetiva de este conocimiento absoluto funda el principio real de la ciencia.

Este conocimiento superior, inteligible, absoluto, es en primer lugar el del yo, y después el de la naturaleza, el Espíritu, la Humanidad (o lenteja), y, finalmente, el del Ser en absoluto, y en el Ser la esencia o la realidad absolutamente.

Hemos llegado a la cúspide de la *gnosis*, a la intelección absoluta, a la vista real, particular de la Naturaleza, el Espíritu y la Humanidad, a la vista real, absoluta del Ser. El Ser es el fundamento del conocer y el absoluto criterio de verdad. El Ser envuelve en sí toda existencia actual y posible. El Ser funda la posibilidad de todo conocimiento finito y él es el principio inmanente de toda ciencia y de toda realidad. Pensar el Ser o pensar a Dios (la sintaxis anda por las nubes en la *Analítica*) es lo mismo que pensar el ser como existente, pensar la existencia real, infinita, absoluta. Al fin, Sanz del Río habla claro: «No hay en la realidad ningún ser fuera de Dios; no hay en la razón ningún conocimiento fuera del conocimiento de Dios» (página 360).

¡Y todavía hay infelices que defiendan la ortodoxia del krausismo!

El Ser-Dios, esencia y funda en, bajo-mediante sí, el Mundo, como reunión de los seres finitos.

Pero ¿el mundo es Dios? ¿El mundo está fuera de Dios? Sanz del Río no quiere conceder ni negar nada a las derechas, y se envuelve en la siguiente inextricable logomaquia, en que las letras impresas vienen a disimular el vacío de las ideas: «El ser, dentro y debajo de ser el absoluto-infinito, es contenida y subordinadamente (esencia) el mundo, pero se distinguen por razón de límite». De límite, nunca de esencia. «Dios es fuera del mundo; esto es, no absolutamente por toda razón de ser Dios y por toda razón de ser mundo, sino bajo relación y subrelación, en cuanto Dios, debajo de ser Dios, es el Ser supremo; pero esta misma relación de ser Ser Dios el Supremo, y el Mundo el subordinado, es en Dios, bajo Dios, una subrelación, pero no una extra-relación fuera de Dios.» El que no entienda esta apacible metafísica, cúlpese a sí mismo, que será de fijo un espíritu frívolo y distraído. Lo que es don Julián no puede estar más claro ni más elegante. Alguien sospechará que, siendo Sanz del Río panteísta cerrado, como de su mismo libro resulta, y no perteneciendo las anteriores frases a ningún sistema racional ni conocido, han de tenerse por una precaución oratoria para no alarmar a los pusilánimes, o más bien como un narcótico que adormeciera a los profanos, en tanto que el maestro iba susurrando el secreto del Gran Pan al oído de los iniciados. Pero, ¿quién hace caso de murmuraciones?

Llegado al término de la *Analítica*, descubre el discípulo, si antes no se ha dejado la piel en las innumerables zarzas del camino, que «Yo en mi límite soy de la esencia de Dios y soy esencial en Dios, porque Dios siendo Dios, yo soy yo en particular» (página 425).

El resto de la obra de Sanz del Río no es propiamente analítica, sino una especie de lógica real o realista con título de *Doctrina de la ciencia*. Las esencias del Ser son las leyes regulativas del pensar. Piensa el Ser, como el Ser es. La lógica y la ontología se confunden y unimisman, como en Hegel, como en todos los idealismos. La ciencia no es más que el desenvolvimiento orgánico de los juicios contenidos en el juicio absoluto: el Ser es el Ser, igual a este otro:

Dios es Dios. La ley objetiva de la ciencia es la ley del Ser real, absoluto, en cuanto el Ser es inteligencia.[98]

Necesario era todo el enfadoso extracto que precede para mostrar claro y al descubierto el misterio eleusino que bajo tales monsergas se encerraba, el fétido esqueleto con cuyas estériles caricias se ha estado convidando y entonteciendo por tantos años a la juventud española. ¡Cuán admirablemente dijo de todas esas metafísicas trascendentales de allende el Rhin el prudentísimo William Hamilton!: «Esa filosofía personifica el cero, le llama absoluto, y se imagina que contempla la existencia absoluta, cuando en realidad solo tiene delante de los ojos la absoluta privación». Y, en efecto, ¿qué cosa más fantástica y vacía que esa visión real de lo infinito-absoluto que se nos da por cúspide de la *Analítica*? ¿Qué iluminismo más fanático y antirracional que esa intuición directa del Ser? ¿Qué profanación más horrenda del nombre de Dios que aplicársele a una ficción dialéctica, a una noción más fantasmagórica que la de la quimera, extraño conjunto de fórmulas abigarradas y contradictorias? ¿Qué hipocresía más vergonzosa y desmañada que la de rechazar como una injuria el nombre de panteísta, al mismo tiempo que se afirma que Dios es el Ser de toda y absoluta realidad, que contiene todos los modos de existir y que fuera de Dios no se da nada? ¿Qué confusión más grosera que la del modo de contener formal y la del modo de contener eminente y virtual con que Dios encierra todas las cosas? ¿Qué identidad más contradictoria que la de los dos conceptos, infinito y todo, como si el todo, en el mero hecho de suponer partes, no excluyese la noción de infinitud? ¿A qué principiante de ontología se le hubiera ocurrido en otro tiempo formar la idea de lo infinito sumando indefinidamente objetos finitos?; ¡Y qué tránsitos perpetuos del orden ideal al real!; ¡Qué olvido y menosprecio de las más triviales leyes del razonamiento! Bien dijo de los alemanes Hamilton con un verso antiguo:

Gens ratione ferox et mentem pasta chimaeris.

---

98   Por fijarme sobre todo en el análisis del conocimiento, que es aquí lo capital, nada he dicho de los capítulos (por otra parte poco importantes) de la *Analítica* en que se trata de la voluntad y del sentimiento, que Sanz del Río define: «Relación de unión esencial del objeto, como todo, con el sujeto, como todo en forma de totalidad, en toque y penetración, de uno por otro, entrando la cosa en parte del sujeto y el sujeto en parte de la cosa».

Y aun esto se lo aplicaba el gran crítico escocés a Hegel y a los suyos, verdadera raza de titanes dialécticos, rebelados contra el sentido de la humanidad y empeñados en fabricar un mundo ideal y nuevo; designio gigantesco, aunque monstruoso. Pero ¿qué hubiera dicho de este groserísimo sincretismo el menos original y científico, el menos docto y el más burdamente sofístico de todos los innumerables sistemas que, a modo de ejercicios de retórica, engendró en Alemania la pasada fermentación trascendental? Afortunada o desgraciadamente, los positivistas han venido a despoblar de tal manera la región de los ensueños y de las quimeras, que ya nadie en Europa, a no ser los externos de algún manicomio, puede tomar por cosa grave y digna de estudio una doctrina que tiene la candidez de prometer a sus afiliados que verán cara a cara, en esta vida, el ser de toda realidad por virtud de su propia evidencia. Es mala vergüenza para España que, cuando ya todo el mundo culto, sin distinción de impíos y creyentes, se mofaba con homérica risa de tales visiones, dignas de la cueva de Montesinos, una horda de sectarios fanáticos, a quienes solo daba fuerza el barbarismo, en parte calculado, en parte espontáneo, de su lenguaje, hayan conseguido atrofiar el entendimiento de una generación entera, cargarla de serviles ligaduras, incomunicarla con el resto del mundo y derramar sobre nuestras cátedras una tiniebla más espesa que la de los campos Cimmerios. Bien puede decirse de los krausistas lo que de los averroístas dijo Luis Vives: «Llenó Dios el mundo de luz y de flores y de hermosura, y estos bárbaros le han llenado de cruces y de potros para descoyuntar el entendimiento humano».

Porque los krausistas han sido más que una escuela; han sido una logia, una sociedad de socorros mutuos, una tribu, un círculo de alumbrados, una fratría, lo que la pragmática de don Juan II llama cofradía y monipodio; algo, en suma, tenebroso y repugnante a toda alma independiente y aborrecedora de trampantojos. Se ayudaban se protegían unos a otros; cuando mandaban, se repartían las cátedras como botín conquistado; todos hablaban igual, todos vestían igual, todos se parecían en su aspecto exterior, aunque no se pareciesen antes, porque el krausismo es cosa que imprime carácter y modifica hasta las fisonomías, asimilándolas al perfil de don Julián o de don Nicolás. Todos eran tétricos, cejijuntos, sombríos; todos respondían por fórmulas hasta en las insulseces de la vida práctica y diaria; siempre en su papel; siempre sabios, siempre absortos

166

en la vista real de lo absoluto. Solo así podían hacerse merecedores de que el hierofante les confiase el tirso en la sagrada iniciación arcana.

Todo esto, si se lee fuera de España, parecerá increíble. Solo aquí, donde todo se extrema y acaba por convertirse en mojiganga, son posibles tales cenáculos. En otras partes, en Alemania pongo por caso, nadie toma el oficio de metafísico en todo los momentos y ocupaciones de su vida; trata de metafísica a sus horas, profesa opiniones más o menos nuevas y extravagantes, pero el todo lo demás es un hombre muy sensato y tolerable. En España, no; el filósofo tiene que ser un ente raro que se presente a las absortas multitudes con aquel aparato de clámide purpúrea y chinelas argénteas con que deslumbraba Empédocles a los siracusanos.

Y, ante todo, debe olvidar la lengua de su país y todas las demás lenguas, y hablar otra peregrina y estrafalaria, en que sea bárbaro todo, las palabras, el estilo, la construcción. Peor que Sanz del Río no cabe en lo humano escribir. El mismo Salmerón le iguala, pero no le supera. Las breves frases que hemos copiado de la *Analítica* lo indican claramente, y lo mismo es todo el libro. Pero la misma *Analítica* parece diáfana y transparente al lado de otros escritos póstumos suyos, que ya muy tarde han publicado sus discípulos, y que no ha leído nadie, por lo cual es de presumir y de esperar que no publiquen más. Tales son el *Análisis del Pensamiento racional*[99] y la *Filosofía de la muerte*. No creo hacer ofensa alguna a los testamentarios del filósofo si digo y sospecho que no han entendido el *Análisis del Pensamiento racional* que publicaban. Ellos mismos confiesan que han tenido que habérselas con mil apuntaciones inconexas y frases a medio escribir (y a medio pensar), a las cuales han dado el orden y trabazón que han podido. La mayor parte de las páginas requieren un Edipo no menos sagaz que el que descifró el enigma de la esfinge. Véase alguna muestra, elegida al azar: «Lo puro todo, a saber, o lo común, es tal, en su puro concepto (el con en su razón infinita desde luego) como lo sin particularidad y sin lo puro particular, excepto, pues, lo puro particular, aunque por el mismo concepto nada deja fuera ni extra de su propia totalidad (ni lo particular, pues) siendo lo puro todo-con-todo lo particular relativamente de ello al modo principal de su pura

---

99 *Análisis del Pensamiento racional*, por don Julián Sanz del Río (Madrid, Imprenta de Aurelio Alaria, 1877), 4.º, XXXII + 446 páginas. El señor don José de Caso dirigió heroicamente esta publicación.

totalidad. Y lo particular (en su inmediato principio) absolutamente conmigo en mi pensamiento, lo propio y último individual inmediatamente conmigo, y de sí en relación es tal en su extremo estrecho concepto inmediato, como lo sin pura totalidad y sin lo puro todo, y así lo hemos pensado, en su pura inmediata propiedad de particular. Pero, en nuestro mismo total pensamiento, y dentro de él, reflexivamente, pensamos al punto lo particular, como a saber contraparticular de otro en otro (o en la razón de lo otro y el contra infinitamente, en su propio concepto), y en esta misma razón (positiva, infinita), del contra y lo otro, implícitamente, lo pensamos como lo con —particular— parte con parte totalmente, según la razón del cómo. De suerte que pensamos lo particular como con totalidad y totalmente también, pero con totalidad de su particularidad misma, y a este modo principalmente en la relación, formalmente o formal totalidad, siendo lo todo en este punto, no a su modo puro y libre, sino todo particularizado, todo en particularización, todo en particular, todo particularmente, al modo, pues, principal de la pura particularidad, como sin la pura totalidad» (página 227). ¡Infeliz corrector de pruebas, que ha tenido que echarse al cuerpo 448 páginas de letra muy menuda, todas en este estilo! ¡Si arrojásemos a la calle el contenido en un cajón de letras de imprenta, de fijo que resultaban compuestas las obras inéditas de Sanz del Río!

Y no se venga con la cantinela de que esto es tecnicismo, y que es insensatez burlarse del tecnicismo, porque cada ciencia tiene el suyo. En primer lugar, no hay en el pasaje transcrito una sola palabra que con rigor pueda llamarse técnica; todas pertenecen al uso común. En segundo lugar, no hay ciencia que tenga tecnicismo más sencillo y más próximo a la lengua vulgar que la filosofía. En tercer lugar, una cosa es el tecnicismo, y otra muy distinta la hórrida barbarie con que los krausistas escribían. No son oscuros porque digan cosas muy profundas, ni porque les falten giros en la lengua, sino porque ellos mismos se embrollan y forman ideas confusas e inexactas de las cosas. ¿Qué profundidades hay en el trozo copiado, sino un mezquino trabalenguas sobre el todo y las partes, en que el pensamiento del filósofo, a fuerza de marearse dando vueltas a la redonda, ha acabado por confundir el todo con las partes, y las partes con el todo, para venir a enseñarnos, por término de tal galimatías, que el todo y las partes vienen a ser la misma cosa mirada por distintos lados? No consiste, no, la originalidad extravagante de Sanz del Río, ni es tal el fundamento de las acusaciones que se le dirigen, en la invención de una docena de neologismos más o menos estridentes y desgarradores del tímpano, como seidad por identidad, omneidad por totalidad, etc. Aun esto fuera tolerable si, jugando con tales vocablos, hubiera hecho frases de razonable sentido. Pero lo más bárbaro, lo más anárquico, lo más desapacible, tal, en suma, que parece castellano de morería, lengua franca de arraeces argelinos o de piratas malayos, es la construcción. ¡Qué amontonamiento de preposiciones! Yo creo que, citando Sanz del Río encontraba en alemán alguna partícula que tuviera varios sentidos, los encajaba todos uno tras otro para no equivocarse. ¡Qué incisos, qué paréntesis! ¡Qué régimen de verbos! ¡Y qué tautología y qué repeticiones eternas! Así no ha escrito nadie, a no ser los alquimistas, cuando explicaban el secreto de la piedra filosofal, de la panacea o del elixir de larga vida. ¿Por dónde ha de ser ese lenguaje de la filosofía? Tradúzcase a la letra cualquier diálogo de Platón, y, a pesar de las sutilezas en que la imaginación se complacía, resultará siempre hermosísimo y elegante; a veces detendrán al lector las ideas, quizá no llegue a comprender alguna, pero no le detendrán las palabras, que son siempre como agua corriente. Tradúzcase a cualquier lengua el Discurso del método, y en todas resultará tan terso, claro y apacible como en francés. Póngase en castellano el tratado de *Prima philosophia* o el de *Anima et vita*, de Luis Vives, y muy inhábil ha de ser el traductor para que no conserve en castellano algo de la modesta elegancia y de la apacible sencillez que tiene en latín. Y así todos; solo en Alemania, y en este siglo, ha llegado a pasar por principio inconcuso que son cosas incompatibles el filosofar y el escribir bien. Quizá tengan la culpa los sistemas; pero así y todo, Krause, traducido a la letra por el señor Ortí en las notas de su impugnación, parece claro, gramatical y corriente si se le compara con Sanz del Río. ¿Consistirá en que ahondaba más que su maestro o consistirá en que no sabía traducirle? Algo de esto debe de haber, cuando los krausistas belgas Tiberghien, Ahrens, etc., se hacen entender a las mil maravillas, y solo Sanz del Río es el impenetrable, el oscuro, el Heráclito de nuestros tiempos.

Y lo es hasta en los libros que él llamaba populares. Porque mucho erraría quien considerase a los krausistas como un taifa de soñadores inofensivos. Todo lo que soñaron, lo que han querido llevar a la práctica de la vida. Persuadidos de que el krausismo no es solo un sistema filosófico, sino una religión y una norma de proceder social y un programa de gobierno, no hay absurdo que no hayan querido reducir a leyes cuando han sido diputados y ministros. El catecismo de la moral práctica de los krausistas es el *Ideal de la humanidad para la vida*,[100] que, con introducción y escollos de su cosecha, divulgó Sanz del Río en 1860, el mismo año que la *Analítica*. La fórmula del Ideal viene a ser la siguiente: «El hombre, compuesto armónico el más íntimo de la Naturaleza y del Espíritu, debe realizar históricamente esta armonía y la de sí mismo con la humanidad en forma de voluntad racional, y por el motivo de ésta, su naturaleza en Dios». Las instituciones hoy existentes en la sociedad no llenan ni con mucho, según Krause y su expositor, el destino total de la humanidad. De aquí un plan de reforma radical de todas ellas: desde la familia hasta el Estado, desde la religión hasta la ciencia y el arte; utopía menos divertida que la de Tomás Moro. Todo ello es filantropía empalagosa, digna del convencional La Reveillière-Lepeaux o de El amigo de los hombres: adormideras sentimentales, sueños espiritista-francmasónicos en que danzan las humanidades de otras esferas, delirios de paz perpetua que lograrán las generaciones futuras cuando se congreguen en el mar de las islas, etc. Lo más curioso del libro son los *Mandamientos de la humanidad*, ridícula parodia de los de la ley de Dios. Forman dos series, una positiva y otra negativa; la primera, de doce, y la segunda, de veintitrés. No es cosa de transcribirlos todos; para muestra baste el cuarto: «Debes vivir y obrar como un todo humano, con entero sentido, facultades y fuerzas en todas tus relaciones».

Este librejo, más accesible que otros de Sanz del Río, ha sido por largos años la bandera de la juventud democrática española, el manual con que se destetaban los aprendices armónicos. Roma le puso en el *Índice*.[101]

Crecieron con esto los clamores contra la enseñanza de Sanz del Río, Ortí y Lara proseguía bizarramente su campaña iniciada en 1858; y, después de haber aprendido muy de veras el alemán y leído por sí mismo todas las obras de Krause, había dado la voz de alerta en un folleto y en la serie de lecciones que pronunció en *La Armonía* (1864 y 1865). Secundóle Navarro Villoslada

---

100 C. Cr. Krause. *Ideal de la humanidad para la vida*, con introducción y comentarios por don Julián Sanz del Río... (Madrid, Imprenta de Galiano, 1860), 8.º, XXII + 286 páginas. Hay otra edición póstuma.

101 Atento Sanz del Río a infiltrar sus errores hasta en los primeros grados de la enseñanza, publicó en 1862 (Imprenta de Galiano) un *Programa de psicología, lógica y ética* (4.º, 29 páginas). En esta literatura de introducciones, conceptos, planes y programas han sido fecundísimos los krausistas. Algunos de ellos nunca han hecho otra cosa.

en *El Pensamiento español* con la famosa serie de los *Textos vivos*. Aun en el Ateneo, donde comenzaba a dar el tono la dorada juventud krausista, lanzaron Moreno Nieto y otros sobre el sistema la nota de panteísta. Sanz del Río acudió a defenderse, de la manera más solapada y cautelosa, por medio de testaferros y de personajes fabulosos, a quien atribuía sus *Cartas vindicatorias*.[102]

Muchas protestas de religiosidad, muchas citas de historiadores de la filosofía, mucha indignación porque le llamaban panteísta. ¿Qué más? Cuando vio a punto de perderse su cátedra, cuando iban a desaparecer sus libros de la lista de los de texto, el Sócrates moderno, el mártir de la ciencia, el integérrimo y austerísimo varón, importunó con ruegos y cartas autografiadas a cuantos podían ayudarle en algo y se declaró fiel cristiano sin reservas ni limitaciones mentales ni interpretaciones casuísticas. ¡Y luego que nos hablen de sus persecuciones! Si Sanz del Río entendía por fiel cristiano otra cosa de lo que entendemos en España, era un hipócrita que quería abroquelarse y salvar astutamente su responsabilidad con el doble sentido de las palabras. Y, si se declaraba católico sin serlo, como de cierto no lo era muchos años había, digan sus discípulos si éste es temple de alma de filósofo ni de mártir.[103] Naturalmente tortuosa, jamás

---

102 Véase sobre estas polémicas los libros y opúsculos siguientes:
—*Krause y sus discípulos convictos de panteísmo*, por don Juan Manuel Ortí y Lara. Catedrático de Filosofía en la Universidad Central... (Madrid 1864, Imprenta de Tejado), 4.º, 67 páginas.
—*Lecciones sobre el sistema de filosofía panteísta del alemán Krause*, pronunciadas en *La Armonía* (sociedad literario-católica), por don Juan Ortí y Lara... (Madrid 1865, Imprenta de Tejado), 8.º, 344 páginas.
—*Carta sobre algunas opiniones expresadas en el Ateneo acerca de la doctrina de Krause*, por D. D. G. (Madrid, Imprenta de J. Viñas, 1860), 27 páginas. (Salió antes en la *Revista de Instrucción Pública*, que por algún tiempo pareció ser órgano de Sanz del Río y divulgó muchos artículos suyos, entre ellos la mayor parte de la *Analítica*. El Dionisio Gómez que firma la crítica no parece persona de este mundo.)
103 Véase sobre estas polémicas los libros y opúsculos siguientes:
—*Krause y sus discípulos convictos de panteísmo*, por don Juan Manuel Ortí y Lara. Catedrático de Filosofía en la Universidad Central... (Madrid 1864, Imprenta de Tejado), 4.º, 67 páginas.
—*Lecciones sobre el sistema de filosofía panteísta del alemán Krause*, pronunciadas en *La Armonía* (sociedad literario-católica), por don Juan Ortí y Lara... (Madrid 1865, Imprenta de Tejado), 8.º, 344 páginas.
—*Carta sobre algunas opiniones expresadas en el Ateneo acerca de la doctrina de Krause*,

arrostraba el peligro. Su misma oscuridad de expresión dejábale siempre rodeos y marañas para defenderse.

Nunca se limitó a la propaganda de la cátedra, que, dadas las condiciones del profesor, hubiera sido de ningún efecto. La verdadera enseñanza, la esotérica, la daba en su casa. Ya con modos solemnes, ya con palabras de miel, ya con el prestigio del misterio, tan poderoso en ánimos juveniles; ya con la tradicional promesa de la serpiente: «seréis sabedores del bien y del mal», iba catequizando, uno a uno, a los estudiantes que veía más despiertos, y los juntaba por la noche en conciliábulo pitagórico, que llamaban círculo filosófico. Poseía especial y diabólico arte para fascinarlos y atraerlos.

Con todo eso, de la primera generación educada por Sanz del Río (Canalejas, Castelar, etc.), pocos permanecieron después en el krausismo. Este sacó su nervio de la segunda generación u hornada, a la cual pertenecen Salmerón, Giner, Federico de Castro, Ruiz de Quevedo y Tapia.

Muchos de ellos no eran conocidos antes del 68; los otros, no más que por leves opúsculos. Canalejas, naturaleza antikrausista, espíritu ávido de novedad, amplificador y oratorio, rápido de compresión, brillante y algo superficial, había errado ciertamente el camino; su puesto estaba entre los eclécticos o espiritualistas franceses y no en el antro de Trofonio en que, para desgracia suya, le hizo penetrar Sanz del Río. Y, aunque fue de sus discípulos más queridos, los krausistas legítimos le han mirado siempre de reojo, teniéndole por un filósofo de la *Revue des deux mondes*, que se abatía hasta escribir claro y leer otros libros que la *Analítica*; pecado nefando en una escuela donde nadie lee, porque todo lo ven en propia conciencia.[104]

El representante de estos krausistas intransigentes y puros ha sido Salmerón, pero mucho más en la enseñanza y en la vida política que en los libros. Ha

---

por D. D. G. (Madrid, Imprenta de J. Viñas, 1860), 27 páginas. (Salió antes en la *Revista de Instrucción Pública*, que por algún tiempo pareció ser órgano de Sanz del Río y divulgó muchos artículos suyos, entre ellos la mayor parte de la Analítica. El Dionisio Gómez que firma la crítica no parece persona de este mundo.)

104 Los principales escritos filosóficos de Canalejas anteriores a 1868 son un discurso sobre la ley de la relación interna de las ciencias filosóficas, otro sobre el estado de la filosofía en las naciones latinas y un pomposo elogio de la *Analítica*, dándola por la última palabra de la ciencia humana. Todo ello está coleccionado en un tomo de *Estudios críticos de filosofía, política y literatura* (Madrid, Bailly-Baillière, 1872).

escrito poco, y antes del 68 una sola cosa: su tesis doctoral, cuyo tema dice de esta manera: «La historia universal tiende, desde la Edad antigua a la Edad media y la Moderna, a restablecer al hombre en la entera posesión de su naturaleza y en el libre y justo ejercicio de sus fuerzas y relaciones para el cumplimiento del destino providencial de la humanidad». Quien haya leído el *Ideal de la humanidad* y las adiciones al Weber, no pierda el tiempo en estudiar este discurso. Es muy feo pecado la originalidad, y lo que es por él, a buen seguro que se condenan los discípulos de don Julián.[105]

Castelar se educó en el krausismo; pero, propiamente hablando, no se puede decir de él que fuera krausista en tiempo alguno, ni ellos le han tenido por tal. Castelar nunca ha sido metafísico ni hombre de escuela, sino retórico afluente y brillantísimo poeta en prosa, lírico desenfrenado, de un lujo tropical y exuberante, idólatra del color y del número, gran forjador de períodos que tienen ritmo de estrofas, gran cazador de metáforas, inagotable en la enumeración, siervo de la imagen, que acaba por ahogar entre sus anillos a la idea; orador que hubiera escandalizado al austerísimo Demóstenes, pero orador propio de estos tiempos; alma panteísta, que responde con agitación nerviosa a todas las impresiones y a todos los ruidos de lo creado y aspira a traducirlos en forma de discursos. De aquí el forzoso barroquismo de esa arquitectura literaria, por la cual trepan, en revuelta confusión, pámpanos y flores, ángeles de retablo y monstruos y grifos de aceradas garras.

En cada discurso del señor Castelar se recorre dos o tres veces, sintéticamente, la universal historia humana, y el lector, cual otro judío errante, ve pasar a su atónita contemplación todos los siglos, desfilar todas las generaciones, hundirse los imperios, levantarse los siervos contra los señores, caer el Occidente sobre el Oriente, peregrina por todos los campos de batalla, se embarca en todos ros navíos descubridores y ve labrarse todas las estatuas y escribirse todas las epopeyas. Y, no satisfecho el señor Castelar con abarcar así los términos de la tierra, desciende unas veces a sus entrañas, y otras veces súbese a las esferas siderales, y desde el hierro y el carbón de piedra hasta la estrella Sirio, todo lo ata y entreteje en ese enorme ramillete, donde las ideas

---

105 *Discurso leído ante el claustro de la Universidad Central*, por don Nicolás Salmerón y Alonso, en el solemne acto de recibir la investidura de doctor en Filosofía y Letras (Madrid, Imprenta de F. Martínez García, 1864), 4.º, 69 páginas.

y los sistemas, las heroicidades y los crímenes, las plantas y los metales, son otras tantas gigantescas flores retóricas. Nadie admira más que yo, aparte de la estimación particular que por maestro y por compañero le profeso, la desbordada imaginativa y las condiciones geniales de orador que Dios puso en el alma del señor Castelar. Y ¿cómo no reconocer que alguna intrínseca virtud o fuerza debe de tener escondida su oratoria para que yendo, como va, contra el ideal de sencillez y pureza, que yo tengo por norma eterna del arte, produzca, dentro y fuera de España, entre muchedumbres doctas o legas, y en el mismo crítico que ahora la está juzgando, un efecto inmediato, que sería mala fe negar?

Y esto consiste en que la ley oculta de toda esa monstruosa eflorescencia y lo que le da cierta deslumbradora y aparente grandiosidad no es otra que un gran y temeroso sofisma del más grande de los sofistas modernos. En una palabra, el señor Castelar, desde los primeros pasos de su vida política, se sintió irresistiblemente atraído hacia Hegel y su sistema: «Río sin ribera, movimiento sin término, sucesión indefinida, serie lógica, especie de serpiente, que desde la oscuridad de la nada se levantan al ser, y del ser a la naturaleza, y del espíritu a Dios, enroscándose en el árbol de la vida universal».[106] Esto no quiere decir que en otras partes el señor Castelar no haya rechazado el sistema de Hegel, y menos aún que no haya execrado y maldecido en toda ocasión a los hegelianos de la extrema izquierda, comparándolos con los sofistas y con los cínicos, pero sin hacer alto en estas leves contradicciones, propias del orador, ser tan móvil y alado como el poeta (¿ni quién ha de reparar en contradicción más o menos, tratándose de un sistema en que impera la ley de las contradicciones eternas?); siempre sera cierto que el señor Castelar se ha pasado la vida haciendo ditirambos hegelianos; pero, entiéndase bien, no de hegelianismo metafísico, sino de hegelianismo popular e histórico, cantando el desarrollo de los tres términos de la serie dialéctica, poetizando el incansable devenir y el flujo irrestañable de las cosas, «desde el infusorio al zoófito, desde el zoófito al pólipo, desde el pólipo al molusco, desde el molusco al pez, desde el pez al anfibio, desde el anfibio al reptil, desde el reptil al ave, desde el ave al mamífero, desde el mamífero al hombre». De ahí que Castelar adore y celebre por igual la luz y las sombras, los esplendores de la verdad y las vanas pompas y arreos de la mentira.

---

106 Discurso pronunciado en El Ateneo en 13 de mayo de 1861 sobre la idea del progreso, reproducido por Vidart un su libro de *La filosofía española* (página 168 a 171).

Toda institución, todo arte, toda idea, todo sofisma, toda idolatría, se legitima a sus ojos en el mero hecho de haber existido. Si son antinómicas, no importa: la contradicción es la ley de nuestro entendimiento. Tesis, antítesis, síntesis. Todo acabará por confundirse en un himno al Gran Pan, de quien el señor Castelar es hierofonte y sacerdote inspirado.

En los primeros años de su carrera oratoria y propagandista, el señor Castelar, que mezclaba sus lecturas de Pelletán y Edgard Quinet con otras de Ozanam y de Montalembert, esforzábase en vano por concertar sus errores filosóficos y sociales con las creencias católicas que había recibido de su madre, y de que solemnemente no apostató hasta la revolución del 68. Resultaba de aquí cierto misticismo sentimental, romántico y nebuloso, de que todavía le quedan rastros. Y es de ver en las *Lecciones* que dio en el Ateneo sobre la civilización en los cinco primeros siglos, es de ver con cuánta buena fe y generosa ceguedad se da todavía por creyente a renglón seguido de haber afirmado las más atroces y manifiestas herejías: creación infinita; Dios, produciendo de su seno la vida; la Humanidad, como espíritu real y uniforme que se realiza en múltiples manifestaciones; Dios, que se produce en el tiempo; el progreso histórico de la religión desde el fetichismo hasta el humanismo; San Pablo «apoderándose de la idea de Dios, que posee como judío, y de la idea del hombre, que posee como romano, y uniendo estas dos ideas en Jesucristo»; Dios «enviando a los enciclopedistas a la tierra con una misión providencial», y otras muchas por el mismo orden.[107]

La Universidad de Madrid, y especialmente su Facultad de Letras, dígolo con dolor, porque al fin es mi madre, se iba convirtiendo, a todo andar, en un foco de enseñanza heterodoxa y malsana. La cátedra de Historia de Castelar era un club de propaganda democrática. La de Sanz del Río veíase favorecida por la asidua

---

107 Véase *La sofistería democrática o examen de las lecciones*, de don Emilio Castelar, acerca de la civilización en los cinco primeros siglos de la Iglesia. Cartas dirigidas al padre Salgado de la Soledad, Sacerdote de las Escuelas Pías y Director que fue de *La Razón Católica*, en que se publicaron por primera vez, por don Juan Manuel Ortí y Lara, Catedrático de Filosofía en el Instituto de Granada... (Granada, Imprenta de Zamora, 1861), 4.º, 108 páginas.

De la vida política de Castelar, inaugurada en 1855 con su famoso discurso del Teatro Real, no incumbe tratar aquí. De sus obras anteriores a 1868 solo importan para nuestro asunto las *Lecciones* ya citadas, la Fórmula del progreso y las varias defensas de ella contra Campoamor, Carlos Rubio, etc. El órgano de Castelar era *La Democracia*.

presencia de famosos personajes de la escuela economista. En otras aulas vecinas alternaban las extravagancias rabínico-cabalísticas de García Blanco con el refinado veneno de las explicaciones históricas del clérigo apóstata don Fernando de Castro.[108]

Era natural de Sahagún (1814) y ex fraile gilito en San Diego, de Valladolid. Después de la exclaustración se ordenó de sacerdote, enseñó algún tiempo en el seminario de San Froilán, de León, y comenzó a predicar con aplauso. Su primer sermón fue uno de las Mercedes, en septiembre de 1844, en la iglesia de monjas de don Juan de Alarcón. En tiempo de Gil y Zárate (1845) obtuvo por oposición una cátedra de Historia en el Instituto de san Isidro, fue director de la Escuela Normal y, finalmente, catedrático de la Universidad; nombramiento que coincidió con el de capellán de honor de Su Majestad. Unas *Nociones de historia* que compuso lograron boga extraordinaria y hasta siete ediciones en pocos años, adoptadas como texto en muchos institutos y aun en algunos seminarios conciliares. No menos próspera se le mostró la fortuna en Palacio. Los panegíricos que predicó de santa Teresa y san Francisco de Sales, el sermón de las Siete Palabras, el de la Inmaculada, que anda impreso, y la *Defensa de la declaración dogmática del mismo sacrosanto misterio*[109] le dieron tal reputación de hombre de piedad y de elocuente orador sagrado, que muy pronto empezó a susurrarse que andaba en candidatura para obispo. Aquel rumor no se confirmó, y viose a Castro mudar súbitamente de lenguaje y de aficiones.

Él ha querido dar explicaciones dogmáticas de este cambio en el vergonzoso documento que llamó *Memoria testamentaria*. Mucho hablar de las dudas que en su espíritu engendró el estudio de la teología escolástica según Escoto, por ser harto mayor el número de las opiniones controvertidas que el de los principios generalmente aceptados. «Me faltó lo que yo esperaba encontrar: firme

---

108 Véase una larga y laudatoria biografía de él, con título de *Vicisitudes de un sacerdote*, escrita por el señor Ferrer del Río en la *Revista de España*, tomo 8 (páginas 1 a 63). Bueno será cotejar siempre sus noticias con las que da la biografía satírica de Castro, publicada en *El Museo Universal* (1869), y atribuida generalmente a un humanista, harto famoso por lo alegre de sus chistes.

109 *Sermón predicado con motivo de la definición dogmática del Ministerio de la inmaculada concepción de la santísima virgen María*, por el señor don Fernando de Castro, capellán de honor de su majestad y catedrático de la Facultad de filosofía en la Universidad central. Madrid, por Aguado, 1855. 4.º, 43 páginas.

asiento para mi fe; noté con suma extrañeza que ningún dogma era entendido ni explicado del mismo modo por las diferentes escuelas, que todos se habían negado por los llamados herejes», etc. O don Fernando de Castro aprovechó poco en la teología, que es a lo que me inclino, o quería engañar a los krausistas, todavía menos teólogos que él. Es falso de toda falsedad que en las cosas que son verdaderamente de dogma hayan cabido, ni quepan en las escuelas ortodoxas, divisiones ni opiniones; lo que la Iglesia ha definido está fuera de discusión lo mismo para el tomista, que para el escotista, que para el suarista. Otra cosa es la discordia de pareceres en aquellas cuestiones que la Iglesia deja libres. Solo los herejes son los que entienden y explican de diversa manera los dogmas; pero a un teólogo no debe sorprenderle ni cogerle de nuevas su existencia cuando ya sabe por san Pablo que conviene que haya herejes y para qué.

Prosigue don Fernando de Castro refiriendo que la lectura del *Antiguo Testamento* le inspiró horror por aquellas sangrientas hecatombes y aquel Jehová implacable; que no menos le escandalizó la historia eclesiástica por los bandos, parcialidades y cismas de que en ella se hace memoria, y que, finalmente, se refugió en los libros ascéticos (Kempis, san Francisco de Sales, etc.), que tampoco aquietaron su espíritu, resintiéndose, por consecuencia de tales tormentas, su salud y agriándose su carácter. «Algún consuelo sentía —añade— con la práctica del culto en que entraban el canto y la música, y mayor aún cuando conseguía concentrarme y no pensar sino en que asistía a un acto religioso, sin determinación de culto, creencia ni iglesia.»

En tal estado de ánimo, obtuvo licencia para leer libros prohibidos, «estudió algo la naturaleza, penetró alguna cosa en los umbrales de la filosofía racionalista», y, gracias a su querida Universidad de Madrid, se operó en él lo que llama «un nuevo renacimiento religioso».

¡Y qué libros leyó! Es cosa de transcribir al pie de la letra la lista que él pone, porque solo así podrá comprenderse el batiburrillo de ideas científicas y vulgares, nuevas y viejas, que inundaron de tropel aquel espíritu mediano, superficial y sin asiento: «La doctrina de Buda y de los aryas (¿qué doctrina será ésta?), la moral de los estoicos, los oficios de Cicerón, las biografías de Plutarco, el estudio de la Edad media según las investigaciones modernas, el Abulense (¡también el Tostado metido en esta danza!), Erasmo y los *Reformistas españoles* del siglo XVI, el concilio de Trento por Sarpi, el célebre dictamen de Melchor

Cano a Carlos V (querrá decir a Felipe II) sobre las cosas de Roma, el *Juicio imparcial sobre el monitorio de Parma* (!!), el Febronio, las principales obras de los regalistas españoles, las de los galicanos en Francia, Fenelón, Pascal, Nicole, Tamburini, Montesquieu, Vico, Filangieri, Jovellanos y Quintana, Guizot, Laurent (!!!), Tocqueville, Petrarca (?), Renán (¡no es nada el salto!), Boutteville, Michel Nicolás y los trabajos críticos de la escuela de Tubinga sobre los orígenes del cristianismo, Macaulay, Lecky, Buckle, Hegel, Herder, Lessing y Tiberghien (¡estupendo maridaje!), Humboldt, Arago (?), Flammarión (!!), Channing, Saint-Hilaire, la *Analítica y el ideal*, de Sanz del Río, y el frecuente trato con este mi inolvidable compañero...».

¡Cómo estaría la cabeza del pobre ex fraile gilito entre Buda y los aryas, y los estoicos, y los regalistas, y la escuela de Tubinga, y Hegel, y Flammarión..., y, además, el frecuente trato de Sanz del Río! Había de sobra para volverse loco. ¡Qué documento el anterior para muestra del método, del buen gusto y de la selección que ponen en sus lecturas los modernos sabios españoles!

«Vi luz en mi razón y en la ciencia, y comprendí entonces la fuerza del *signatum est super nos*, y me acordé del ciego de Jericó cuando decía a Jesús: "Señor, que vea, y vio".» ¡Ocurrencia más extraña que ir, a fines del XIX, a buscar la luz en Febronio, en Sarpi, en Tamburini y en el *Juicio imparcial*, de Campomanes, mezclados con Buda, Flammarión y el Petrarca! ¡Tendría que ver, sobre todo por lo consecuente y ordenado, la doctrina que de tales cisternas sacaría don Fernando de Castro!

En suma: lo que pervirtió a don Fernando de Castro fue su orgullo y pretensiones frustradas de obispar, su escaso saber teológico junto con medianísimo entendimiento, la lectura vaga e irracional de libros perversos unos y otros achacosos, la amistad con Sanz del Río y los demás espíritus fuertes de la Central y, finalmente, los viajes que hizo a Alemania, corroborando sus doctrinas con el trato de Roeder y otros. De las demás causas no hay para qué hablar, puesto que él se guardó el secreto en su conciencia. Él niega que la licencia de costumbres influyese en su caída, y yo tengo interés en sostener lo contrario. A su muerte se escribió y creyó por muchos que don Fernando de Castro estaba casado (sic), pero sus testamentarios lo desmintieron, y a tal declaración hemos de atenernos. Por otra parte, tratándose de un cura renegado, poco importa que fuera más o menos áspero el sendero que eligió para bajar a los infiernos.

El primer síntoma del cambio de ideas verificado en don Femando de Castro fue el sermón que predicó en Palacio el día 1 de noviembre de 1861 en la solemne función que todos los años se viene celebrando desde 1755 en acción de gracias al Señor por haber librado a España de los horrores del terremoto de Lisboa. Prescindiendo de la parte política de aquel sermón, que alguno de los concurrentes llamó sermón de barricadas, y de las amenazas que en tono de consejos se dirigían allí a la Reina («el linaje de la gente plebeya, que hasta hace poco tiempo nacía solo para aumentar el número de los que viven, hoy nace para aumentar el número de los que piensan»), oyóse con asombro al predicador anunciar que estábamos en vísperas de una revolución religiosa, de la cual saldría, si no un nuevo dogma, una nueva aplicación de las doctrinas católicas, fruto de la civilización moderna, que nace y se cría entre espinas.

El sermón desagradó, y don Fernando de Castro hizo al día siguiente dimisión de su plaza de capellán de honor y siguió en estado de heterodoxia latente hasta el período de la revolución. De ello dan muestras los tomos 1 y 2 del *Compendio razonado de historia general* (Edad antigua y primer período de la Edad media), que imprimió en 1863 y 1867, respectivamente. Pero es documento mucho más a propósito para carácterizarle el *Discurso sobre los caracteres históricos de la Iglesia española*, que leyó en 1866 al tomar posesión de su plaza de académico de la Historia.[110] En este discurso, hipócrita y tímido, mezcla de jansenismo y de catolicismo liberal con ribetes protestantes, el autor no traspasa un punto los lindes de la erudición regalista del siglo XVIII más sabida y gastada. Como

---

110 *Discurso... leído ante la Real Academia de la Historia en la recepción pública del doctor don Fernando de Castro*, capellán de honor de su majestad, jubilado, y catedrático de historia general en la Universidad central. Segunda edición. Madrid, imprenta y estereotipia de M. de Rivadeneyra, 1866; en 8.°, 163 páginas.

Este discurso fue bizarramente contundido y deshecho por Navarro Villoslada en *El Pensamiento español* y por don Alejandro de la Torre Vélez, catedrático de Salamanca, que ya en un discurso inaugural había impugnado a Sanz del Río en un folleto que se rotula *El discurso del Académico de la Historia* señor don Fernando Castro, del 7 de enero de este año, examinado a la luz de la sana doctrina y de la verdad histórica... (Salamanca, Imprenta de Diego Vázquez, 1866), 79 páginas.

La apostasía de Castro fue siempre mal mirada en la Academia de la Historia aun por sus compañeros más liberales. Por eso dejó de asistir a ella, y en su testamento dice: «Lo indefinido de mi posición como sacerdote no cuadraba bien con una institución que aún vive a la antigua y refractaria por hábito y por sistema a toda innovación y reforma, y muy

gran concesión, nos dice que «la influencia del clero en el Estado suavizó algún tanto las rudas costumbres de los visigodos y produjo ciertos desenvolvimientos de cultura..., pero más aparente que real». Casi hace responsable al clero de la prestísima caída del reino toledano, si bien le disculpa con que ignoraba las leyes del progreso, para cumplir con las cuales, Castro lo dice expresamente, le hubiera convenido barbarizarse.

Excomulgados así los obispos de la primera época por demasiado sabios y demasiado cultos y traídos a colación (¿y cómo podían faltar?) las sabias disputas de san Braulio con el papa Honorio y de san Julián con el papa Benedicto, llora don Fernando de Castro con lágrimas de cocodrilo la desaparición del rito mozárabe, que en el fondo de su alma debía de importarle tanto como el romano, si bien la explica y medio justifica con el principio de unidad de disciplina. De aquí, mariposeando siempre, salta al siglo XVI, y no ciertamente para presentarnos el cuadro de la grande época católica, que tales grandezas no cabían en la mente de Castro, sino para entretenernos con los chismes del concilio Tridentino, que había aprendido en Sarpi; para envenenar los pareceres del arzobispo Guerrero y para tirar imbeles dardos contra el Santo oficio. La cuarta y última parte del discurso (relaciones entre la Iglesia y el Estado) es un *pamphlet* antirromanista, glorificación y apoteosis de todos los leguleyos que han embestido de soslayo la potestad eclesiástica con regalías, patronatos y retenciones. Chumacero, Salgado, Macanaz, Campomanes, van pasando coronados de palmas y de caducos lauros, y llega a lamentarse el discursista de que en ningún seminario de España se enseñan las doctrinas del obispo Tavira. Y a Castro, que a estas horas era ya impío, ¿qué le importaba todo eso? Valor y anchísima conciencia moral se necesita para escribir 200 páginas de falaz y calculada mansedumbre dando consejos a los sacerdotes de una religión en que no se cree, recordándoles divisiones intestinas sepultadas para siempre en olvido, atizando todo elemento de discordia y sembrando, con la mejor intención del mundo, gérmenes de cisma en cada página. Esta podrá ser táctica de guerra, pero no es ciertamente ni leal ni honrada. Sino que en

---

especialmente al principio de libertad de conciencia, hasta el extremo de que allí todavía el director, al comenzar y concluir la sesión, pide las luces del Espíritu santo y da gracias a Dios por los trabajos llevados a cabo». ¡Invocar el nombre de Dios le parecía a don Fernando de Castro que era vivir a la antigua!

don Fernando de Castro era tan primitivo y burdo el procedimiento, que ni por un momento podía deslumbrar a nadie. ¡Convidar a la Iglesia española a que se hiciese krausista y se secularizase! ¡Y cuán amargamente se duele Castro de no tener él alguna dignidad o representación en la Iglesia de su país para dirigir tal movimiento, y desarrollar lo que encierra de ideal y progresivo el catolicismo y sentarse como padre en ese concilio ecuménico, palanque abierto a todas las sectas, que propone al fin. ¡Oh qué pesado ensueño y cuán difícil de ahuyentar es el de una mitra!

Este discurso y otros documentos semejantes y el clamor continuo de la prensa católica hicieron, al fin, abrir los ojos al Gobierno y tratar de investigar y reprimir lo que en la Universidad pasaba. A principios de abril de 1865 se formó expediente a Sanz del Río, y casi al mismo tiempo a Castelar por las doctrinas revolucionarias que vertía en *La Democracia* y por el célebre artículo de *El Rasgo*. El rector, don Juan Manuel Montalbán, se negó a proceder contra sus compañeros, y de resultas fue separado. Los estudiantes, movidos por la oculta mano de los clubs demagógicos más que por impulso propio, le obsequiaron con la famosa serenata de la noche de san Daniel (10 de abril), que acabó a tiros y no sin alguna efusión de sangre.

Separados de sus cátedras Castelar y Sanz del Río, el nuevo rector, marqués de Zafra, sometió a cierta especie de interrogatorio a don Fernando de Castro y a los demás profesores tenidos por sospechosos y que no habían firmado la famosa exposición de fidelidad al Trono comúnmente llamada de vidas y haciendas. Preguntado Castro si era católico, no quiso responder a las derechas, sino darse fácil aureola de mártir, y fue separado, lo mismo que los otros, en 22 de enero de 1867. Siguiéronle Salmerón, Giner y otros profesores auxiliares. A García Blanco se le había alejado antes de Madrid con la misión de escribir un *Diccionario hebraico-español*.

III. Principales apologistas católicos durante este período: Balmes, Donoso Cortés, etc.

Tarea más grata que la mía y campo más ameno y deleitoso ofrece a futuros historiadores el cuadro de la resistencia ortodoxa y de la literatura católica en nuestros días, pues quisiera sea cierto que, mirada en conjunto, anda lejos de compensar las saudades del siglo XVI que siente toda alma también lo es que, por fortuna, lo único que en España queda de filosofía castiza y pensar tradicional continúa siendo ciencia y pensamiento católicos, sin que por eso valga menos a los ojos de los extraños, que se apresuraron a traducir a Balmes y a Donoso, y siguen traduciéndolos y reimprimiéndolos sin cuidarse de las rapsodias que por acá hacemos de Hegel, de Littré o de Krause. Nada más desdeñado en el mundo que la ciencia española heterodoxa, que, por decirlo así, nace y muere dentro de las exiguas paredes del Ateneo.

Balmes y Donoso compendian el movimiento católico en España desde el año 1834. Entre ellos no hay más que un punto de semejanza: la causa que defienden. En todo lo demás son naturalezas diversísimas y aun opuestas, reflejando fielmente uno y otro de los caracteres, también opuestos, de sus respectivas razas. Ni es diferencia solo de raza, sino también de educación, de procedencia y de cultura. De aquí diverso estilo y filosofía también diversa. Balmes es el genio catalán paciente, metódico, sobrio, mucho más analítico y sintético, iluminado por la antorcha del sentido común y asido siempre a la realidad de las cosas, de la cual toma fuerzas, como Anteo del contacto de la tierra. No da paso en falso, no corta el procedimiento dialéctico, no quiere deslumbrar, sino convencer; no da metáforas por ideas, no deja pasar noción sin explicarla; no salta los anillos intermedios, no vuela; pero camina siempre con planta segura. Con él no hay peligro de extraviarse, porque tiene en grado eminente el don de la precisión y de la seguridad. No es escritor elegante, pero sí escritor macizo. Donoso es la impetuosidad extremeña, y trae en las venas todo el ardor de sus patrias dehesas en estío. No es analítico, sino sintético; no desmenuza con sagacidad laboriosa, sino que traba y encadena las ideas y procede siempre por fórmulas. No siempre convence, pero arrebata, suspende, maravilla y arrastra tras de sí en toda ocasión. Aún más que filósofo es discutidor y polemista; aún más que polemista, orador. No es escritor correcto; pero es maravilloso escritor, y habla su lengua propia, ardiente y tempestuosa unas veces, y otras seca y acerada. No hay modo de confundir sus páginas con las de otro alguno; donde él está, solo los reyes entran. En ocasiones parece un sofista, y es porque su genialidad literaria le arrastra, sin querer, a vestir la razón con el manto del sofisma. A veces parece un declamador ampuloso, y, no obstante, es sincero y convencido. Habla y escribe como por relámpagos; asalta, a guisa de aventurero, las torres del ideal, y cada discurso suyo parece una incursión vencedora en el país de las ideas madres. Todo es en él absoluto, decisivo, magistral; no entiende de atenuaciones ni de distingos; su frase va todavía más allá que su pensamiento; jamás concede nada al adversario, y, en su afán de cerrarle todas las salidas, suele cerrárselas a sí mismo. No sabe odiar ni amar a medias; es de la raza de Tertuliano, de José de Maistre y (¿por qué no decirlo, aunque la comparación sea irreverente?) de Proudhon.

Balmes y Donoso han cumplido obras distintas, pero igualmente necesarias. Donoso, el hombre de la palabra de fuego, especie de vidente de la tribuna, ha sido el martillo del eclecticismo y del doctrinarismo. Balmes, el hombre de la severa razón y del método, sin brillo de estilo, pero con el peso ingente de la certidumbre sistemática, ha comenzado la restauración de la filosofía española, que parecía hundida para siempre en el lodazal sensualista del siglo XVIII; ha renovado la savia del árbol de nuestra cultura con jugo de nuevas ideas, ha pensado por su cuenta en tiempos en que nadie pensaba ni por la suya ni por la ajena, ha mirado el primero frente a frente los sistemas de fuera, ha puesto mano en la restauración de la escolástica, llevada luego a dicho término por otros pensadores; ha popularizado más que otro alguno las ciencias especulativas en España, haciéndolas gustar a innumerables gentes y desarrollando en ellas el germen de la curiosidad, punto de arranque para todo adelanto científico; ha fijado en un libro imperecedero las leyes de la lógica práctica y ha vindicado a la Iglesia católica en sus relaciones con la civilización de los pueblos.

Balmes, lo mismo que Donoso, requiere largo estudio, que no es posible, ni lícito siquiera, consagrarles en este libro, dedicado todo él a personajes muy de otra laya. Por otra parte, ¿a qué insistir en análisis y recomendaciones de libros que todo español católico conoce y aun sabe de memoria, libros verdaderamente nacionales, en el más glorioso sentido de la palabra? ¡A cuántos ha hecho abrir los ojos a la luz del pensamiento científico la lectura de Balmes! ¡Cuántos se han visto libres de las ceguedades eclécticas con las ardientes y coloreadas páginas de Donoso!

Obra santa y bendecida por Dios fue ciertamente la de uno y otro. Él en su infinita misericordia los suscitó en el instante de la tremenda crisis, en la aurora de la revolución, y la semilla que ellos esparcieron no toda cayó en terreno estéril e infecundo, ni entre piedras, ni a la orilla del camino. Ellos dieron el pan de vida intelectual a una generación próxima a caer en la barbarie. Ellos hicieron volver los ojos a lo alto a los que se despedazaban como fieras. Ellos sacaron la política de empirismo grosero y del utilitarismo infecundo, y la hicieron entrar en el cauce de las grandes ideas éticas y sociales, tornándole su antiguo carácter de ciencia. Puesta en Dios la esperanza, no escribieron para el día de hoy, fiaron poco de personas ni de sistemas; todo lo esperaron de la regeneración moral, de la infusión del espíritu cristiano en la vida. Con el error no transigieron nunca; con la iniquidad aplaudida y encumbrada, tampoco. Si pasaron por la escena política, y fue como peregrinos de otra república más alta. En lo secundario podían diferir; en lo esencial tenían que encontrarse siempre, porque la misma fe los iluminaba y la misma caridad los encendía.

La obra de Balmes es más extensa, más completa, más metódica, menos de ocasión y quizá más duradera. Los novísimos campeones de la escolástica pura, de fijo encontrarán algo que tachar, bajo este aspecto, en la *Filosofía fundamental*, libro cuya sustancia es tomista (Balmes sabía de memoria la *Summa*, como educado en el seminario de Vich), pero que en los pormenores ostenta tolerancia, hoy desusada, y aun cierta especie de eclecticismo a la española, subordinado a la verdad católica y a la doctrina del Ángel de las Escuelas. Balmes hace grande aprecio de Descartes objeto de las iras de otros neoescolásticos; aprovecha lo que puede de los análisis de la escuela escocesa, siguiendo en esto la general tendencia de los pensadores catalanes, y tampoco mira de reojo ciertas concepciones armónicas de Leibnitz. De aquí que no deba llamarse filósofo tomista a Balmes sino con ciertas atenuaciones, fuera de que en las cuestiones pendientes entre los discípulos del santo no suele inclinarse al parecer de los más rígidos, y así, v. gr., se le ve defender, siguiendo a Suárez, la no distinción ontológica de la esencia y de la existencia.

Pero si sobre este libro y sobre la *Filosofía elemental* puede caber, entre los mismos discípulos de la filosofía cristiana, variedad de pareceres, al juzgarlos, ¿quién ha de negar su tributo de admiración al *Criterio* y al *Protestantismo*? Como el oro, encierra el primero, en pequeño volumen, inestimable riqueza; no menos que una higiene del espíritu, amenizada con rasguños de caracteres, digno a veces del lápiz de La-Bruyère. Balmes adivinó la naturaleza divina sin haber tenido mucho tiempo para estudiarla. Obra de inmenso aliento la segunda, es para mí el primer libro español de este siglo. Menguada idea formaría de él quien le tomase por un *pamphlet* contra la herejía. El protestantismo es lo de menos en el libro, ni el autor desciende a analizarle. Lo que Balmes ha hecho es una verdadera filosofía de la historia, a la cual dieron pie ciertas afirmaciones de Guizot en sus lecciones sobre la civilización de Europa. La tesis de aquel egregio y honrado calvinista era presentar la Reforma como un movimiento expansivo de la razón y de la libertad humana, el cual había traído por legítima consecuencia no solo la emancipación del espíritu, sino la cultura científica y moral de los pueblos. Y la tesis que Balmes contrapuso fue demostrar la acción perenne y bienhechora de la Iglesia en la libertad, en la civilización y en el adelanto de los pueblos y cómo la escisión protestante vino en mal hora a torcer el curso majestuoso que llevaba esta civilización cristiana, acaudalada ya con todos los despojos del mundo antiguo y próxima a invadir el nuevo. Y lo probó del modo más irrefragable, comenzando por analizar la noción del individualismo y el sentimiento de la dignidad personal, que Guizot consideraba característico de los bárbaros, como si no fuese legítimo resultado de la magna instauración, trasformación y dignificación de la naturaleza humana traída por el cristianismo. Y de aquí pasó a mostrar la obra santa de la Iglesia en dulcificar y abolir la esclavitud, en dar estabilidad y fijeza a la propiedad en organizar la familia y vindicar la indisolubilidad del matrimonio, en realzar la condición de la mujer, en templar los rigores de la miseria, en dar al poder público la base inconmovible del derecho y de la justicia venida de lo alto. No hay páginas más bellas y sustanciosas en el libro de Balmes que las que dedica a explanar el verdadero sentido del derecho y origen divinos de la potestad y a disipar las nieblas de error y de odio amontonadas contra la filosofía católica de las leyes.

En los artículos de sus revistas *La Civilización* y *La Sociedad*, en los mismos artículos políticos de *El Pensamiento de la Nación*, que son más concretos y de aplicación más limitada a las circunstancias de España entonces, recorrió Balmes, con admirable seguridad de criterio, todos los problemas de derecho público, llamó a examen todos los sistemas de organización social y nos dejó un cuerpo de política española y católica, materia de inagotable estudio. Cosas hay en aquellos artículos que parecen escritas con aliento profético y que vemos ya cumplidas. Otras caminan a cumplirse, y quizá ni nosotros ni nuestros nietos agotemos todo lo que en aquellas hojas, al parecer fugitivas y ligeras, se encierra. Todo está allí dicho, todo está por lo menos adivinado. Corren los años, múdanse los hombres, pero nuestro estado social permanece el mismo:

quodcumque attigeris ulcus est. Todas esas llagas las vio y las tanteó Balmes, con ser su natural benévolo, y su alma, cándida con la pureza de los ángeles. Pero su entendimiento prócer suplía en él lo que de malicia y experiencia del mundo podía faltarle. En alguna ocasión pudo equivocarse juzgando personas, nunca erró juzgando ideas. Sus palabras fueron de paz; sus proyectos, de concordia entre cristianos, nunca de amalgama ni de transacción con el error. Dios no quiso que esos proyectos, tan halagüeños en lo humano, alcanzasen cumplimiento; ¡cuán ininvestigable son los caminos del Señor! Quiera Él acortar esta dura discordia que nos trabaja, con risa y vilipendio de los contrarios, a quien solo hace fuertes nuestra miserable poquedad.[111]

Casi al mismo tiempo que caía, truncada en flor, la hermosa vida de Balmes (Dios perdone a los que aceleraron su término con bárbaras amarguras),

---

111 He aquí la nota de las obras de Balmes, de todas las cuales hay multiplicadas ediciones, que, por ser tan corrientes, no se enumeran, bastando advertir que las que manejo han salido todas de las prensas del *Diario de Barcelona*, excepto el tomo de *Estudios políticos*, de que hay una sola edición (Madrid, Imprenta de la Sociedad de Operarios del mismo arte, 1847):

—*Observaciones sociales, políticas y económicas sobre los bienes del clero* (1840).
—*Consideraciones políticas sobre la situación de España* (1840). *El protestantismo comparado con el catolicismo en sus relaciones con la civilización europea* (cuatro tomos, 1844).
—*Escritos políticos.*
—*El criterio* (1845).
—*Filosofía fundamental* (cuatro tomos, 1846).
—*Filosofía elemental* (cuatro tomos), en castellano.
—La misma obra, en latín.
—*Cartas a un escéptico.*
—*La Civilización*, revista de Barcelona, en que colaboraron con él Roca y Cornet y Ferrer y Subirana (1842).
—*La Sociedad*, revista que escribió él solo en 1843.
—*La religión demostrada al alcance de los niños.*
—*Pío IX* (1847).
—*Escritos póstumos* (donde hay, entre otros muchos fragmentos, una teoría de lo infinito).
—*Poesías póstumas.*
En el *Pensamiento de la Nación* tuvo Balmes por colaboradores a Quadrado, García de los Santos y otros notables escritores católicos.
Acerca de la vida y obra de Balmes léanse los libros y memorias publicados por Soler, Córdoba, Blanche-Raffin, García de los Santos, Roca y Cornet y Quadrado.

comenzaba a levantarse la estrella del gran Donoso, que daba su adiós postrero al doctrinarismo en aquel mismo año de 1848, buscando, como él decía, nuevos rumbos en ciencias morales y políticas. Y no fue largo el tiempo que tardó en buscarlo, porque su voluntad amaba ya lo recto, y sobre este amor y sobre los gérmenes católicos de su alma pasó un blando aliento de la gracia y circundóle de súbito luz del cielo, a cuyos esplendores vio clara la fealdad de su antiguos ídolos. Desde entonces los quemó y fue otro hombre: el gran Donoso, el único que la posteridad recuerda y lee, el orador de los extraordinarios discursos de 1849 y 1850, triunfo el más alto y soberano de la elocuencia española, palabras de fuego no para España, sino para el mundo, reto valentísimo contra la gigantesca revolución europea de 1848, que pareció anuncio o precursora de los tiempos apocalípticos. Y apocalíptica era también la extraña elocuencia de su vehementísimo maldecidor; elocuencia cargada de electricidad próxima a reventar en tempestades a ratos lógica, a ratos sarcástica, a ratos profética generalizadora, pesimista, fatídica... No hubo lengua en Europa en que no resonasen aquellas palabras que Metternich comparó con las de los oradores de la antigüedad y que Montalembert puso sobre su cabeza.

La doctrina de los discursos es la del famoso *Ensayo sobre el catolicismo, el liberalismo y el socialismo*; el estilo tampoco difiere mucho: los mismos anatemas elocuentes, la misma propensión a vestir la verdad con el manto de la paradoja. Gran controversia suscitó el *Ensayo*; acusóse a Donoso de temerario, de fatalista, de místico, de enemigo jurado de la razón, de teocrático y hasta de hereje. Hoy todo lo que se escribió contra el *Ensayo* está olvidado y muerto, y el *Ensayo* vive con tan hermosa juventud como el primer día. Algunas notas bastan para salvar los yerros de Donoso, y estas notas se han puesto cuerdamente así en la edición italiana de Foligno como en las dos últimas castellanas. Nadie se acuerda ya de los destemplados ataques del abate Gaduel, que obligaron a Donoso a acudir reverentemente a la Silla Apostólica. Pero, aun reconocida la destemplanza y mala voluntad del crítico, tampoco es posible canonizar, ni nadie de sus mismos amigos y admiradores defiende, las audaces novedades de expresión que usó Donoso al tratar delicadísimos puntos de teología, ni tampoco sus opiniones ideológicas, aprendidas en una escuela que no es ciertamente la de santo Tomás ni la de Suárez, sino otra escuela siempre sospechosa, y para muchos vitanda, que la Iglesia nunca ha hecho más que tolerar, llamándola al orden en repetidas ocasiones, y en el último concilio de un modo tan claro, que ya no parece lícito defenderla sino con grandes atenuaciones. En suma, Donoso Cortés era discípulo de Bonald, era tradicionalista, en el más riguroso sentido de la palabra, pareciendo en él más crudo el tradicionalismo por sus extremosidades meridionales de expresión. *Incidit in Scyllam, cupiens vitare Charibdym.* Por lo mismo que en otros tiempos había idolatrado en la razón humana, ahora venía a escarnecerla y a vilipendiarla, refugiándose en un escepticismo místico. Del extremo de conceder a la razón el cetro del mundo, venía ahora al extremo de negar la eficacia de toda discusión, fundado en el sofisma de que el entendimiento humano es falible, como si la falibilidad, es decir, el poder engañarse, llevara consigo el engañarse siempre y forzosa y necesariamente. Siempre serán intolerables en la pluma de un filósofo católico, aunque se tomen por figuras retóricas y atrevimientos de expresión, frases como éstas, y no son las únicas: «Entre la razón humana y lo absurdo hay una afinidad secreta, un parentesco estrechísimo. El hombre prevaricador y caído no ha sido para la verdad, ni la verdad para el hombre prevaricador y caído. Entre la verdad y la razón humana, después de la prevaricación del hombre, ha puesto Dios una repugnancia inmortal y una repulsión invencible». Dígase, no obstante, en desagravio de Donoso que quizá su palabra le arrastre donde no quisiera ir su pensamiento, y que, cuando de tan rudísima manera arrastra y abate por los suelos a nuestra pobre razón, no quiere sino encarecer las nieblas y ceguedades y la flaqueza y miseria que cayeron sobre ella después del primer pecado. Pero es lo cierto que, tomadas sus frases como suenan, dan a entender que Donoso Cortés negaba en absoluto las fuerzas de la razón para alcanzar y comprender las verdades del orden natural. Decir que la razón sigue al error adondequiera que va, como una madre ternísima sigue, adondequiera que va, aunque sea el abismo más profundo, al hijo de sus entrañas, es pasar los términos de toda razonable licencia oratoria y hasta injuriar al soberano Autor, que ordenó la razón para la verdad y no para el error. Pues qué, ¿cuándo un filósofo gentil alcanzaba por raciocinio la espiritualidad del alma o la existencia de Dios, su razón se iba tras de lo absurdo con afinidad invencible? ¡Adónde iríamos a parar por este camino! Por muy embravecido que hubiesen puesto a Donoso contra la discusión las orgías parlamentarias y los folletos proudhonianos, no le era lícito ni conveniente (*ne quid nimis*) reproducir las desoladas tristezas de Pascal ni la tesis del obispo de Huet de imbecillitate mentis humanae.

Otras cosas sonaron mal en el *Ensayo*. Eran impropiedades de lenguaje teológico, perdonables siempre en pluma laica y no avezada a tratar tan altas materias, o bien genialidades y desenfados de estilo, inseparables del escritor, no nacido para la mesura en nada, y por esto de imitación peligrosa. Unas veces decía: «El Dios verdadero es uno en su sustancia, como el índico; múltiple en su persona, a la manera del pérsico; vario en sus atributos, a la manera de los dioses griegos». Y otras veces sostenía que «Jesucristo no venció al mundo ni por la santidad de su doctrina ni por los milagros y profecías, sino a pesar de todas estas cosas». Calamidad del estilo oratorio, que se va tras de la imagen, la expresión original, la paradoja o la ingenuidad y que por lograr un efecto no duda en sacrificar lo exacto y preciso a lo brillante.

Hablando de hombres de la estatura de Donoso, puede decirse sin reparos toda la verdad. La parte metafísica, la parte de filosofía primera, no es lo más feliz del *Ensayo*. Casi toda puede y debe discutirse, y quizá no haya entre los católicos españoles quien la patrocine y profese íntegra. Aun la misma doctrina de la libertad humana está expuesta por Donoso en términos peregrinos y que pueden inducir a error al lector poco atento. Donoso se mantuvo casi extraño a la restauración escolástica; su educación era francesa; sus mayores lecturas, de publicistas de aquella nación; de aquí la falta de rigor de su lenguaje. Lo que inmortaliza al libro es la parte de filosofía social. Quizá no haya en castellano moderno páginas de vida más palpitante y densa que las que Donoso escribió contra el doctrinarismo, cien veces más aborrecido por él que el socialismo y el *maniqueísmo* proudhoniano, porque éstas al fin son teologías del diablo y traen afirmaciones dogmáticas sobre todos los problemas de la vida, al paso que esa escuela, «la más estéril, la menos docta, la más egoísta de todas..., escuela que domina solo cuando las sociedades desfallecen..., impotente para el bien, porque carece de toda afirmación, y para el mal, porque le causa horror toda negación intrépida y absoluta..., nada sabe de la naturaleza del mal y del bien, apenas tiene noticia de Dios y no tiene noticia del hombre». Pero su dominación es siempre breve; solo dura hasta el solemne día en que, «apremiadas las turbas por sus instintos, se derraman por las calles pidiendo a Barrabás o pidiendo a Jesús resueltamente y volcando en el polvo las cátedras de los sofistas».

En vano críticos venidos de todas partes, así del Austro como del Equilón, se han mellado los dientes en el *Ensayo*. Con tener éste tantos portillos flacos, resiste, sin embargo, y no es dado leerlo sin asombro. En vano se dice que son pocas en él las ideas originales; la verdad siempre es vieja. En vano se recuerda que la teoría de la expiación y de la eficacia de los sacrificios sangrientos es remedo cercano de la apología del verdugo, como instrumento de justicia providencial hecha por José de Maistre. ¿Qué importa? Las ideas son de todo el mundo, o, más bien, solo pertenecen al que las traba por arte no aprendido, y hace con ellas un cuerpo y un sistema y les da forma definitiva e imperecedera. Y Donoso es originalísimo en la trabazón y en el sistema, por más que la regularidad geométrica del libro esconda, como tantos otros organismos, partes endebles y espacios huecos.

Completan la obra católica de Donoso su polémica con el duque de Broglie y la carta al cardenal Fornari sobre el parentesco y entronque de las herejías modernas. Pero digo mal, no la completan; la mejor corona de aquella vida, segada antes de llegar a la tarde, la mejor obra y el mejor ejemplo de Donoso fue su muerte de santo, acaecida en París el 3 de mayo de 1853. Dios nos conceda morir así aunque no escribamos el *Ensayo*.[112]
[113]

---

112 *Obras de don Juan Donoso Cortés*, marqués de Valdegamas, ordenadas y publicadas por don Gabino Tejado (Madrid, Imprenta de Tejado, editor, 1854). Cinco tomos en 4.º grande, con un extenso discurso preliminar del editor. Entre las traducciones extranjeras de Donoso merece especial alabanza la que hizo Luis Veuillot.

De los impugnadores liberales de Donoso solo merecen citarse su sucesor en la Academia española, don Rafael María Baralt (que hizo en el discurso de entrada crisis de las obras del difunto), y el filósofo espiritualista cartesiano de Béjar con Nicomedes Martín Mateos, que imprimió en un folleto Veintiséis cartas al señor marqués de Valdegamas, en contestación a los veintiséis capítulos de su «Ensayo»... (Valladolid, Imprenta de Marcos Gallego, 1851), 8.º X + 216 páginas.

Recuerdo haber visto de pasada otra impugnación mucho más extensa (en tres tomos), con título parecido al del *Ensayo*; su autor, un abogado catalán demócrata; creo recordar que se llamaba Frexa. Al escribir estas páginas no he podido haber a las manos su libro, que me pareció entonces de muy sospechosa doctrina.

113 El libro en impugnación de Donoso a que me refiero en la nota se titula: *El socialismo y la teocracia*, o sea, observaciones sobre las principales controversias políticas y filosófico-sociales, dirigidas al excelentísimo señor don Juan Donoso Cortés, en refutación de las más notables ideas de sus escritos, y de las bases de aquellos sistemas, por don José

En torno de Balmes y Donoso se formaron dos grupos de discípulos y admiradores suyos, que ya en libros, pocas veces extensos, ya en la controversia periodística, mantuvieron izada la bandera de la fe y resistieron el empuje de la corriente heterodoxa. Fueron colaboradores de Balmes, Ferrer y Subirana, traductor de Bonald;[114] Roca y Cornet, autor del *Ensayo crítico sobre las lecturas de la época en su parte filosófica y religiosa* (1847), el mallorquín don José María Quadrado, insigne en la arqueología y en la historia; don Benito García de los Santos, autor del *Libro de los deberes*, y el difunto lectoral de Jaén, don Manuel Muñoz Garnica, cuyo nombre vivirá en dos excelentes libros; la biografía de san Juan de la Cruz y el *Estudio sobre la elocuencia sagrada*, que en gran parte es estudio sobre los místicos españoles.

En Cataluña hizo más prosélitos Balmes. Los periodistas católicos de Madrid se inclinaron con preferencia a Donoso y al tradicionalismo. Así Gabino Tejado, su mayor amigo, apologista y editor; así Navarro Villoslada, conocido antes y después como egregio novelista walter-scottiano aún más que como el autor de la famosa serie de los *Textos vivos*, revista inapreciable del movimiento heterodoxo en la Universidad; así González Pedroso, de cuya maravillosa conversión, virtudes singulares y altísimo ingenio se hacen lenguas cuantos le conocieron; poco escribió, pero basta para su gloria el discurso sobre los *Autos sacramentales*, uno de los trozos de más alta crítica que han salido de pluma española.

Es difícil, casi imposible, reducir a número y poner en algún orden a los modernos apologistas españoles, y arriesgado y odioso tasar su valor comparativamente. En filosofía, el tradicionalismo duró poco, al paso que fue cobrando bríos la restauración escolástica. Comenzó en 1858 el jesuita padre Cuevas con sus *Philosophiae rudimentaria*, ajustados en general a la doctrina de Suárez, y notable, sobre todo, por la importancia que en ello se da a la ciencia indígena. Pronto penetraron aquí las obras de los neoescolásticos italianos. Gabino Tejado trajo, con mucha pureza de lengua, los *Elementos de filosofía*, de Prisco.

Frexas (Barcelona 1852, Imprenta de Ramírez), dos tomos en 4.º

114 *Observaciones religiosas, morales, sociales, políticas, históricas y literarias* entresacadas de las obras del vizconde de Bonald (Barcelona 1838, Imprenta de Forner). Además del notable prólogo de este libro y de los artículos que publicó en *La Civilización* refutando el sistema utilitario de Bentham, hay de este malogrado pensador algunas notas en la edición barcelonesa de las *Partidas*, en que colaboraron Martí de Eixalá, Sanpóns y otros jurisconsultos catalanes. Murió Ferrer, muy joven, en 1843.

El mismo Tejado y Ortí y Lara pusieron en castellano el *Derecho natural*, de Taparelli. La admirable obra del napolitano Sanseverino *Philosophia christiana cum antiqua et nova comparata* dio principal alimento a la inteligencia filosófica del señor Ortí y Lara, que, además de su campaña antikrausista ya memorada, publicó compendios de casi todas las partes de la filosofía y varios opúsculos, escritos con limpieza de estilo, no común entre filósofos, v. gr., *El racionalismo y la humildad, El racionalismo y la filosofía ortodoxa en la cuestión del mal, Tres modos del conocimiento de Dios, Ensayo sobre el catolicismo en sus relaciones con la alteza y dignidad del hombre.* También debe incluirse entre los libros escolásticos la voluminosa obra del padre Yáñez del Castillo, impresa en Valladolid con el título de *Controversias críticas con los racionalistas*, las *Analogías de la fe*, del canónigo gaditano Moreno Labrador, y de fijo otras que no recordamos. Quien escriba en lo venidero la historia de la filosofía española, tendrá que colocar, en el centro de este cuadro de restauración escolástica, el nombre del sabio dominico fray Ceferino González, que actualmente ciñe la mitra de Córdoba, y que, muy joven aún, asombra a los doctos con sus *Estudios sobre la filosofía de santo Tomás*, obra que, cuando los años pasen y las preocupaciones contemporáneas se disipen, ocupará no inferior lugar a las de Kleutgen y Sanseverino.

La teología española dio escasa muestra de sí en la gran controversia promovida en toda Europa por el escándalo literario de Renán: *Vida de Jesús* (1863). El ánimo se apena al pasar, v. gr., de los libros de Ghiringuello de Freppel a la *Refutación analítica*, del catedrático don Juan Juseu y Castañera, tan árida y prolija, tan atrasada de noticias, tan anacrónica en el método, tan poco digna de la patria de Arias Montano y de Maldonado. Algo más vale la del franciscano fray Pedro Gual, comisario general de las misiones de su Orden en el Perú y el Ecuador.[115]

Ciertamente que ni las refutaciones de Renán ni la *Concordia evangélica*, del agustino padre Moreno (Córdoba 1853), pueden dar sino tristísima idea de nuestra ciencia escrituraria a los extraños. Las únicas muestras de ella que

---

115 Además se publicaron contra el libro de Renán una serie de artículos de don Severo Catalina en *La Concordia*, otra de don Miguel Sánchez en *La Regeneración* (coleccionados luego en un volumen), un folleto de Ferrer del Río (*Apuntes contra la titulada Vida de Jesús*), otro de Adolfo de Castro (*Ernesto Renán ante la erudición sagrada y profana*) y uno de don Luis Vidart, católico entonces, aunque con puntas de católico liberal, y

podemos presentar sin desdoro son un libro sobre los *Evangelios*, que comenzó a salir en 1866, a nombre de D. M. B., y en años más cercanos el riquísimo *Manuale isagogicum* del señor Caminero, docta y hábil condensación de los más recientes estudios bíblicos. Pero esta obra, mucho más apreciada fuera de España que entre nosotros e inmensamente superior a la *Hermenéutica*, de Janssens, se publicó ya dentro del período revolucionario.

En cuestiones de historia eclesiástica puede y debe hacerse especial mención, no por decir única, del docto catedrático don Vicente de la Fuente, autor de la sola *Historia* de nuestra Iglesia que hasta el presente poseemos; obra de la cual existen dos ediciones; la primera, más breve e imperfecta, publicada en 1855 por la *Librería Religiosa*, de Barcelona, como adiciones al compendio de Alzog, y la segunda, mucho más extensa y nutrida, no acabada de imprimir hasta 1876, en que apareció el sexto volumen. Bajando al palenque de las cuestiones canónicas hoy más debatidas, trituró el catedrático de Disciplina Eclesiástica de la Central de los últimos desbarros regalistas en su libro de la *Retención de bulas ante la historia y el derecho*, a que dio ocasión la consulta del Consejo de Estado sobre el *Syllabus*, y escribió con buen seso y mucha doctrina *De la pluralidad de cultos y sus inconvenientes* (1865),[116] contestando al discurso de Montalembert en el Congreso de Malinas. En las obras de este fecundo y desenfadado canonista vive la tradición, el espíritu y hasta las formas de nuestras antiguas aulas, siendo quizá el más genuino representante de una raza universitaria y un modo de cultura próximos a perderse. Las obras de la Doctora de Ávila le deben laboriosa ilustración, y no menos los anales de su propia patria aragonesa.

Como canonista lidió también el padre Gual contra los restos del viejo jansenismo, publicando, con el título de *Equilibrio entre las dos potestades*,[117] una refutación directa del enorme libro cismático de don Francisco de Paula Vigil

---

luego decididamente impío (*El panteísmo germano-francés*). En estos últimos opúsculos se ataca el sentido general del libro de Renán, pero no se desciende a analizarle, y pienso que lo mismo acontezca en *El pirronismo del siglo XIX*, del presbítero don B. M. y G. R. Todas estas publicaciones se hicieron entre 1863 y 1865.

116 De otros escritos más menudos de este infatigable defensor de la causa católica, ya se ha hecho mérito o se hará más adelante; pero no debe pasarse por alto el opúsculo joco-serio de *La sopa de los conventos* (1867), que, so capa de donaires, encierra duras verdades, muy para meditadas por filántropos y desamortizadores.

117 Barcelona 1852.

Defensa de la autoridad de los gobiernos contra las pretensiones de la curia romana,[118] obra de especiosa y amañada erudición, hermana gemela del *De statu Ecclesiae*, de Febronio, y de la *Tentativa teológica*, de Pereira, y obra de tristísimo efecto, que aún dura, en la política interior del Perú, donde el autor hizo escuela, sin que fuera óbice la condenación de su doctrina que pronunció la Sagrada Congregación del *Índice* en decreto de 2 de marzo de 1853. El obispo de Barcelona, Costa y Borrás, en polémica con Aguirre, completa el escaso número de nuestros canonistas ortodoxos que hayan publicado trabajos de alguna sustancia.

Como orador sagrado que ha recorrido casi todos los puntos de controversia, puede citarse al chantre de Valladolid, don Juan González, en la voluminosa colección de sermones que se rotula *El catolicismo y la sociedad, defendidos desde el púlpito.*

Los libros de filosofía social católica publicados en estos últimos años resiéntense todos, aun los mejores, del tono y maneras periodísticas y de la continua preocupación de los negocios del momento, que turba y oscurece la serenidad científica y quita perennidad y valor intrínseco a las obras. Más que libros con un plan previo y bien concertado, parecen series de artículos, y no se libra de esto la misma *Verdad del progreso*, de don Severo Catalina, que tenía entendimiento aún mucho mayor que sus obras, con valer éstas tanto.

Después de él, aún pueden mencionarse de pasada los dos libros de don Bienvenido Comyn, abogado de Zaragoza, *Catolicismo y racionalismo* y *El cristianismo y la ciencia del derecho en sus relaciones con la civilización*, y el de don José Lorenzo Figueroa sobre *La libertad de pensar y el catolicismo*. El titulado *Del papa y los gobiernos papulares*, de don Miguel Sánchez, es todo de política diaria y palpitante.

La negra condición de los tiempos ha lanzado a los católicos al periodismo, eterno incitador de rencores y miserias, obra anónima y tumultuaria, en que se pierde la gloria y hasta el ingenio de los que en ella trabajan. Con todo, por la nobleza del propósito y por el desinterés literario que supone, conviene dedicar algún recuerdo a los papeles periódicos católicos así diarios como revista. Ya durante la guerra civil de los siete años se publicó *La Voz de la Religión*, cuyo editor era un señor Jimena. Aparecieron luego *La Cruz*, *El*

118 Lima 1848, seis vols.

Reparador y la *Revista Católica*. Siguió Balmes con *La Civilización*, *La Sociedad* y *El Pensamiento de la Nación*. Su colaborador, Roca y Cornet, redactó por algunos años, en Barcelona, *La Religión, revista mensual filosófica, histórica y literaria* (1837-1841). Con ellos coexistió *El Católico*, que se daba a la estampa en Madrid, y nació *La Esperanza*, periódico de más larga vida, que fundó y dirigió don Pedro de La Hoz. Más modernos fueron *El Pensamiento español*, en que hicieron bizarrísima campaña Pedroso, Tejado, Villoslada y Ortí y Lara; *La Regeneración*, que dirigía Canga-Argüelles, asistido por don Miguel Sánchez y otros; *El Pensamiento de Valencia*, redactado por Aparisi y Galindo de Vera, y *La Constancia*, periódico de la propiedad de Nocedal, con quien colaboraron Selgas, Fernández de Velasco y otros. Como revistas deben citarse (además de las de Balmes y Roca) *La Censura*, que dictaba casi solo don Juan Villaseñor y Acuña (1844 a 1853); *La Razón Católica*, que dirigía el padre Salgado, de las Escuelas Pías; la *Revista Católica*, que se publicó en Barcelona bajo los auspicios de don Eduardo María Vilarrasa; *La Cruz*, fundada en Sevilla por don León Carbonero y Sol; el *Semanario Católico Vasco-Navarro*, cuyo inspirador era el canónigo Manterola; los *Ensayos de Filosofía Cristiana*, de que no he visto más que el prospecto: *La Civilización Cristiana*, que fue órgano de los tradicionalistas, y especialmente de Caminero.

Si a toda la labor esparcida en estas hojas, volantes como las de la Sibila, se añaden los esfuerzos de algunos oradores parlamentarios, pongo por caso Aparisi y Nocedal, y los sermones, pastorales y escritos polémicos de varios prelados, v. gr., el cardenal Cuesta, arzobispo de Santiago (*Cartas a La Iberia sobre el poder temporal del papa*); el obispo de La Habana, fray Jacinto Martínez, autor de un libro excelente acerca de la devoción de Nuestra Señora, y el obispo de Calahorra y luego de Jaén (hoy arzobispo de Valencia), don Antolín Monescillo, traductor de *La simbólica*, de Moehler, quedará casi agotado lo más característico de la apologética católica en el período que historiamos.

Propagáronse extraordinariamente las traducciones de libros católicos extranjeros. A la *Biblioteca de Religión*, protegida por el cardenal Inguanzo, sucedieron la *Biblioteca Religiosa*, de que fue editor don José Félix Palacios; la *Librería Religiosa*, fundada en Barcelona por el apostólico misionero don Antonio María Claret, arzobispo de Santiago de Cuba; la *Biblioteca universal de Autores Católicos*, propiedad de don Nicolás Malo; el *Tesoro de Predicadores Ilustres* y la *Sociedad Bibliográfico-mariana*, de Lérida, sin otras que no recuerdo. Con alguna excepción levísima, las traducciones publicadas por estas sociedades y bibliotecas, de todo tienen menos de literarias; hechas atropelladamente, no suelen pasar de medianas, y algunas pueden presentarse por el mejor dechado de galicismos y despropósitos. Pero así y todo, gracias a ellas no hubo español que por bajísimo precio no pudiera saborear lo más exquisito de la literatura católica moderna, desde las *Veladas de San Petersburgo*, de Maistre, hasta los *Estudios filosóficos* o *La Virgen María y el plan divino*, de Augusto Nicolás; desde las conferencias del padre Ventura sobre la razón filosófica y la razón católica, hasta la *Teodicea*, de monseñor Maret; desde el *Catecismo de perseverancia* del abate Gaume, hasta la *Vida de santa Isabel de Hungría*, de Montalembert; desde la *Exposición del dogma católico*, de Genoude, hasta la *Historia de Jesucristo*, de Stolberg, y las *Conferencias*, del padre Félix.[119]

---

119 En América, especialmente en México, florecieron insignes apologistas, como el obispo de Mechoacán, Munguía; don José Bernardo Couto, autor de un excelente discurso sobre *La constitución de la Iglesia*; don José Julián Tornel, que escribió de *Derecho público eclesiástico*, y el elegante y clásico poeta don José Joaquín de Pesado, que desde 1855 a 1858 riñó en las páginas de *La Cruz* la más heroica batalla contra el racionalismo y el socialismo, el liberalismo y la anarquía moral, dejando (como escribe su biógrafo Roa Bárcena) «un verdadero cuerpo de filosofía cristiana en sus artículos».

De un presbítero chileno, don José Ignacio Eizaguirre, he visto una obra antiprotestante, de carácter estadístico: *El catolicismo en presencia de sus disidentes* (Barcelona, *Librería Religiosa*, 1856, dos tomos).

En la rapidísima enumeración que precede de autores y obras católicas no he hecho mérito sino de las que han impugnado directa o indirectamente alguna tendencia heterodoxa. Nada he dicho de los *Cursos teológicos*, que son pocos y nada originales, ni de los libros devotos y de piedad ascética, que son muchos más de lo que pudiera creerse y constituyen una literatura enteramente desconocida del público profano. Un estudio completo sobre esta literatura sería empresa digna de tentar la ambición de alguien más aficionado que yo a nuestra bibliografía moderna.

No holgarán en dicho libro, si llega a escribirse, algunas noticias sobre los esfuerzos de restauración católica llevados a cabo desde el concordato de 1851, restablecimiento de algunas casas religiosas y fundación de nuevos institutos de admirable caridad (Hospitalarios de Jesús Nazareno, Siervas de María, Religiosas de nuestra señora de la Esperanza, Adoratrices del santísimo sacramento, Hermanitas de los pobres, Misioneros del sagrado corazón, etc., etc.).

Capítulo IV. Breve recapitulación de los sucesos de nuestra historia eclesiástica, desde 1868 al presente

I. Política heterodoxa. II. Propaganda protestante y heterodoxias aisladas. III. Filosofía heterodoxa y su influencia en la literatura. IV. Artes mágicas y espiritismo. V. Resistencia ortodoxa y principales apologistas católicos.

I. Política heterodoxa[120]

Desde 1868 a 1875 pasó España por toda suerte de sistemas políticos y anarquías con nombre de gobierno: juntas provinciales, Gobierno provisional, Cortes Constituyentes, Regencia, monarquía electiva, varias clases de república y diferentes interinidades. Gobiernos todos más o menos hostiles a la Iglesia, y notables algunos por la cruelísima saña con que la persiguieron, cual se hubiesen propuesto borrar hasta el último resto de catolicismo en España.

Ya en las juntas revolucionarias de provincia se desencadenó frenético el espíritu irreligioso. La de Barcelona comenzó por expulsar a los jesuitas, restablecer en sus puestos a los maestros separados a consecuencia de la ley de 2 de junio de 1868 y derribar, con el mezquino pretexto de ensanche de plazas y satisfacción real del vilísimo interés de algunos propietarios, templos que eran

---

120 Este capítulo, que solo añadimos en obsequio a la cronología, va a parecer un índice o cronicón árido y descarnado más bien que trozo de historia. A ello nos obliga no solo la extensión material de este volumen, sino la consideración de ser difícil, o más bien imposible cosa, escribir con serenidad y de un modo completo acerca de hechos que nos tocan tan de cerca, y que, por decirlo así, todavía no han acabado de cumplirse, y de personajes que, por no haber terminado aún la carrera de su vida, pueden, si Dios les toca en el alma, volver sobre sí y retractarse de sus antiguos errores. En tal situación, mal puede el historiador formular un juicio definitivo. Añádese a esto que, abolida de hecho la unidad religiosa en España desde 1868, ningún interés, o a lo sumo interés muy secundario, puede ofrecer, aun en la codicia bibliográfica, el cuadro de la heterodoxia triunfante y desbordada. La herejía solo despierta curiosidad cuando lucha con un principio de represión enérgico.

Tal como es este capítulo, o más bien anuario estadístico, no hubiera podido escribirse sin la diligente y benévola colaboración de nuestros ilustrísimos prelados, que, por sí o por medio de sus secretarios, me han remitido todos los datos que han podido allegar sobre el movimiento heterodoxo en sus respectivas diócesis, enriqueciendo grandemente los que yo había podido adquirir. Son tantos y tales los que poseo, que quizá algún día me animen a dedicar especial y separado estudio a esta materia, que, por ser tan extensa, rompería aquí la buena distribución de la obra.

verdaderas joyas artísticas, como la iglesia y convento de Jerusalén, la iglesia de san Miguel y el convento de Junqueras, que luego ha sido reedificado, en parte, con los sillares antiguos. A instancias del cónsul de la Confederación Suiza, se concedió a los fieles de la iglesia cristiana evangélica, permiso para levantar templos y ejercer su culto públicamente y sin limitación alguna. Se intimó al obispo que suspendiese el toque de campanas de las dos de la tarde, vulgarmente llamado Oración del rey. Se procedió a la incautación del seminario, destinándose a instituto de segunda enseñanza. Un decreto de 29 de octubre anunció a los barceloneses que la junta tomaba bajo su protección a todas las religiones, a tenor de lo cual, y como muestra de tolerancia, se intimó al obispo que suspendiese todo acto público del culto católico «para no dar lugar a colisiones». Se autorizó el trabajo en los días festivos. Y, finalmente, en nombre del pueblo fue ocupada la iglesia parroquial de san Jaime, situada en la calle más céntrica de Barcelona, con el deliberado propósito de allanarla y hacer negocio con los solares, de altísimo precio en aquel sitio.

Con no menos ferocidad se procedió en otras partes de Cataluña, especialmente en los centros fabriles. En Reus se estableció, antes que en parte alguna, el matrimonio civil, se expulsó indignamente a las religiosas carmelitas descalzas, demoliendo su convento e Iglesia; se entró a saco la casa de Misioneros del Inmaculado Corazón de María en el vecino pueblo de la Selva y fue muerto a puñaladas el piadosísimo padre Crusats. En Figueras, Tossa, Palafrugell, Llagostera y otros puntos del obispado de Gerona comenzaron a celebrarse entierros, bautizos y matrimonios o concubinatos, todo civil y a espaldas de la Iglesia.

En 6 de octubre de 1868, la junta revolucionaria de Huesca desterró al obispo, don Basilio Gil y Bueno; mandó quitar de las torres las campanas que no fueran absolutamente necesarias, aunque este decreto solo se cumplió en Ayerbe; ordenó la reducción a tres de los seis conventos de monjas que había en aquella ciudad y la incautación de los respectivos edificios; demolió el templo parroquial de san Martín; decretó la libertad de trabajo en días festivos y comenzó a destruir la iglesia del Espíritu santo.

Pero a todas las juntas llevaron la palma la de Valladolid y la de Sevilla en materia de derribos y profanaciones. La junta de Valladolid convirtió en club la iglesia de los Mostenses y mandó abatir o destrozar a martillazos, no sin grave peligro de los transeúntes, las campanas de todas las iglesias, dejando en cada cual una sola que llamase a los fieles a los divinos oficios.

En una exposición briosamente escrita, que dio la vuelta a España, ha denunciado el señor Mateos Gargo el inaudito vandalismo de la junta sevillana,[121] que echó por tierra la iglesia de san Miguel, verdadera joya del arte mudéjar; ordenó en un día el allanamiento de las parroquias de san Esteban, santa Catalina, san Marcos, santa Marina, san Juan Bautista, san Andrés y Omnium Sanctorum, y otras y otras iglesias hasta el número de 57 (!); destruyó los conventos de san Felipe y de las Dueñas y consintió impasible los fusilamientos de imágenes con que se solazaba por los pueblos la partida socialista del albéitar Pérez del Álamo y la quema de los retablos de Montañés para que se calentaran los demoledores. Si aquella expansión revolucionaria dura quince días más, nada hubiera tenido que envidiar Sevilla a la vecina Itálica,

Campos de soledad, mustio collado.

La junta de Salamanca y otras muchas juntas se incautaron de los seminarios conciliares; la de Segovia borró del presupuesto la colegiata de san Ildefonso por innecesaria y embargó las campanas de las iglesias. Envolvámonos en ruinas gloriosas, exclamaba un periódico de Palencia, al tiempo que, so color de enriquecer el Museo Arqueológico Nacional, se entraba a saco el convento de santa Clara, sin dejar libre de rapiña cosa alguna, desde las pinturas en tabla hasta los azulejos, y se arruinaba miserablemente el claustro bizantino de santa María de Aguilar de Campoo, cayendo a impulso de la piqueta y del martillo no pequeña parte del de san Zoyl, de Carrión de los Condes.

No quiso quedarse atrás la junta revolucionaria de Madrid en este camino de heroicidades, y entre ellas y el Ayuntamiento que nombró dieron rapidísima cuenta de los pocos recuerdos que del antiguo Madrid quedaban en pie. Así cayeron por tierra las parroquias de la Almudena, de santa Cruz y de san Millán, el convento de santo Domingo el Real y otros.

---

121 Véase la renuncia que el señor Gago hizo de su cargo de individuo de la Comisión de Monumentos después de haber protestado vanamente contra aquel salvajismo (*Colección de opúsculos*, del doctor Gago... Sevilla 1869, Imprenta de Izquierdo, tomo 1, página 123 y siguientes).

De la misma junta salió el primero y más completo programa revolucionario, síntesis de las ideas de Rivero y de los primitivos demócratas: libertad de imprenta, libertad de cultos, libertad de asociación, libertad de enseñanza. En 30 de septiembre volvieron a sus cátedras los krausistas separados en son de mártires de los fueros de la ciencia.

El Gobierno provisional aceptó el programa de la junta, y, convirtiéndose en ejecutor suyo el ministro de Gracia y Justicia, don Antonio Romero Ortiz, declaró suprimidas, en obsequio a la libertad de asociación, todas las comunidades religiosas, volvió a poner en vigor la pragmática de Carlos III contra los jesuitas y decretó el embargo de los fondos de la sociedad laica de san Vicente de Paúl.

De arreglar la enseñanza se encargó el ministro de Fomento, don Manuel Ruiz Zorrilla, declarándola libre en todos sus grados y cualquiera que sea su clase, aboliendo las facultades de Teología y suprimiendo toda enseñanza religiosa en los institutos.

Aun no bastaba esto, y mientras, por una parte, Romero Ortiz borraba de una plumada todo fuero e inmunidad eclesiástica y suprimía el tribunal de las Órdenes militares, Ruiz Zorrilla, aconsejado por unos cuantos bibliopiratas y anticuarios, que esperaban a río revuelto lograr riquísima pesca, abría el año de 1869 con su famoso decreto sobre incautación de archivos eclesiásticos, que escandeció las iras populares hasta el crimen; díganlo las losas de la catedral de Burgos, teñidas con la sangre del gobernador, Gutiérrez de Castro.

¿Quién contará todas las impías algaradas de aquel año? ¿Quién las publicaciones bestiales que, a ciencia y paciencia y regocijo de los gobernantes, acababan de envenenar el sentido moral de nuestro pueblo? La francmasonería, sociedad no ya secreta, sino pública y triunfadora, se exhibía en ostentosos alardes, nuevos en España, cuales fueron el entierro masónico del brigadier don Amable Escalante, presidido por el ministro de Marina, y el del infante don Enrique, muerto en duelo por el duque de Montpensier. *La Reforma*, *La República Ibérica*, *La Libertad del Pensamiento* y otros periódicos aparecieron paladinamente como órganos cuasi oficiales de la secta. ¿Pero qué masonería ni qué rosa del perfecto silencio puede compararse con el consistorio de los librepensadores de Tortosa, que en septiembre del 69 dieron una hoja volante contra el infierno, el limbo, el purgatorio y las demás monsergas clericales, exhortando, por remate de todo, a las mujeres honradas a no creer en nada y a pasarlo bien en esta vida? Los socialistas comenzaron a levantar barricadas en Cádiz, en Jerez, en Málaga, en Antequera, y el Gobierno tuvo que ametrallarlos. Entretanto, una turba forajida atacaba en 27 de enero el palacio de la Nunciatura y arrastraba y quemaba las armas pontificias.

Abriéronse las Constituyentes el 11 de febrero de 1869, y el proyecto de Constitución, redactado en ocho días, se presentó el 30. La libertad de cultos no se quedaba ya en amago como en 1854. Los artículos 20 y 21 del nuevo Código decían a la letra: «La nación se obliga a mantener el culto y los ministros de la religión católica. El ejercicio público o privado de cualquier otro culto queda garantido a todos los extranjeros residentes en España, sin más limitaciones que las reglas universales de la moral y del derecho. Si algunos españoles profesasen otra religión que la católica, es aplicable a los mismos todo lo dispuesto en el párrafo anterior». Y como receloso de que pareciera que la Comisión se había quedado corta, manifestaron el señor Moret y otros individuos de ella que su ideal era la absoluta separación de la Iglesia y del Estado, aunque por de pronto no la creyesen realizable.

La discusión fue no debate político, sino pugilato de impiedades y blasfemias, como si todas las heces anticatólicas de España pugnasen a una por desahogarse y salir a la superficie en salvajes regodeos de ateísmo. Dos o tres individuos de la minoría republicana (Sorní, Soler, el médico don Federico Rubio) hicieron, con más o menos llaneza, profesión de católicos; de los restantes no se tuvo por demócrata y revolucionario quien no tiró su piedra a los cristales de la Iglesia, quien no renegó del agua del bautismo. Castelar y Pi y Margall vinieron a quedar oscurecidos y superados por Robert, Díaz Quintero, Suñer y Capdevila, Garrido y García Ruiz. Dijo Roberto Robert (autor de *Los cachivaches de antaño, Los tiempos de Mari-Castaña* y *La espumadera de los siglos*): «Yo no soy apóstata, yo no he profesado nunca el catolicismo. Desde que comencé a tener uso de razón, no creía en la Divinidad ni en ningún misterio... No hay en mí sentimientos religiosos». Y dijo Díaz Quintero: «No soy católico...; mis padres no me consultaron para bautizarme; pero, cuando tuve uso de razón, comprendí que mis padres estaban en el error, porque la religión católica es falsa como todas las demás... Ni siquiera soy ateo, porque no quiero tener relación con Dios ni aun para negarle». Y dijo el médico Suñer y Capdevila, alcalde revolucionario de Barcelona: «La idea caduca es la fe, el cielo, Dios. La idea nueva es la ciencia, la tierra, el hombre... Yo desearía que los españoles no profesaran ninguna religión, y pienso dedicarme con todas mis fuerzas a la propagación de esta magnífica doctrina... Jesús, señores diputados, fue un judío, del cual todos los católicos, y sobre todo las católicas, tienen idea equivocadísima... Voy a hablar de la concepción de Jesús». Aquí le atajó el presidente, y estalló un escándalo mayúsculo; Suñer, después de una larga reyerta, salió del salón con muchos de la minoría republicana, que persistieron en su retraimiento hasta que el Congreso, donde Suñer contaba apologistas tan fervorosos como el señor Martos, hubo de darse a partido, y volverle a llamar, y dejarle que hiciera un segundo discurso, en que se declaró positivista y partidario de la moral independiente de M. Massot; habló de los hermanos de Jesús, comparó el misterio de la encarnación con el nacimiento de Venus, de la espuma del mar, o el de Minerva, de la cabeza de Júpiter, etc., etc. El ministro de Marina, Topete, se levantó indignado a protestar en nombre de diecisiete millones de españoles. Y el duque de la Torre exclamaba: «¡Oh... la religión de nuestros padres..., y nuestras familias..., y el respeto al hogar... No nos mezclemos en la vida privada de esos personajes, que me inspiran tanto respeto, que no quiero ni siquiera nombrarlos».[122]

Habló después el unitario García Ruiz, ex secretario del Ayuntamiento de Amusco, y dijo que la santísima Trinidad era una monserga no entendida por moros y judíos y que «san Juan había tomado el Verbo de Filón, sin más que encarnarle en María», palabras de que luego se ha retractado varias veces, pero que entonces dieron ocasión a que se levantasen a protestar y hacer profesión de fe católica los dos únicos prelados que tenían asiento en el Congreso, el obispo de Jaén y el arzobispo de Santiago.

Al lado de esta sesión de 26 de abril, llamada gráficamente la de las blasfemias, parece pálido todo lo que Pi y Margall y Castelar dijeron, ya en la discusión de la base religiosa, ya en la del conjunto del proyecto constitucional. Pi y Margall hegelianizó de lo lindo, yéndose cada vez más hacia la extrema izquierda: «¿No habéis visto en la historia de la humanidad que el error de hoy

---

122 Suñer se titulaba «enemigo de los reyes, de la tisis y de Dios». Es fama que sus tres adversarios gozan de buena salud después de sus ataques. Publicó en *La Igualdad* una serie de artículos sobre los hermanos de Jesucristo, y aparte un folleto titulado *Dios*, que ya anda raro, y en apoyo del cual divulgó el poeta reusense Bartrina, estudiante a la sazón en Barcelona, otro con el título de *¡Guerra a Dios!*

ha sido la verdad de mañana? ¿Dónde tenéis un criterio infalible por el cual podáis decidir que nadie yerra cuando emite una idea? Dios es producto de la razón misma y el catolicismo está muerto en la conciencia de la humanidad, en la conciencia del pueblo español».

Castelar se presentó ya desligado de todo compromiso teológico. En una manifestación popular acababa de declarar que, siendo incompatibles la libertad y la fe, en el conflicto, él se había quedado con la libertad. En el Congreso pronunció, respondiendo al canónigo Manterola, aquel inolvidable discurso que alguno de sus intonsos admiradores ha comparado, con la oración por la Corona (!), del cual discurso resulta, entre otras cosas, que san Pablo dijo: *Nihil tam voluntarium quam religio*, aunque en todas sus epístolas ni en todo el *Antiguo* y *Nuevo Testamento* aparezca semejante pasaje; que Inocencio III condenó a los judíos a perpetua esclavitud en una encíclica (¡raro documento para un papa del siglo XIII, y más rara cosa todavía entender por esclavitud material la servidumbre del pecado!); que Tertuliano había muerto en el molinismo, que ni es herejía ni nació hasta el siglo XVI; que san Vicente Ferrer había predicado en Toledo la matanza de los judíos, cuando lo que hizo fue convertir a la fe cristiana a más de cuatro mil de ellos; que los frailes de san Cosme y san Damián en 978 (¡frailes en el siglo X!) inventariaban primero sus bestias de carga que sus siervos; que la Iglesia católica había excomulgado a Montalembert; que en el Vaticano existía un fresco representando la matanza de Saint-Barthélemy; que los papas habían sido siempre enemigos de la independencia de Italia, y, finalmente, que el catolicismo no progresa ni en Inglaterra, ni en los Estados Unidos, ni en Oriente, y que, por ser intolerantes los españoles, nos habíamos perdido la gloria de Espinosa, la de Disraeli y la de Daniel Manin. Todo esto exornado con una descripcioncita de la sinagoga de Liorna y un paralelo entre el Dios del Sinaí lanzando truenos y el Dios de la dulcísima misericordia «tragando hiel por su destrozada boca y perdonando a sus enemigos en el Calvario».

Discursos mucho más elocuentes que aquél ha pronunciado luego el señor Castelar, pero ninguno ha tenido tanta resonancia, ninguno ha hecho tanto estrago[123] en la conciencia del país. El mismo Castelar procuró mitigar el efecto en una segunda oración, henchida de lirismo sentimental. «Yo, señores diputados —así decía—, no pertenezco al mundo de la teología y de la fe, sino al de la filosofía y al de la razón. Pero, si alguna vez hubiera de volver al mundo de que partí, no abrazaría ciertamente la religión protestante, cuyo hielo seca mi alma; esa religión enemiga constante de mi patria y de mi raza, sino que volvería a postrarme de hinojos ante el hermoso altar que inspiró los más grandes sentimientos de mi vida, volvería a empapar mi espíritu en el aroma del incienso, en las notas del órgano, en la luz cernida por los vidrios de colores y reflejada en las doradas alas de los ángeles», etc., etc.

Contrastaban con esta música etérea las brutales lucubraciones estadísticas del demagogo Fernando Garrido,[124] que declaraba muerto el catolicismo porque los cartujos fabricaban chartreuse; y decía a voz en cuello: «La revolución de septiembre ha sido, más que una revolución política, una revolución antirreligiosa».

En aquellas Cortes se estrenó también el señor Echegaray, famoso hasta entonces como ingeniero y matemático y luego celebérrimo como dramaturgo. Su discurso fue de librepensador; pero no con tendencias determinadas, sino empapado de cierto idealismo científico, que a la cuenta no es incompatible con el positivismo. «El pensamiento —dijo— no puede estar encerrado dentro de fórmulas teológicas, necesita espacio, necesita atmósfera, necesita libertad, necesita equivocarse, porque el hombre tiene derecho al error y hasta al mal... En el fondo de toda verdad científica hay un sentimiento religioso, porque allí nos ponemos en contacto con lo trascendental, con lo eterno, con lo infinito. La ciencia ama la religión; pero la ama a su modo, no se ahoga en ella, es como el águila», etc., etc. ¿Qué entenderá por religión y qué por ciencia el señor Echegaray? Pero su grande efecto oratorio fue aquella aparición del pedazo de

---

123 De este discurso se publicaron varias impugnaciones, de las cuales merecen especial recuerdo la *Carta del doctor Marcos Gago* (*Opúsculos*, tomo 1, páginas 215 a 244) y el folleto del marqués de Pidal *Las citas históricas del señor Castelar* (Madrid, Imprenta de Estrada, 1869).

124 Autor o compilador de una enorme *Historia de las persecuciones políticas y religiosas* y de *La restauración teocrática* y otras obras *eiusdem farinae*, publicadas por el editor Manero, de Barcelona, gran propagandista de libros de vulgar impiedad.

hierro oxidado, de la costilla calcinada y de la trenza de pelo incombustible del quemadero de la cruz.[125]

Los progresistas se callaron o permanecieron anclados en el regalismo; así Aguirre y Montero Ríos, tipos anacrónicos en aquel Congreso. Olózaga defendió, como individuo de la Comisión, y votó luego la base librecultista, harto olvidado ya de sus elocuentes peroraciones de 1837 y 1854. Moret y Prendergat, esperanza de los economistas, se perdió en vaguedades sentimentales de un cierto cristianismo femenino y recreativo.

La Unidad Católica no murió sin defensa: túvola, y brillantísima, en los discursos del cardenal Cuesta, del obispo de Jaén, Monescillo, y del canónigo de Vitoria Manterola. También algunos seglares tomaron parte en el debate; de ellos los señores Ortiz de Zárate, Estrada (Guillermo), Vinader, Cruz Ochoa y Díaz Caneja. Exaltado el sentimiento católico del país, en todas partes se celebraron funciones de desagravios por las inauditas impiedades vertidas en el Congreso y se remitió a las Cortes una petición en favor de la Unidad Católica con tres millones y medio de firmas.[126] Todo en vano: la Unidad Católica sucumbió asesinada en 5 de junio de 1869 por 163 votos contra 40.

Promulgada la Constitución, surgió el conflicto del juramento. El clero en masa se negó a jurarla, y soportó heroicamente el tormento del hambre con que la revolución quiso rendirle. Y los que habían comenzado por proclamar la libertad de enseñanza y la libertad de la ciencia, acabaron por expulsar de sus cátedras a los profesores católicos que se negaron a prestar el juramento.

Durante la regencia del general Serrano, comenzaron a levantarse en armas los carlistas de la Mancha y Castilla la Vieja; pero sin dirección y en pequeñas partidas, que fácilmente fueron exterminadas, no sin lujo, bien inútil, de fusilamientos. El Gobierno asió la ocasión por los cabellos para vejar y mortificar al clero; y el ministro Ruiz Zorrilla, que de la Secretaría de Fomento había pasado a la de Gracia y Justicia, dirigió en 5 de agosto muy descomedida circular a los obispos, preceptuándoles las disposiciones canónicas que habían de adoptar con los clérigos que se levantasen en armas, mandándoles dar pastorales y

---

125 Este quemadero dio entonces ocasión a manifestaciones antiinquisitoriales y procesiones del género más grotesco.

126 *Petición dirigida a las Cortes Constituyentes en favor de la unidad católica de España* (Madrid, Imprenta de *La Esperanza*, a cargo de Dubrull, 1869), 363 páginas, 8.º

haciéndoles responsables de la tranquilidad en sus respectivas diócesis. La protesta del Episcopado español contra este alarde de fuerza fue unánime. Ruiz Zorrilla contestó encausando al cardenal de Santiago y a los obispos de Urgel y Osma y remitiendo al Consejo de Estado las contestaciones de otros trece prelados.

Convocado entre tanto el concilio del Vaticano, nuestro gobierno protestó contra él por boca del señor Martos, ministro de Estado, y hasta se empeñó en negar los pasaportes a nuestros obispos, que fueron, sin embargo, a Roma y brillaron como teólogos, especialmente el de Zaragoza y el de Cuenca, recordando muy mejores días.

La revolución en España seguía desbocada, y, después de haber proclamado la libertad de cultos, aspiraba a sus legítimas consecuencias: la, secularización del matrimonio y la de la esperanza. Ya en Reus y otras partes se había establecido el concubinato civil; en 18 de diciembre se presentó a las Cortes redactado (a lo que parece) por el canonista Montero Ríos, el proyecto que legalizaba tal situación. Contra él alzaron la voz el 1 de enero de 1870 los treinta y tres obispos reunidos en Roma. Votóse, no obstante, casi por sorpresa y escamoteo (que los periódicos llamaron travesura) el 27 de mayo, después de una pobrísima discusión. Y llegó el fanatismo revolucionario hasta declarar, por decreto de 11 de enero de 1872, hijos naturales a los habidos en matrimonio canónico, sin que ni aun así se lograra enseñar a las españolas el camino de la *mairie*.

El concordato yacía roto de hecho en todas sus partes, pero, a mayor abundamiento, Montero Ríos, ministro de Gracia y Justicia, declaró en sesión de 1 de febrero, con admirable aplomo canónico, que «concordato y libertad eran ideas antitéticas», y que, por consiguiente, se hallaba la revolución libre de todo compromiso con la Iglesia. Por de pronto, se resucitaban los procedimientos del conde de Aranda, refundidos y mejorados, conduciendo a Madrid, entre Guardia Civil, al obispo de Osma y arrojando a las comendadoras de Calatrava de su convento, cuyo inmediato derribo y el de la iglesia pide a voz en cuello el señor Martos en la sesión de 9 de marzo de 1870.

En la del 22, el ministro de Gracia y Justicia, *auctoritate qua fungor*, presenta un proyecto de arreglo de la Iglesia de España, reduciendo la dotación del clero a la mitad de lo estipulado por el concordato y suprimiendo de un golpe cuatro metropolitanas y diez obispados. Por supuesto, nada de renunciar al patronato; la nación le conserva por título oneroso.

Echegaray, ministro de Fomento, intenta, aunque sin fruto, la supresión del catecismo y de la enseñanza de toda religión positiva en las escuelas públicas; y, sin duda para ayudarle, convoca el rector don Femando de Castro un Congreso Nacional de Enseñanza, hermano gemelo del concilio de la Iglesia española, que convoca don Antonio Aguayo, quedándose uno y otro entre los futuros contingentes.[127]

Una nueva sublevación de los carlistas dio pretexto al Gobierno para suprimir, en decreto firmado por Moret el 8 de septiembre, los conventos de misioneros franciscanos de Zarauz, san Millán de la Cogolla y Bermeo. Un mes después, el Gobierno se incauta del edificio de las Salesas y establece allí el Palacio de justicia.

Poco aflojó la persecución anticatólica durante el efímero reinado electivo de don Amadeo de Saboya (16 de noviembre de 1870 a 11 de febrero de 1873). Comenzóse por encausar a los obispos de Osma, Burgos y Cartagena por haber recordado disposiciones canónicas contra el matrimonio civil. Cada elección de Cortes o de Ayuntamientos eran un nuevo pretexto para apalear a los curas. Cuando se trató de solemnizar el vigésimo-quinto aniversario de Pío IX, la partida de la Porra apedreó todo balcón donde veía luces. Tratóse de ir secularizando los cementerios, pero no por ley, sino por instrucción reservada. Levantó la cabeza el trasnochado fantasma del regalismo, y por real orden de 23 de marzo de 1872, que refrendó el ministro Alonso Colmenares, se intentó restablecer el pase regio, derogado y caído en desuso desde la revolución, y hasta las antiguas conminaciones de las pragmáticas de Carlos III contra todo español que impetrase bula o breve de Roma sin pasar por la Agencia de Preces. El Episcopado español protestó unánime contra semejantes vetusteces, diciendo por boca del arzobispo de Valladolid, que tan bizarramente había combatido el *exequatur* en 1865, que «las ideas y las arbitrariedades de la época de Carlos

---

127 Respecto de la enseñanza del catolicismo, debe añadirse que *La Luz* y otros periódicos protestantes estamparon una circular del director de Instrucción Pública, señor Merelo (14 de septiembre de 1870), encargando a los maestros de escuela que suspendiesen la enseñanza religiosa en consideración a los niños del culto evangélico reformado. El director negó la autenticidad de semejante orden; pero es lo cierto que, si fue falsificada, por lo menos no se persiguió a los falsificadores y estaba muy en la mente del Gobierno.

III habían pasado para no volver más» y que «las leyes de la Novísima sobre el *regium placet* pertenecían ya a la historia», anuladas como estaban para todo católico por las proposiciones 20, 28, 29, 41 y 49 del *Syllabus,* adjunto a la encíclica *Quanta Cura,* y por disposiciones recientes del concilio Vaticano, y para todo revolucionario, por el artículo constitucional que proclamaba la libertad de cultos. «La revolución ha barrido estas cosas de otros tiempos —dijo el cardenal de Santiago—, y éste es un bien que Dios ha sabido sacar del mal.» «En nuestra conducta pastoral solo puede residenciarnos el pastor de los pastores», contestó el obispo de Jaén. «La Iglesia nació sin protección humana, pero libre», añadió el obispo de Badajoz. «El establecimiento de las leyes de la Novísima es querer dar vida a un cadáver», son palabras del obispo de Tarazona. «Entre la declaración de un concilio y las penas de la ley, un obispo no tiene elección», dijo el de Zamora. Y, congregados los obispos de la provincia tarraconense, dijeron a una: «La Iglesia no puede abdicar en el Estado los supuestos derechos del pase regio sin apostatar, sin suicidarse... Establecido el pase, no son ya los obispos los maestros de la fe y ordenadores de la disciplina; lo son las potestades seculares».

Pero ¿quién se acordaba de regalismos cuando rugía a nuestras puertas la revolución socialista, anunciada por las cien bocas de la Asociación Internacional de Trabajadores?[128] Nuestros mismos gobiernos revolucionarios trataron de atajar sus progresos, y en octubre de 1871 llevóse a las Cortes la cuestión magna: «¿Estaba o no la Internacional dentro del derecho individual e ilegislable de reunión y asociación?» Los republicanos defendieron que sí. Garrido proclamó el advenimiento del cuarto estado y la ruina de las 1.500 religiones que hay en el mundo. Castelar dijo con extraordinaria sencillez: «Si fuera inmoral sostener la propiedad colectiva, habría que condenar al Evangelio y a los santos padres». En nombre de los economistas declaró el señor Rodríguez (don Gabriel) que la Internacional debía combatirse solo en el terreno de las ideas y dentro del orden legal. Pero la gran novedad de aquella discusión fue el estreno parlamentario del caliginoso metafísico krausista don Nicolás Salmerón, que habló como un libro, quiero decir como el *Ideal de la humanidad,* remontándose a la *nuda individualidad humana,* a la unidad de su naturaleza,

---

128 Aquí conviene hacer memoria del *meeting* de los Campos Elíseos (22 de octubre de 1871) y del discurso de la ciudadana Guillermina Rojas sobre el amor libre.

que busca en la mera relación de individuos la forma de su libertad y la ley de su derecho. «¿Es esto, por ventura, decir —añadía— que se halle de tal manera perdido el sentido común del hombre como ser racional que no quede algo de común regulador entre sus individuos? No, que bajo este principio estima cada cual a los demás en la relación como a sí propio...» Del espíritu humano de todo aquel taumatúrgico discurso debieron quedarse ayunos el señor Lostáu y los demás internacionalistas que tomaban asiento en aquella Cámara, pero a lo menos entendieron claro que la propiedad no era sino «la condición sensible puesta al alcance del hombre para poder realizar los fines racionales de su vida», por donde, en el momento que no los realizase, «pasaba a ser injusta y debía desaparecer..., como habían desaparecido los bienes eclesiásticos». Y en verdad que el argumento no tenía vuelta para los desamortizadores. «Para apoderaros de los bienes del clero secular y regular —decía con tremenda lógica Pi y Margall— habéis violado la santidad de contratos por lo menos tan legítimos como los vuestros; habéis destruido una propiedad que las leyes declaraban poco menos que sagrada, inalienable e imprescriptible...; y luego extrañáis que la clase proletaria diga: si la propiedad es el complemento de la personalidad humana, yo, que siento en mí una personalidad tan alta como la de los hombres de las clases medias, necesito la propiedad para completarla.»

¡Ya era hora de que el vergonzante doctrinarismo español oyera cara a cara tales verdades! Y fue justo y providencial castigo que, tras de Pi, se levantase una voz socialista más resuelta, la de Lostáu, representante de la Internacional barcelonesa, a denunciar «las iniquidades y tropelías de la clase media... ¿Quién de vosotros —exclamó— está limpio de ellas? ¿Con qué derecho abomináis los excesos de la *Commune* de París vosotros, los que en 1835, con el hacha en una mano y la tea en la otra, pegasteis fuego a las iglesias y entrasteis a saco los conventos de débiles mujeres?... Nosotros, más lógicos y más francos, aceptamos el colectivismo, y creemos que la propiedad de la tierra, como el aire, como la luz, como el Sol, pertenece a todos... La tierra la declaramos colectiva».

Lostáu se declaró ateo; ni aun concebía el nombre de Dios. Otros oradores asieron la ocasión por los cabellos para citar entre las asociaciones ilegales la Compañía de Jesús, que fue valerosamente defendida por los señores Nocedal (don Cándido y don Ramón). En fijar el criterio católico sobre el problema social y vindicar a la primitiva Iglesia de la nota de comunista que sobre ella arrojaba con ligereza suma el señor Castelar brilló a muy singular altura el canónigo granadino Martínez Izquierdo, que hoy rige la diócesis de Salamanca.

En aquella misma legislatura logró la minoría católico-monárquica, o séase carlista, fuerte y compacta en aquel Congreso más que en ninguno y dirigida por un jefe habilísimo y nada bisoño en achaques parlamentarios, explotar las fraternales disensiones del bando liberal y hacer a radicales y republicanos defender y votar, como consecuencia forzosa de la libertad de asociación, el restablecimiento de las comunidades religiosas. Después de una sesión permanente de diecisiete horas largas, el Gobierno quedó derrotado en la proposición incidental de «No ha lugar a deliberar», y, para librarse de la derrota completa, tuvo que disolver aquellas Cortes el 24 de enero de 1872. Y fue muy de notar que cuantos oradores tomaron parte en el debate, conservadores, radicales, republicanos, perseguidores los más de ellos de los frailes antes y después y siempre, convinieron entonces por ardid de guerra (que tanto pesan los principios en el ánimo de los revolucionarios españoles) en defender la omnímoda libertad de las comunidades religiosas para volver a abrir sus conventos y en graduar de arbitrariedad despótica y anticonstitucional los decretos de Romero Ortiz contra jesuitas y monjas elevados a ley en 1869.

En 12 de febrero de 1872, a instancia de un juez de primera instancia, queda suprimida la palabra Dios en los documentos oficiales. Comienza simultáneamente los motines socialistas en Jerez y otras partes de Andalucía y la insurrección carlista en las montañas del Norte y en Cataluña. El 21 de abril de 1872, la Junta católico-monárquica de Madrid da un manifiesto llamando a las armas.

El Ministerio radical, creado en 13 de junio de aquel mismo año, prosigue enrareciendo la atmósfera con proyectos anticanónicos, a modo de provocación sistemática. Montero Ríos propone una nueva ley «de obligaciones eclesiásticas y relaciones económicas entre el clero y el Estado». Comienza por afirmar en el preámbulo que la indemnización del Estado a la Iglesia por el valor de los bienes incautados no ha de tomarse a la letra y como suena, sino en el límite de las verdaderas necesidades del servicio religioso, tasado por el mismo Estado. Anula de una plumada la obligación jurídica del concordato a título de imposible (jurisprudencia cómoda), cercena y monda sillas episcopales, aplica las rentas de Cruzada al sostenimiento del clero parroquial, deja al arbitrio del Gobierno el conceder o no a las congregaciones religiosas la facultad de adquirir, rebaja a

31 millones de pesetas el presupuesto de Culto y Clero y anuncia una reforma en los aranceles de los derechos de estola y pie de altar. El proyecto se aprobó, pero no llegó a regir, así como quedó también en el aire otro de secularización o profanación de cementerios, que fue impugnado con mucha elocuencia y muy simpático calor de alma por Alejandro Pidal, que hacía entonces sus primeras armas en el Parlamento.

En aquellas Cortes llegó a formarse un grupo espiritista (Navarrete, Huelves, marqués de la Florida) y la minoría republicana prosiguió tan desatada como en las Constituyentes del 69. Garrido llamó a los conventos madrigueras de facciones y casi aplaudió los degüellos de 1834. Salmerón, verdadero *enfant terrible* de la Universidad y del círculo filosófico de Sanz del Río, no dejó de poner su pica en Flandes, afirmando que ni él ni el honrado Suñer y Capdevila ni otros muchos diputados de aquel Congreso eran católicos, ni querían nada con el catolicismo, ni siquiera creer ni consentir que nadie en el siglo XIX fuese cristiano, porque desde el tratado de Westfalia estaba arruinada la Iglesia católica.

> Los muertos que vos matáis
> gozan de buena salud.

No se le hable a Salmerón de determinaciones positivas que mueren en el tiempo; lo que él busca es una «más amplia y universal creencia en la cual puedan comulgar todos los espíritus». Pagar al clero aun en los términos en que lo establecía el proyecto de Montero Ríos, era para Salmerón una inmoralidad; la moralidad consiste en deber y no pagar, en apoderarse el Estado de los bienes de la Iglesia y descalabrarla luego con discursos pedantescos en nombre de la unidad universal humana y de la comunión de todos bajo el padre común, de todos los seres humanos. Y luego hablaba el señor Salmerón del espíritu moderno y de que era incompatible con el catolicismo y nos presentaba como representantes de la historia y de la crítica en el siglo XIX (ioh erudición krausista y trascendental!) al gárrulo *pamphletaire* belga Laurent y a Edgar Quinet. ¡En qué bibliotecas se habrán educado estas lumbreras universitarias y armónicas!

Para proveer las sillas episcopales vacantes, puso los ojos Ruiz Zorrilla en el escaso pelotón de clérigos liberales con puntas de jansenistas y católicos viejos que redactaban un periódico titulado *La Armonía*. De este grupo fueron

Llorente, el arzobispo cismático de Santiago de Cuba, y Alcalá Zamora, electo para Cebú. Este último murió a tiempo; pero Llorente contristó por largos días a la iglesia de Cuba, como si no bastasen las calamidades de la guerra mambí, empeñándose, primero, en desposeer al vicario capitular legítimamente nombrado, y luego, en intrusarse como arzobispo electo y gobernador eclesiástico, a despecho de las terminantes declaraciones de Pío IX, que en 13 de agosto de 1872, por medio del cardenal secretario de Estado, había prevenido a los capitulares de Santiago que en ninguna manera entregasen la administración de la diócesis al Llorente, por ser indigno moralmente de tan alta prelacía. Semejante declaración pontificia, unida a la denegación de las bulas, quitaba de hecho toda validez canónica a los actos de jurisdicción que Llorente quería ejercer, amparándose con la protección del capitán general de Cuba y con ciertas prerrogativas de vicario apostólico que suponía concedidas a nuestros reyes en Indias, mediante las cuales podían autorizar a los electos para que gobernasen las diócesis en tanto que no llegaban las bulas de confirmación. El privilegio, que se decía fundado en una bula de Alejandro VI, no pareció, y mal podía parecer semejante monstruosidad canónica, nunca tolerada por los papas, aunque no careciese de antecedentes en Indias y aunque nuestros regalistas del siglo XVIII hubiesen llegado a escribir en reales cédulas que «competía a los reyes por vicariato delegado de la Santa sede (¿cuándo y dónde?) potestad no solo en lo económico, sino en lo jurisdiccional y contencioso» de las iglesias de América. De aquí que algún capitán general de Cuba haya querido ejercer atribuciones de pontífice en el territorio de su mando. ¿Cuándo se ha visto confiado el vicariato apostólico a militares ni a legos?

El vicario capitular, don José Orberá y Carrión, resistió dignamente y prosiguió ejerciendo la jurisdicción ordinaria apoyado por todo el cabildo. Solo tres capitulares, el deán, el tesorero y un canónigo, dieron la obediencia a Llorente, y con esto ciertas apariencias canónicas a su intrusión. La Audiencia encausó y suspendió al vicario, poniéndole preso a buena cuenta, y el deán y los suyos dieron posesión a Llorente con ayuda de la Guardia Civil. La Congregación del Concilio reprobó con autorización pontificia, en 30 de abril de 1873, todo lo hecho, calificándolo de horrible y detestable y declarando incursos en excomunión mayor y privación de todo beneficio eclesiástico presente o futuro a Llorente y al deán y a todos sus parciales, dando además por nulos e írritos todos los actos de jurisdicción que hubiesen ejercido. Con todo, el desorden continuó hasta 1875, en que fueron reduciéndose los cismáticos.[129]

Mientras estas cosas pasaban del otro lado de los mares, don Amadeo había renunciado la corona de España, e imperaba aquí desde el 11 de febrero de 1873 una especie de república, unitaria primero y luego federal, que sucesivamente presidieron Figueras, Pi y Margall, Salmerón y Castelar. Más de media España, entre cantonales y carlistas, les negaba la obediencia, y hubo días de aquel estío en que el Poder central apenas puede decirse que extendiera su acción más allá de las tapias de Madrid. Eran tiempos de desolación apocalíptica; cada ciudad se constituía en cantón; la guerra civil crecía con intensidad enorme; en las Provincias Vascongadas y en Navarra apenas tenían los liberales un palmo de tierra fuera de las ciudades; Andalucía y Cataluña estaban, de hecho, en anárquica independencia; los federales de Málaga se destrozaban entre sí, dándose batalla en las calles a guisa de banderizos de la Edad media; en Barcelona, el ejército, indisciplinado y beodo, profanaba los templos con horribles orgías; los insurrectos de Cartagena enarbolaban bandera turca y comenzaban a ejercer la piratería por los puertos indefensos del Mediterráneo; dondequiera surgían reyezuelos de taifas, al modo de los que se repartieron los despojos del agonizante imperio cordobés; y entre tanto, la Iglesia española proseguía su calvario.

En Málaga son destruidos los conventos de Capuchinos y de la Merced en 6 de marzo de 1873. En Cádiz, el Ayuntamiento, regido por el dictador Salvoechea, arroja de su convento a las monjas de la Candelaria y derriba su iglesia, a pesar de la generosísima protesta de las señoras gaditanas, que, en número de 500, invadieron las Casas Consistoriales y, en número todavía mayor, comulgaron al día siguiente en la iglesia del convento, cercada por las turbas, mientras que en ella se celebraba por última vez el incruento sacrificio. Al día siguiente, desalojado ya el convento por las acongojadas esposas de Jesucristo, penetró en

---

129 *Cisma de Cuba*, o sea, *Gobierno anticanónico de don Pedro Llorente y Miguel, nombrado por don Amadeo I arzobispo de Santiago de Cuba*: su autor, el padre Sancha, canónigo penitenciario de la iglesia metropolitana de dicha ciudad. Madrid, Imprenta de Antonio Pérez Dubrull, 1873; 4.º, 80 páginas.

—*Defensa del vicario capitular de Santiago de Cuba don José Orberá ante el Tribunal Supremo*, por don Cándido Nocedal. Madrid, imprenta a cargo de D. R. P. Infante, 1874; 4.º, 108 páginas.

él una turba de sicarios, destrozando ferozmente el órgano y hasta las losas y profanando las celdas con inauditas monstruosidades. El Viernes santo, ¡a las tres de la tarde!, caía por tierra la cúpula de la iglesia, una de las mejores y más espaciosas de Cádiz. Por acuerdo de 25 de marzo sustituyó en las escuelas el Municipio gaditano la enseñanza de la religión por la de la moral universal, prohibiendo, so graves penas, que se inculcase a los niños dogma alguno positivo. Las escuelas que llevaban nombres de santos tomaron otro de la liturgia democrática, y hubo escuela de *La Razón*, de *La Moralidad*, de *La Igualdad*, etc. A la de san Servando quisieron llamarla de *La Caridad*, pero un ciudadano protestó contra semejante anacronismo, y se llamó de *La Armonía*. Suprimiéronse las fiestas del calendario religioso y se creó una fiesta cívica del advenimiento de la república federal. A instancias del pastor protestante Escudero se secularizaron los cementerios y se declaró suprimido el cargo de capellán de la cárcel. Un club republicano solicitó la prohibición de todo culto externo, pero los ediles no se atrevieron a tanto, contentándose con arrancar y destruir todas las imágenes de piedra o de madera y aun todos los signos exteriores de catolicismo que había en las calles y en el puerto y armar una subasta con los utensilios de la *procesión llamada del Corpus*. Del cementerio se quitó la cruz y se borró el texto de Ezequiel: *Vaticinare de ossibus istis*. ¿Qué más? En aquel insensato afán de destruir, hasta se arrancó de las Casas Consistoriales la lápida que perpetuaba, en áureas letras, la heroica respuesta dada por la ciudad de Cádiz a José Bonaparte en 6 de febrero de 1810. De la galería de retratos de hijos ilustres de Cádiz fueron separados con escrupulosa diligencia todos los de clérigos y frailes. El comandante de Marina tuvo que protestar contra el derribo de las dos gallardas columnas de mármol italiano, coronadas por las efigies de los santos Patronos de Cádiz, Germán y Servando, las cuales, de tiempo inmemorial, servían de baliza o marca a los prácticos del puerto. En el convento e iglesias de san Francisco se mandó establecer el Ateneo de las Clases Trabajadoras o Centro Federal de Obreros. Protestó enérgicamente el gobernador eclesiástico, y le amparó en su derecho el ministro de Gracia y Justicia, pero el Municipio prosiguió haciendo su soberana voluntad, comenzando el derribo de aquellas y otras iglesias, incautándose de los cuadros de Murillo que había en Capuchinos y en santa Catalina, entre ellos el de la impresión de las llagas de san Francisco y el de santa Catalina de Sena, y ocupando la iglesia de la Merced con el intento

214

de convertirla en mercado o pescadería. Se arrojó de todos los establecimientos de beneficencia a las Hermanas de la Caridad y a los capellanes. En la Casa de Expósitos se suprimió la pila bautismal. Para armar a los voluntarios de la libertad, se sacaron a pública subasta los cálices y las custodias. Para salvar el templo de san Francisco fue menester acudir al cónsul de Francia, cuya nación podía reclamar derechos sobre una capilla.

¿A qué seguir en esta monótona relación? *Ab uno disce omnes*. En Granada, el Comité de Salud Pública promulga en 21 de julio de 1873 la Constitución del cantón federal, y en ella declara independiente la Iglesia del Estado, prohíbe todo culto «externo, ordenando a la par el mayor respeto en todas las religiones y cultos»; anula los privilegios de la Bula de Cruzada y del indulto cuadragesimal y suprime todo tratamiento jerárquico, comenzando por pedir ciertos dineros al ciudadano arzobispo, cargarle en cuenta los gastos del derribo de las iglesias, ponerle en prisiones, visto que no pagaba, y demolerle buena parte de su palacio.[130]

En Palencia, sobre si se tocaban o no las campanas para festejar el triunfo de los republicanos y su entrada en Bilbao, fueron asaltadas y horriblemente profanadas las iglesias el 2 de mayo de 1874, derramada el agua bendita, rasgados los lienzos, rotos los facistoles, desencuadernados los misales, mutiladas las imágenes, violado el sagrario y esparcidas por tierra y pisoteadas las sagradas formas, todo entre horribles imprecaciones y blasfemias tales, que no parecía sino que todos los demonios se habían desencadenado aquel día en la pacífica ciudad castellana. A tan infernal escándalo siguió forzosamente el entredicho y la *cesación a divinis*.[131]

¡Y todo aquello quedó impune ante la justicia humana, aunque el pueblo decía a voz en grito los nombres de los culpables! ¡E impunes los nefandos bailes de las iglesias de Barcelona, invadidas por los voluntarios de la libertad,

---

130 La *Constitución granadina* que tengo a la vista en un número de *La Lealtad*, periódico de aquella capital (24 de julio de 1873), puede pasar por documento único en su género. Empréstito forzoso de 6 millones de reales repartidos entre los mayores contribuyentes de la localidad; autorización a los municipios para emitir papel amortizable sin interés; desestancación de todo lo estancado; abolición del registro de propiedad; jurados mixtos para dirimir las contiendas entre el capital y el trabajo, etc., etc.

131 Sobre estos hechos se escribió un curioso folleto, *Las profanaciones cometidas en la ciudad de Palencia* (Palencia 1874, Imprenta de Peralta y Menéndez), 8.º, 39 páginas.

no sin connivencia de los altos jefes militares! Al lado de ferocidades de este calibre resultaría pálida la narración de otros atropellos de menos cuenta, y eso que podría alargarla indefinidamente, puesto que de todos los rincones de la Península poseo datos minuciosísimos. En las provincias del Norte, el general Nouvilas prohibió el toque de campanas. En algunas partes de Cataluña fueron asesinados los curas párrocos. Por dondequiera, los municipios procedieron a incautarse de los seminarios conciliares. En Barcelona, los clérigos se dejaron crecer las barbas, y hubo día en que fue imposible, so pena de arrostrar el martirio, celebrar ningún acto religioso. Todas las furias del infierno andaban desencadenadas por nuestro suelo. En Andalucía y Extremadura se desbordaba la revolución social, talando dehesas, incendiando montes y repartiéndose pastos. En Bande (Orense) fueron asesinados de una vez sesenta hombres inermes por haberse opuesto con la voz y con los puños a la tasación y despojo de sus iglesias. En muchos lugares las procesiones fueron disueltas a balazos.

Entreteníanse en tanto el Gobierno de Madrid en suprimir por anacrónicas las órdenes militares en un decreto muy peinado del señor Castelar (9 de marzo de 1873), produciendo de esta suerte, ignoro si con intención o sin ella, un nuevo cisma. Era preciso atender de algún modo al gobierno eclesiástico del territorio exento, y Pío IX por las bulas *Quo gravius invalescunt* y *Quae diversa civilis indoles* declaró suprimidas todas las jurisdicciones privilegiadas y exentas y agregó a las diócesis más cercanas el territorio que, según el concordato, debía formar y nunca formaba el famoso y fantástico coto redondo. ¡Bendito sea Dios, que del bien sabe sacar el mal, y del decreto de un gobierno anticatólico se sirve para extinguir vetusteces regalistas y acabar con la odiosa y pedantesca plaga de los privilegios y exenciones jurisdiccionales, peor, si cabe, que los beneficios comendatarios de otros tiempos!

No todos se sometieron, y ¿cómo habían de someterse? A un pelotón de clérigos díscolos, irregulares y aseglarados se les acababan las ollas de Egipto con acabárseles la selvática independencia de que disfrutaban bajo el tribunal ultrarregalista de las órdenes. Los dos prioratos de la Orden de Alcántara (Magacela y Zalamea), administrados de tiempo atrás por un solo prior, que solía residir en Villafranca de la Serena, se agregaron sin dificultad al obispado de Badajoz (algunos pueblos al de Córdoba), pero no sucedió lo mismo en el vastísimo y desconcertado territorio de la casa de san Marcos, de León, Orden de Santiago, que tenía pueblos enclavados en diez provincias civiles, cuya capital eclesiástica puede decirse que era Llerena, de cuyo partido dependían hasta cincuenta parroquias, siendo además residencia habitual del prior, que, por medio de dos provisores, administraba las que tenía la Orden dispersas en Mérida y Montánchez, en León, Galicia, Salamanca y Zamora. ¡Hasta ochenta pueblos en Extremadura sola! Investido el cardenal Moreno, arzobispo de Valladolid, con facultades apostólicas para el cumplimiento de la bula *Quo gravius*, ordenó la entrega de las parroquias exentas al obispo de Badajoz. Y aquí fue Troya; porque en Llerena, don Francisco Maesso y Durán, que hacía veces de provisor, resistió y protestó contra la entrega, amparado con órdenes que decía tener del Ministerio de Gracia y Justicia; desposeyó de sus parroquias a los curas del pueblo, que no quisieron retractarse ni negar la obediencia al obispo; los persiguió y encarceló, nombró regentes de las parroquias a ciertos clérigos de su bando afectos al cisma; imploró la ayuda de las autoridades civiles; arrojó del territorio al fiscal general de la curia episcopal de Badajoz, don Ángel Sanz de Valluerca, que en nombre de su obispo se había presentado a tomar posesión; hizo encausar y conducir preso entre bayonetas al doctor don Jenaro de Alday, freire de la Orden de Santiago y gobernador que había sido del obispado-priorato solo por haber prestado sumisión a las disposiciones pontificias. El cisma se comunicó a Mérida, a Alange y otras partes. El malhadado tribunal de las Órdenes, restablecido por el Ministerio Serrano, sostuvo a todo trance el cisma so pretexto de no haber obtenido la bula *Quo gravius* el pase del Gobierno. Llerena se convirtió en un infierno. Su parroquia mayor, santa María de Granada, cayó en poder de un clérigo liberal enviado de Madrid, que explotó hábilmente el sentimentalismo religioso-teatral. Los pocos fieles que obedecían al obispo de Badajoz se retrajeron en una capilla, donde los perseguían de continuo las vociferaciones de los cismáticos. Duró el cisma, protegido por los municipios y por los jueces de primera instancia, hasta 1875, y todavía entonces, después de haberse intimado a los gobernadores que prestasen su auxilio a los obispos para ejercer sin trabas su jurisdicción en el territorio de las Órdenes militares, se amotinaron los de Llerena, amenazando de muerte al doctor Alday, que vino a hacerse cargo del priorato, y que del susto expiró a los pocos días. La autoridad canónica se restableció pronto; Maesso se retractó, hizo ejercicios espirituales y hoy vive retraído en Llerena. De los demás cismáticos, unos han muerto, arrepentidos, en el seno de la Iglesia, y otros viven separados de sus curatos. Así acabó esta pestilencia, que el señor Martos en un decreto de 1874 se atrevió a llamar tentativa de Iglesia nacional.

Más francos, los federales habían puesto sobre la mesa en 1 de agosto de 1873 un proyecto de separación de la Iglesia y del Estado, renunciando a todo derecho de presentación, jurisdicción, *exequatur*, gracias de Cruzada o indulto cuadragesimal, impresión de libros de rezo, Agencia de Preces y todo linaje de regalías, y reconociendo sin trabas el derecho de la Iglesia para adquirir, salva la prohibición de la Novísima sobre *mandas in extremis*.

Los krausistas organizan a su modo la enseñanza en 7 de junio de aquel mismo año, centralizando en Madrid las Facultades de Letras y Ciencias, sin duda en obsequio al sistema federativo, y estableciendo, entre otras enseñanzas de nuevo cuño, el llamado arte útil, que será, sin duda, el de Rupert de Nola o el de Martínez Montiño. En cambio, se manda estudiar en un solo año la lengua y literatura griegas. ¿Qué idea tendrían del griego aquellos legisladores? Verdad es que no ha faltado de ellos quien escriba sobre el Teétetes platónico sin saber leer una letra del original.

Quede reservado a más docta y severa pluma, cuando el tiempo vaya aclarando la razón de muchos sucesos, hoy oscurecidos por el discordante clamoreo de las pasiones contemporáneas, explicarnos por qué, en medio de aquel tumulto cantonal, no triunfaron las huestes carlistas, con venírseles el triunfo tan a las manos; y cómo se disolvieron los cantones; y cómo el golpe de Estado del 3 de enero puso término a aquella vergonzosa anarquía con nombre de República; y por cuál oculto motivo vino a resultar estéril aquel acto tan popular y tan simpático; y qué esperanzas hizo florecer la restauración y cuán en breve se vieron marchitas, persistiendo en ella el espíritu revolucionario así en los hombres como en los códigos; y de qué suerte volvió a falsearse el concordato y a atribularse la conciencia de los católicos españoles, quedando de hecho triunfante la libertad religiosa en el artículo 11 de la Constitución de 1876;[132] y cómo desde esa Constitución hemos llegado, por pendiente suaví-

---

132 Este artículo, legislación vigente hoy, debe transcribirse a la letra, porque es un modelo de sutileza casuística:

«La religión católica, apostólica, romana, es la del Estado.
La nación se obliga a mantener el culto y sus ministros.

sima, a la proclamación de la absoluta libertad de la ciencia o (dicho sin eufemismos) del error y del mal en las cátedras; y a los proyectos ya inminentes del matrimonio civil y de secularización de cementerios. Dentro de poco, si Dios no lo remedia, veremos, bajo una monarquía católica, negado en las leyes el dogma y la esperanza de la resurrección, y ni aun quedará a los católicos españoles el consuelo de que descansen sus cenizas a la sombra de la cruz y en tierra no profanada.[133]

Nadie será molestado en el territorio español por sus opiniones religiosas, ni por el ejercicio de su respectivo culto, salvo el respeto debido a la moral cristiana.
No se permitirán, sin embargo, otras ceremonias ni manifestaciones públicas que las del Estado.»

La ley da para todo. Apoyándose, respectivamente, en cada uno de los dos últimos párrafos, puede llegarse desde el máximo al mínimo grado de tolerancia.
Léase de nuevo el soberbio discurso que pronunció Alejandro Pidal contra esta base.

133 El influjo de las sociedades secretas en la política interior de España durante este último período podrá ser mayor o menor, pero es real y efectivo. Su historia es difícil tejerla con rigor cronológico y suficiente comprobación de pormenores. Debe escribirse aparte, y no seré yo ciertamente quien la escriba, porque me infunde repugnancia estética no vencible. Otros vivan entre tinieblas: yo prefiero la luz serena y clara.
Entre tanto que alguien, y es forzoso que sea francmasón convertido de buena fe, nos da las memorias de nuestras logias, puede consultarse la obra ya citada de don Vicente de la Fuente y los libros y opúsculos siguientes:
—*Reglamento particular de la respetable Logia Cap. Fraternidad Ibérica, al Oriente de Sevilla*, fundada en 1.º de la Luna Adar, 5687, A. M... y constituida y regida por el G. O. Lusitano (Sevilla, sin año), 4.º, 32 páginas.
—*Contestación del venerable maestro de la respetable logia de san Andrés, número 9, al libelo o circular dirigida contra la masonería y los masones*, por el presbítero don José Orberá y Carrión, gobernador interino del Arzobispado de Cuba (1868), 24 páginas, 4.º
—*Ritual del aprendiz de masón, que contiene el ceremonial, la explicación de todos los símbolos del grado*, etc., etc., por J. M. Ragón, anciano venerable, fundador de Tres Talleres de Trinosophes, en París, etc., etc., traducido por S. de G. (Barcelona 1870), 8.º, 192 páginas.
—*Constituciones de la Francmasonería española del S. G. O (Supremo Gran Oriente) de España, del rito escocés antiguo y aceptado*. Madrid, establecimiento tipográfico de Julián Peña (1871), en 4.º, LIV + 84 páginas. (En mi biblioteca.)
—*Boletín Oficial del Gran Oriente de España*... Se publica el 1.º y 15 de cada mes. (Solo poseo 21 números, desde el 1.º de mayo de 1871 a 1.º de marzo de 1872, e ignoro si la publicación continuó).

II. Propaganda protestante y heterodoxias aisladas

La libertad religiosa, proclamada desde los primeros momentos por las juntas revolucionarias, abrió las puertas de España a los compañeros de Matamoros y a una turba de ministros, pastores y vendedores ingleses de Biblias. Las vicisitudes del protestantismo en estos últimos años merecían estudio aparte; aquí

Aunque este *Boletín* está escrito en estilo de farándula, lleno de abreviaturas y de nombres de guerra, ininteligible para el profano, todavía puede sacarse de él alguna utilidad, no solo para el conocimiento de la literatura masónica, que realmente es desastrosa, sino para la estadística de las logias que hoy existen en España. La lectura de esta revista o *Boletín* es uno de los remedios más eficaces contra la hipocondría. ¿Quién contendrá la risa al leer, v. gr. en el número 5 la relación de cómo se consagró el nuevo templo, en el valle de Santander, en la tenida (sic) solsticial de san Juan? ¿Quién, al enterarse de los trabajos de masticación, a que se entregaron en el solsticio y en el equinoccio los hermanos? ¡Y que haya hombres formales, y a su decir despreocupados, que se entretengan en tales mamarrachadas!

La masonería ha tenido y tiene gran número de periódicos a su devoción. Algunos ya van citados en el texto. En Málaga se imprimió otro, *El Papel Verde*, dirigido por don Antonio Luis Carrión, de quien hay muchos escritos masónicos en esta revista, entre otros una diatriba espantosa contra el obispo de Málaga, que había condenado a los hermanos en una pastoral. Contestó don Eduardo Maesso Campos, cura de san Pedro de Málaga, en ciertas *Cartas al oriente y venerables de la masonería* (*Obras compiladas...* Málaga, Imprenta de Ambrosio Rubio, 1880, página 239 a 287).

De los datos estadísticos no hay que fiarse del todo, porque es imposible comprobarlos. Ocho templos masónicos da por existentes en Madrid el *Boletín* (n.º 9), repartidos en cincuenta talleres, que juntos reúnen hasta cinco mil hermanos.

Descartemos la hipérbole y siempre quedará un número terrorífico. Si a esto añadimos que las logias han extendido las mallas de su inmensa red por todos los confines de España, especialmente en los puertos y ciudades mercantiles, dilatando por dondequiera, entre hombres de cierta falsa y superficial cultura, el indiferentismo religioso y el alejamiento de la Iglesia, que en algunos ha llegado a trocarse, aun al punto de la muerte, en impiedad solidaria, habremos de convenir en que la francmasonería, tan desacreditada en otras partes, es todavía en España el más activo aunque vulgar elemento de desorganización sectaria, no por invisible menos poderosa.

En el n.º 19 del *Boletín* aparece inserto el tratado de paz y alianza entre el Supremo Consejo del Serenísimo Gran Oriente de España y el Gran Oriente Lusitano Unido. El gran maestre Cavour I (¿Ruiz Zorrilla?) le ratifica en 7 de febrero de 1872, y con él suscriben los hermanos Merello, Orestes y Pelayo. A consecuencia de estos tratos de paz, parece

baste apuntar los principiales resultados, procediendo, en cuanto cabe, por orden cronológico y geográfico.

La propaganda empezó en Andalucía, y fue más intensa en Sevilla. A poco de la revolución pareció allí, subvencionado por un centro protestante de los Estados Unidos, don Nicolás Alonso Marseláu, oficial de barbero en Gibraltar,

---

haberse disuelto momentáneamente la masonería irregular o ibérica, que luego ha vuelto a organizarse por resultado de las escisiones entre progresistas y radicales en tiempo de don Amadeo. Hoy parece que existen en España dos grandes orientes rivales, y que uno de ellos es el que felizmente nos rige, ya por modo directo, ya en delegación.

Uno de los últimos actos literarios de la masonería española es el siguiente folleto, que hace tiempo recibí bajo un sobre:

—*Memoria sobre el origen e historia del simbolismo en sus dos primeros grados, su influencia en el mundo profano, y diferencia entre la masonería y el jesuitismo*, por el H. Elliot, Ord. adjunto de la Respetable Logia Mantuana, al Oriente de Madrid. Madrid, Imprenta del Gran Oriente de España, 1880; 8.º, 36 páginas. En los apéndices de la *Historia de las sociedades secretas*, de don Vicente de la Fuente, pueden verse otras planchas por el estilo.

La masonería ha tenido acción eficacísima en la guerra separatista de Cuba. No es lícito decir todo lo que de esto se sabe; basten algunas indicaciones. Ya en 1823 se exhibían públicamente las logias de La Habana, como es de ver en el folleto intitulado *Piezas diversas leídas en el Taller de la Constitución, con motivo de la plausible afiliación del R. H. Cid. P. S. R. C. (Rosa Cruz), a quien el mismo Taller tiene el honor de dedicarlas* (La Habana 1823). Contiene una oda y un soneto detestable, verdadera poesía de guayana, y además una plancha de arquitectura. Del mismo período constitucional hay otros folletos. Más adelante, las logias cubanas se han convertido en centros de filibusterismo, dependientes de los Estados Unidos. El gobernador eclesiástico del arzobispado de Santiago de Cuba, don José Orberá y Carrión, dio contra ellas una pastoral en 21 de agosto de 1868. Respondió el maestre de la logia de san Andrés. De las relaciones pecuniarias de los laborantes cubanos con nuestros revolucionarios de 1868, mucho se ha dicho sin protesta de nadie.

Hoy la masonería filibustera, servida consciente o inconscientemente por muchos españoles, continúa siendo en Cuba el mayor peligro para la integridad nacional y mantiene a la vez un estado horrible de indiferencia religiosa, al cual ayudan no poco las condiciones de la raza y del clima. Solo en Santiago de Cuba hay cuatro templos masónicos, y en el territorio de su arzobispado se publican hasta tres periódicos de la secta, la cual ha llegado a tal publicidad, que imprime y circula todos sus documentos. Yo poseo la papeleta mortuoria de un Venerable maestro de la logia «Fraternidad», número 137, a quien enterraron en 8 de agosto de 1881. Los seis invitantes firman con sus nombres y no con los que usan en el antro. Otro complete esta historia, que a mí me ataca los nervios.

antiguo seminarista de Granada, procesado con Alhama y cómplices en tiempo de la unión liberal, el cual comenzó a publicar un periódico, *El Eco del Evangelio*. Secundóle al poco tiempo, con una revista titulada *El Cristianismo*, el ex escolapio apóstata don Juan Bautista Cabrera (de Gandía), que años antes había huido a Gibraltar con la maestra de niñas de Fuente La Higuera. Y como los ingleses pagaban largamente, afiliáronse algunos estudiantes de teología, «reprobados, réprobos y reprobables en todo examen», y algunos clérigos sacrílegamente amancebados, cuyas semblanzas ha trazado el doctor Mateos Gago en tono de novela picaresca, eternizando en la memoria de los zumbones la Cabreriza del ex convento de las Vírgenes y las aventuras de La Pepa. El doctor Gago fue el martillo de aquella desconcertada iglesia caprina, que él mató y hundió moralmente, con muy singular gracejo, en la larga campaña que sostuvo en *El Oriente*, poniendo de manifiesto la ignorancia, trapacería, desorden y malas artes de los nuevos apóstoles. Aquella nube se deshizo pronto: algunos de los cabreristas abjuraron pública y solemnemente de su extravíos y volvieron a entrar en el gremio de la Iglesia católica. Marseláu riñó con los suyos, negó varios dogmas, y perdió la subvención, se hizo ateo, descamisado y socialista, fue electo diputado provincial y comenzó a publicar un periódico terrorífico, *La Razón*, órgano de los clubs cantonales de Sevilla. Luego fue a Roma, abjuró, se hizo trapense, salió de la Trapa, anduvo en el campo carlista y hoy para en un convento de Burdeos. El padre Cabrera, que veía mermadas cada día sus filas, levantó sus reales de Sevilla, y pasó a ser moderador de una iglesia de Madrid y aun presidente del consistorio de la Iglesia española reformala.

En Córdoba apacentó su hato un don Antonio Simó y Soler, que había sido párroco en un pueblo de la provincia de Valencia. Pero al poco tiempo, muerta su manceba, abjuró públicamente (31 de octubre de 1869) y salió para Roma con muestras de arrepentimiento. Sucedióle don Luis Fernández Chacón, ex cura párroco de Maguilla, en Extremadura, célebre en la Universidad de Sevilla por haber sostenido, cuando estudiante, que «en Cristo hay una sola naturaleza y dos personas». Después dejó la teología por los negocios públicos, y llegó a ser secretario de Ayuntamiento de un pueblecillo de la provincia de Córdoba; pero, tirando de nuevo al monte evangélico, volvió a ser pastor, o, como Gago decía, cabrero mayor de la provincia de Huelva, donde sucedió a fray Pablo Sánchez Ruiz, apóstata de la Orden de san Francisco. El verdadero director de este tinglado presbiteriano de Sevilla y provincias limítrofes era un inglés llamado M. Roberto Steward-Clough. Al presente existen en la metrópoli hispalense tres capillas de distintos ritos, dos de ellas frecuentadas tan solo por individuos de la colonia inglesa, y cuatro escuelas de niños, casi desiertas instaladas, por lo general, en iglesias y conventos de los que arrebató al culto católico la junta revolucionaria de Sevilla en 1868. Las víctimas más deplorables de la sacrílega farsa llamada en España protestantismo han sido algunos niños vendidos por la miseria de sus padres para ser educados en el colegio que fundó en Pau la vieja Mac-Kuen.

¡Al secretario del Consistorio Central de esta Iglesia española reformada de Sevilla y al jefe de la iglesia luterana de Valencia aparecen dirigidas las circulares auténticas o apócrifas, que esto aún está por averiguar, del ministro Echegaray y del director Merelo anunciándoles que pronto sería un hecho la prohibición, por la ley, de toda la enseñanza religiosa en las escuelas!

Cuando el conde de Bernstorf vino en 1879, por encargo de la asociación fundada en Berlín para evangelizar a España, a examinar el estado de nuestras iglesias reformadas, hubo de decir paladinamente a sus correligionarios, y aun estampar en letras de molde, que «las conquistas del protestantismo eran raras, o, por mejor decir, nulas; que faltaban ministros instruidos y de influencia en el pueblo...»; en suma, que los clérigos concubinarios, únicos protestantes españoles que alcanzó a tratar, eran gente oscura e ignorantísima, que no había buscado en la reforma otra cosa que el modo de legalizar sus alegrías.[134]

---

134 Todo lo relativo al cabrerismo sevillano puede verse larga y sabrosamente narrado en el tomo 3 de la *Colección de opúsculos* del doctor don Francisco Mateos Gago y Fernández, Catedrático por oposición y decano que fue de la Facultad de Teología, actualmente catedrático de Lengua Hebrea en la Universidad Literaria de Sevilla (Sevilla 1877, Imprenta de Izquierdo), 4.º, 492 páginas.

El padre Cabrera suena como colector del *Himnario para uso de la Iglesia española*, coleccionado y en parte compuesto por Juan B. Cabrera, Pastor de la Iglesia Evangélica del Redentor, en Madrid. Madrid, 1878, Imprenta de José Cruzado, calle del Peñón, 7; 8.º, 276 páginas y 6 de índices. Los demás poetas que en esta colección figuran son Mora, R. Bon, don Pedro Castro, el Rvdo. Joaquín de Palma, rector de la iglesia protestante española en Nueva York; don Mateo Cosido (autor de una *Lira sagrada*), un anónimo (H. M.), que publicó en Buenos Aires una coleccioncita del mismo género en 1870; el doctor Enrique Riley, rector de la iglesia de México; el reverendo Rule, etc., etc., y varias composiciones anónimas que se tornan de *La Estrella de Belén*, periódico que salía a luz en los Estados

En Cádiz, donde la revolución se había inaugurado demoliendo la espaciosa iglesia de los Descalzos alcantarinos, se trabajó con no poco ardor en el pastoreo evangélico bajo los auspicios y con el dinero de Inglaterra, pero hasta 1871 no llegó a abrirse capilla protestante. Sus ministros se dividieron al poco tiempo, yéndose los presbiterianos a fundar otra iglesia y dos escuelas de niños. En 1872 visitó Cádiz un singular personaje, don José Agustín Escudero, que se decía sacerdote mexicano y ordenado en Roma. Había vehementes motivos para sospechar que no lo era; pero es lo cierto que así en el obispado de Cádiz como en el de Jaén había hecho actos de tal, diciendo misa y administrando el sacramento de la Eucaristía. Procesado canónicamente, abandonó el catolicismo, pero no para irse con el obispo, o jefe de los pastores de Cádiz, que era un judío ex vendedor de babuchas en Orán, dicho don Abrahán Ben-Oliel, apóstata de su ley, sino para fundar congregación aparte, que llamó Iglesia cristiana española, en la cual se rezaba el rosario y se conservaban muchas prácticas católicas. Más que de protestante, podía calificársele de viejo católico, en el mal sentido que se da a esta palabra en Alemania; así me lo indica un libro suyo que tengo a la vista, *La Religión católica del siglo XIX o sea su examen crítico ante la moral, el Evangelio, la razón y la filosofía*.[135]

Unidos, y de la colección de Himnos y Cánticos, publicada por la Tract Society, de Nueva York. De todas estas poesías, que llegan a 300, las mejores y más entonadas son las de Mora y Castro, pero, en general, la musa protestante española es de una monotonía e insipidez deplorables y soñolientas.

Aparte de este *Himnario*, que es el más copioso, conozco los siguientes:

—*Himnos para uso de la Iglesia Evangélica española*. Madrid, Imprenta de J. Cruzado, 1869; 8.º, 107 páginas.

—*Himnos para uso de las iglesias evangélicas*. Madrid, Librería Nacional y Extranjera, Jacometrezo, 59 (1874) 8.º, 98 páginas (Imprenta de Cruzado).

—*Himnario Evangélico*. Madrid, Librería Nacional y Extranjera (1878), 8.º, 132 páginas (Imprenta de la Viuda e Hijos de Alcántara, Fuencarral, 81).

El Mora que suena aquí como poeta no es el redactor del *Heraldo* a quien Usoz atribuyó el libro *Roman Catolicism*, traducido por Parker, sino don Ángel Herreros de Mora, cuya vida, escrita por Rule, tuve por cosa ficticia, pero de quien después he averiguado que fue un apóstata español muy real y verdadero.

135 Por el doctor don José Agustín de Escudero, miembro, de varias Academias y Sociedades científicas de Europa y de América... Madrid, Imprenta española. Arco de santa María, 7 (1870), 4.º, 190 páginas.

El espíritu de este libro es idéntico al de la *Carta* de Aguayo a los presbíteros españoles.

De estos y otros más oscuros propagandistas fue azote el canónigo don Francisco de Lara, que con el seudónimo de *El padre Cayetano* divulgó contra los protestantes y sus afines una serie de once cartas y varios opúsculos acerca de la lección de las Sagradas Escrituras y el culto de la santísima Virgen. Estas tremendas filípicas produjeron grave deserción en las huestes enemigas.[136]

En Jerez de la Frontera, en Algeciras, en san Fernando, se crearon en una u otra fecha capillas protestantes, hoy casi todas desiertas o frecuentadas solo por ingleses. La de san Fernando hízola cerrar en 1873 un alcalde so pretexto de amenazar ruina el edificio y de no tener condiciones de salubridad, según dictamen de facultativos y peritos. No dejaba otro escape el artículo constitucional vigente. Puso el grito en el cielo el pastor Abrahán, y Castelar le defendió en las Cortes. El Gobierno restaurador y conservador de 1875, aquejado por las reclamaciones inglesas, dio la razón a don Abrahán y obligó a dimitir al secretario del Ayuntamiento de San Fernando, don Juan María de la Herrán, verdadero autor de las comunicaciones que sobre este asunto mediaron.

En Antequera, los misioneros protestantes fueron recibidos a pedradas. En Málaga, terreno mejor preparado por la propaganda de Matamoros, se instaló con poco fruto una capilla evangélica en la calle del Cerrojo. En Granada fundó otra el ex sombrero Alhama, que se titulaba obispo, a quien, a pesar de su mitra, sorprendió la policía conspirando en un club socialista. En Albuñol apareció una secta disidente, indefinida e inclasificable, medio protestante, medio alumbrada, dirigida por un cura que se mezcló en el movimiento cantonal y acabó por emigrar a Marruecos.

En el obispado de Jaén intentaron algo, con éxito muy dudoso, los mineros ingleses y alemanes de Linares, abriendo una capilla y comprando algunas apostasías, de las cuales fue muy ruidoso, después de la Restauración, el caso de Iznatoraf, donde un infeliz que se decía pastor evangélico, subvencionado

---

136 *Epistolario del padre Cayetano, o colección de sus once cartas a los protestantes de la Iglesia Evangélica, establecida en esta ciudad de Cádiz.* Cádiz, imprenta Ibérica, 1871; 4.º, 85 páginas.
—*María, vindicada de los insultos protestantes.* Opúsculo por el padre Cayetano, en que se refutan las blasfemias de los cuadernos, *Tratados Evangélicos,* n.º 4, y la Virgen María y los Protestantes, publicados en Madrid, en 1870. 15 de noviembre de 1871. Cádiz, Imprenta de la *Revista Médica* (1871), 8.º, 148 páginas.
Hay del padre Cayetano también otro opúsculo, *La Biblia en manos de los protestantes.*

por una señora inglesa, reclamó contra el párroco, que había bautizado a un hijo del susodicho pastor a ruegos de su madre. El ministro de la Gobernación, que lo era entonces el señor Romero Robledo, dio la razón al pastor contra el párroco, recomendó la caridad y la tolerancia y reprobó la conducta del alcalde, que había tenido entereza suficiente para oponerse a que la forastera violentase con dádivas o con halagos la voluntad de los padres de la recién nacida.

En Extremadura, el párroco de Villanueva de la Vera, don José García Mora, que había publicado antes escritos apologéticos en la *Librería Religiosa*, de Barcelona enemistóse con el vicario capitular de Plasencia y fundó (abril de 1870) en su pueblo cierta iglesia cristiana liberal, de que fue órgano un periódico titulado *Los Neos sin Careta*.[137] En una especie de estatutos que esta iglesia dio, anuncióse que en ella quedaban abolidos los derechos de estola y pie de altar y el sacrílego comercio de las bulas y que el ministerio sacerdotal se ejercería gratis por los directores, dedicándose éstos, para ganar el sustento, a alguna industria honesta y lícita, como lo hacían los santos apóstoles. La Iglesia villanovense se proclamaba radical en política y cristiana pura en religión. Este ridículo duró poco, y el Mora abjuró solemnemente de sus errores y fue repuesto en su curato. En Badajoz circularon muchos números de *La Aurora*, periódico protestante, remitido, al parecer, de Gibraltar.

Desde el principio de la revolución se había establecido en Camuñas, pueblo de la Mancha Alta, un centro de propaganda anticatólica, sostenido por don Félix Moreno Astray, sacerdote apóstata de la diócesis de Santiago, que se titulaba pastor evangélico, y por varios misioneros republicanos (Araus, Ceferino Treserra, etc.). Todos procedían de concierto en cuanto a descatolizar el pueblo; pero en los medios variaban, inclinándose Treserra y los suyos al racionalismo, y teniendo por órgano *El Trueno*, periódico que empezó a publicarse en Camuñas, al cual servía de antídoto *El Pararrayos*, dirigido por don Ambrosio de los Infantes, cura de Madridejos. No pararon los revolucionarios de aquel microscópico cantón hasta arrojar del pueblo al prior don Francisco de la Peña Martín, que desde Turleque protestó contra la intolerable tiranía que ejercían en Camuñas un cierto señor de horca y cuchillo, un maestro ateo y un barbero que no le iba en zaga. Estos tres personajes de sainete llamaron en 1874 a Moreno Astray (Treserra había preparado sus caminos), desafiando

---

137 En mi colección solo existen dos números de él.

a los curas a discusión pública. El efecto fue terrible, y siquiera tengamos que rebajar mucho de las afirmaciones de *La Luz*, periódico protestante, cuando dijo «que la población en masa se había convertido al Evangelio», es lo cierto que llegaron a apostatar noventa familias. A los incautos camuñenses se les ofreció un canal de riego, una fábrica, dos millones en dinero... El cacique del lugar puso centinelas a la puerta de la iglesia para impedir la entrada, vejó y aun hizo apalear a los que se confesaban, formó causa al ecónomo, que tuvo que refugiarse en Madridejos. Camuñas se convirtió en una especie de Ginebra manchega y contrabandista. Y llegó la execrable tiranía de Moreno Astray y de los suyos, dócilmente patrocinados por el alcalde, hasta empeñarse en enterrar civilmente a un niño de familia católica, sin poder, no obstante, arrancárselo de los brazos a su pobre madre, que fue con él hasta el cementerio y allí le inhumó con sus propias manos.[138] En 1874, Moreno Astray se trasladó a Alcázar de san Juan, y allí comenzó a publicar un periódico, retando, desde el primer número, a discusión a los eclesiásticos del contorno. Aceptó uno de ellos; pero, llegado el día de la controversia, se excusó Astray, limitándose a continuar su campaña contra *La Crónica de Ciudad Real*.

En Valladolid hubo también majada evangélica, dirigida por el pastor don Antonio Carrasco, que ya había sido condenado a nueve años de presidio en tiempo de Matamoros. Carrasco publicó hojas sueltas, fundó dos o tres capillas y escuelas y se atrajo algunos prosélitos de ínfima clase social. Combatióle enérgicamente en periódicos católicos el chantre don Juan González. Era Carrasco de más entendimiento y cultura que otros propagandistas, y pronto hubo de convencerse de lo inútil de sus esfuerzos, puesto que levantó sus reales de Valladolid y se fue a América, donde murió en un naufragio. Pariente suyo, quizá hermano, debe ser el Manuel Carrasco, estudiante de teología protestante en Lausana, que ha publicado allí un folleto sobre Juan de Valdés.

A principios de 1878 amaneció en León, procedente del pueblo de La Seca, arzobispado de Valladolid, un estudiante teólogo de carrera abreviada que decían Ramón Bon Rodríguez, el cual durante más de diez años había divagado

---

138 Véase sobre el pastoreo de Camuñas el apéndice 8 al folleto de don Vicente de la Fuente *Respuesta al manifiesto de la asamblea protestante* (Madrid 1872) y los números del *Diario de Barcelona* de enero y marzo de 1878, que contienen, firmada por Publicio, *Una historia ejemplar*, que, fuera de los nombres, es la de Camuñas.

por las sectas protestantes, llegando a hacerse anabaptista y a ser bautizado por inmersión en el Manzanares. Abrió Bon una capilla y una escuela, ignoro ya de qué rito; pero el ilustrísimo prelado de aquella diócesis, don Saturnino Fernández de Castro, le hizo muy recia oposición, publicando contra sus errores una brillante pastoral y enfervorizando el sentimiento católico, siempre muy vivo en aquella ciudad, con una gran misión y con el establecimiento, en sitio muy próximo a la capilla protestante, de la Archicofradía del Sagrado Corazón de María para la conversión de los pecadores. Los resultados de esta obra cristiana fueron tales, que la capilla quedó al poco tiempo desierta, y Bon abjuró solemnemente en noviembre de 1879 con señales de conversión sincera, que aun lo ha parecido más cuando se le ha visto poner de manifiesto, en dos opúsculos escritos no sin gracia y muy curiosos, como de quien vio las cosas por dentro, las rencillas, escándalos, divisiones, trabacuentas, pelamesas y monipodios de los pastores protestantes.[139]

A nada conduciría prolongar esta enfadosísima narración para decir de todas partes las mismas cosas. No hubo rincón de España adonde no llegase algún pastor protestante o algún expendedor de Biblias, sino que las ovejas no acudieron al reclamo. Lo que en España se llama protestantismo es una farsa harto pesada y dispendiosa para las sociedades evangélicas. Las hojas y los folletos y las Biblias se reparten como si se tirasen al mar, y suelen morir intactas y vírgenes en manos de los curiosos que las reciben. Si comienzan a leerlas, les enfadan y adormecen. Hasta el indiferentismo grosero, única religión de los españoles no católicos, opone y opondrá perpetuamente un muro de hielo a toda tentativa protestante, por muy locamente que en ella se derrame el dinero.

---

139 Recomiendo la lectura de estos folletos, que aquí ya no me es posible extractar:

—*Mi convicción católica*. Examen de los principios, doctrina y religión teórica y práctica de las sectas protestantes, que se conocen en España, por Ramón Bon Rodríguez, ex pastor protestante. (Cuaderno 1, Prólogo, introducción y división.) León, 1880, establecimiento tipográfico de Miñón; 132 páginas, 8.º

—*Historia de las Sociedades Bíblicas, de sus jefes y emisarios*. Noticias de varias capillas protestantes en España, de sus pastores, misioneros y feligreses, escándalos, rencillas, doctrinas, vidas y milagros, por Ramón Bon Rodríguez, ex pastor protestante (Madrid, Imprenta de F. Maroto e Hijos, 1881).

—*Carta pastoral que el ilustrísimo señor obispo de León dirige a sus diocesanos, previniéndoles contra los errores del protestantismo* (León 1878, Imprenta de Miñón), 12 páginas, 4.º

El protestantismo no es en España más que la religión de los curas que se casan, así como el islamismo es la religión de nuestros escapados de presidio en África. En las provincias de la Corona de Aragón, el movimiento protestante ha sido casi nulo. Nunca vi en Barcelona otro indicio señalado de protestantismo que cierto carro bíblico y blindado que todas las mañanas hacía parada en la Rambla con Biblias y folletos. En Valencia se estableció iglesia luterana, y en Denia, que por su comercio de pasas se halla en más continua relación con los ingleses, se publicaron unas *Cartas de don Francisco Cabrera*,[140] hermano del padre Cabrera, moderante de la iglesia de Sevilla. Costeó la edición don Andrés Graham, comerciante de aquella plaza, y la mayor parte de los ejemplares se distribuyeron en Alicante y en Sevilla. El Cabrera seglar, hombre despejado y de buen ingenio, se cansó pronto de las farándulas de la secta, y sentó plaza en el ejército de América, donde hoy para, según mis noticias. En la isla de Menorca comenzó a predicar un M. Grin, director de las obras de la Albufera de la Alcudia, de concierto con M. Robinson, cónsul de los Estados Unidos, y con un tal Tuduri, cónsul de Venezuela, francmasón de los más condecorados. Juntos establecieron el Comité de sociedad evangélica libre de Mahón y una capilla en casa de Tuduri, donde el predicante era M. Grin. Al principio la curiosidad atrajo muchos oyentes, hasta que, conocedores del peligro varios sacerdotes, iniciaron contra el ministro protestante una discusión pública, en que hubo de quedar tan malparado, que a pocos días abandonó la isla, dejando al frente de la obra evangélica al Tuduri, que comenzó a publicar un periódico, el *Boletín Balear*. Contemporizando con las prácticas de los isleños, no les vedaba la confesión ni el rosario. Los católicos crearon, enfrente de su escuela, una pública y gratuita del Sagrado Corazón de Jesús, que en poco tiempo llegó a arrebatar a las escuelas protestantes más de ciento ochenta alumnos. Simultáneamente con el Tuduri, se presentaron como apóstoles el suizo M. Binion, judío de raza, y el metodista M. Brown, que estableció escuelas en Mahón y Villacarlos. Hoy, gracias al celo del ilustrísimo prelado de aquella diócesis, don Manuel Mercader y Arroyo, el protestantismo, que nunca llegó a penetrar en Ciudadela y en la

---

140 Las *Cartas de don Francisco Cabrera*, con otras *Correspondencias y documentos importantes*, 1872. Denia, Imprenta de Pedro Botella; 8.º, 290 páginas. (En la cubierta se anuncian dos opúsculos del padre Juan B. Cabrera que no he visto: *La religión en la vida común* y *El celibato forzoso del clero.*)

parte occidental de la isla, está casi muerto y reducido a algunos forasteros y a unos cuantos asalariados, de quienes es martillo constante el clero ejemplar de aquella isla.

En el norte de España, el protestantismo solo existe en los puertos más frecuentados por extranjeros, y aun allí hace mucho menos estrago que el indiferentismo y la masonería. En Santander hay dos escuelas dirigidas por un pastor yankee. En El Ferrol no se estableció capilla hasta el 77, dividiéndose al poco tiempo los evangélicos de los anabaptistas. Al frente de los primeros descollaba un colportor de Biblias, don José Flórez y García, de oficio fundidor, carbonario según fama, antiguo expendedor de Biblias en Málaga y Gibraltar. De los anabaptistas eran los más conocidos don Rufino de Fragua, músico del batallón de Mendigorría y luego carpintero, y un sueco que se decía don Enrique Lund. En Peñamellera, extremo oriental de la provincia de Oviedo, llegó el protestantismo a hacerse dueño de una aldea, pero dos jesuitas enviados por el obispo lograron extirpar el contagio, devolviendo hasta cincuenta y tantas personas al gremio de la Iglesia.

De Madrid apuntaré solo las cosas más señaladas. A poco de la revolución, don Francisco Córdoba y López, director de un periódico democrático, hizo con todos sus redactores acto de apostasía de la fe católica, aceptando y proclamando la reforma de Lutero y poniéndose bajo la dirección del capellán de la Legación inglesa. No es para olvidado el famoso clérigo don Tristán Medina, natural de Bayamo, en la isla de Cuba, famoso predicador, de estilo florido, sentimental, vaporoso y adamado, sin fondo ni gravedad teológica. Ya antes de la revolución, un sermón que predicó en Alcalá había sonado a herejía y a negación del dogma de la eternidad de penas. De resultas se le formó expediente en la vicaría de Madrid a instancia del padre Maldonado, de donde resultó quedar suspenso de las licencias de confesar y predicar. Desde entonces, don Tristán Medina (tenido hasta entonces por neocatólico y ultramontano y maltratado por ello en una letrilla de Villergas) intimó con los corifeos del partido republicano, y especialmente con Castelar, peroró en sus reuniones, escribió en *La Discusión* y en *La Democracia* y vivió en actitud, sino herética, a lo menos cismática, hasta 1868. El presbítero don José Salamero, a quien Medina respetaba mucho, le persuadió a reconciliarse con la Iglesia, a hacer ejercicios con los padres de la Compañía y a firmar una protesta de fe, que se publicó en los periódicos de aquellos días. Volvió al púlpito Medina con apariencias de arrepentido, pero pronto su ligereza mundana y su perverso gusto oratorio le hicieron volver a claudicar en materia grave, deslizándosele tanto la lengua al ponderar en un sermón la hermosura corporal de Nuestra Señora, que hubo de escandalizar los oídos de los fieles y mover al vicario a retirarle de nuevo las licencias. Despechado con esto, fácilmente cayó en las redes de los protestantes, a quienes debió mujer y dinero. Pero ni él estaba de corazón con los ministros evangélicos ni ellos se fiaban mucho de él; así es que, con su ordinaria versatilidad, volvió a abjurar en manos del señor Salamero, autorizado al efecto por el arzobispo de Toledo. Don Tristán Medina ha viajado mucho; en Lausana se vio envuelto en un proceso de malísima ley, de que salió absuelto, por fortuna para su buen nombre. Anduvo en comunicación epistolar con el padre Jacinto. Y a la hora presente, aunque no ejerce funciones de clérigo, tengo para mí que se inclina al catolicismo más que a ninguna de las sectas disidentes. Tengo a la vista una colección de cartas suyas, que me le muestran como alma débil, apasionada, impresionable y versátil, no anticatólica en el fondo, pero sí echada a perder por cierta manera sentimental, femenina y romanesca de concebir la religión.

Don Tristán puede decirse que hace campo aparte, y nunca ha tomado parte muy notoria en los trabajos de evangelización de Madrid, dirigidos hoy, según parece, por M. Flidner, empleado de la Legación de Prusia. Existe o existía, además, una asamblea protestante, que en 1872 se exhibió en cierto manifiesto firmado por don Antonio Carrasco, como presidente, y don Félix Moreno Astray, como secretario, los cuales nos informan de haberse celebrado días antes el sínodo de la iglesia española, concurriendo a él los señores Moore, Ruet, Jameson, Carrasco, Scharf y González, como representantes de las cuatro iglesias de Madrid; don Julio Vizcarrondo, como presidente de un comité, y los señores Cabrera, Eximeno, Astray, Castro, Sánchez López, Sánchez Ruiz, Alhama, Vargas, Hernández, Trigo, Empeytaz y Tuduri, como pastores, respectivamente, de las iglesias de Sevilla, Zaragoza, Camuñas, Valladolid, Córdoba, Huelva, Granada, Málaga, Cádiz, Cartagena. Barcelona y Mahón, agregándose además a la asamblea, a guisa de consiliarios, el consabido Flidner Gladstone, Amstrong, Rebolledo de Felice y Flores. A muchos de estos personajes los conocemos ya; a otros importa poco no conocerlos. Algunos de ellos abjuraron después; así don Jaime Martí Miquel, pastor en la calle del Lavapiés, y con él don Argimiro Blas, evangelista; don Lorenzo Fernández Reguera, maestro protestante, y don Gabino Jimeno, pianista, todos de la misma iglesia. Siguióles, con un mes de intervalo, don Manuel Núñez de Prado, licenciado en teología por el seminario protestante de Ginebra, autor de una conferencia contra el poder espiritual del papa. Imitó su ejemplo, en cuanto a la conversión, el maestro de la calle del Olivar, y tras él otros maestres, que en un día condujeron a la iglesia de san Isidro más de noventa niños de los que ellos educaban. En todo esto trabajaron mucho la Asociación de Católicos de Madrid, la Escuela Catequística y la Asociación de Señoras de las Escuelas Cristianas. Los protestantes conversos fundaron un periódico, *El Lábaro*, donde hay curiosas noticias de la vida y proezas de sus antiguos correligionarios.

Es difícil presentar una estadística segura del desarrollo, a todas luces escasísimo, que ha logrado el protestantismo en Madrid. Según los datos publicados por don Vicente de la Fuente en su *Respuestas al manifiesto de la asamblea*, etc., etc. (1872), llegaban en aquella fecha los que se decían protestantes al número de 3.623, repartidos en nueve capillas, siete con escuela y dos sin ella, situadas en las calles de la Madera Baja, de Calatrava, del Gobernador, de Lavapiés, de Válgame Dios, en la plaza del Limón, en los barrios de las Peñuelas y Vallehermoso y en Cuatro Caminos. Después, el número de las capillas ha disminuido mucho, y el de los concurrentes también.

De cómo están distribuidas entre las varias sectas reformadas todas estas ovejas, tampoco puede decirse cosa cierta, pero parece que dominan los evangélicos y los presbiterianos. La jerarquía episcopal es casi desconocida entre los protestantes españoles. Solo en Andalucía ha aparecido alguien con ínfulas de obispo, es de suponer que por nombramiento propio, pues no creo que haya sociedad bastante candorosa para poner una mitra en la cabeza de un contrabandista o de un arriero. A la capilla de la calle de Calatrava la llama Bon luterana. En la carrera de san Francisco sentaron sus reales, con grande aparato, los anabaptistas americanos, dirigidos por M. William Knapp, agregado a la Legación de su país y diligente bibliófilo. Pero falto al principio de pastores, tuvo que echar mano del evangélico Ruet, con quien al poco tiempo se desavino, porque no quería Ruet bautizarse por inmersión. Bon anduvo menos recalcitrante, y se dejó sumergir en las turbias aguas del Manzanares, no sin grande algazara de las lavanderas. Con él formaron la naciente iglesia don Martín Benito Ruiz, que había sido cura párroco en un pueblo de la Alcarria; un tal Marqués, antiguo practicante o cosa tal en un hospital de Andalucía; el judío Ben-Odiel, de quien ya queda hecha memoria como de apóstol en Cádiz, y un tal Juan Calleja, de Linares, que luego se hizo socialista y mandó una partida federal en Sierra Morena. Alicante, Linares y La Seca fueron las principales sucursales anabaptistas; pero con la vuelta de Knapp a los Estados Unidos parece haberse deshecho toda esta mal concertada tramoya, de cuyos interiores resortes hay largo y picaresco relato en un folleto de Bon.

Las publicaciones han sido muchas y muy malas y nada originales. Solo merecen una nota bibliográfica, que así y todo resultará muy incompleta. Como periódicos recuerdo *La Luz*, *El Cristiano*, *El Obrero*, *La Bandera de la Reforma*, *El Amigo de la Infancia* y ahora *La Revista Cristiana*.[141]

No se ha de creer que en los protestantes que Gago llamó a jornal, ora luteranos, ora calvinistas, ora cuáqueros, presbiterianos, metodistas y anabaptistas, se agota la fecunda virtualidad de la heterodoxia contemporánea. Españoles hay para todo. Así, v. gr., un clérigo (cuyo nombre no recuerdo, aunque leí en tiempos su folleto), deseoso de quebrar sus votos y lograr soltura, pero refractario al mismo tiempo al protestantismo, averiguó que en el cisma oriental se casaban los sacerdotes, e inmediatamente se declaró ministro de la Iglesia griega, poniéndose bajo la férula del capellán de la Legación rusa. En París vive y escribe un médico balear, don José María Guardia, doctísimo en nuestras cosas, y en filosofía, y en la historia de su ciencia, traductor de Cervantes, biógrafo de Huarte, y autor de una de las mejores gramáticas latinas que hoy se conocen en aulas europeas, el cual pasa o pasaba por arriano o protestante liberal, de la escuela de Alberto Réville, y colaboró asiduamente en la *Revue Germanique*, órgano autorizadísimo de la secta. En sus escritos, más bien me parece librepensador que sectario. El viejo catolicismo de Alemania tuvo por defensores, más o menos directos, al pastor Escudero, de Cádiz, ya mencionado; a un redactor de

---

141 Los folletos protestantes españoles de estos últimos años que yo he alcanzado a ver, son
     los siguientes:
     —*La novela de Luis*, por S. de Villarminio. Madrid, 1876, Librería Nacional y Extranjera
     (tip. de G. Estrada y compañía); 4.º, 282 páginas. El nombre del autor parece seudónimo;
     de todas maneras, es tan escaso el mérito de esta novela pedagógico-herética, lánguida
     y soporífera (hermana gemela de la *Minuta de un testamento*), que quita todo deseo de

averiguar su origen. Bien dijo el autor al principio de ella que su profesión no era literaria, y ciertamente que no lo disimula. Lo que nadie podrá disputar al señor de Villarminio es el haber precedido al autor de *Gloria* y *La familia de León Roch* en atacar insidiosamente al catolicismo español por medio de novelas.

—*El confesonario.* Traducción libre de una obra francesa, por C. W. (Madrid 1869, Imprenta de J. Cruzado), 8.º, 76 páginas.

—*Manual eclesiástico de las iglesias bautistas españolas*, conteniendo la declaración de la fe, el pacto, las reglas del orden y fórmulas de cartas eclesiásticas. Madrid (1870), 36 páginas, 8.

—*Colección de textos, que establecen las doctrinas cristianas y condenan las tradiciones de la Iglesia romana.* Traducido del francés por don Juan Crétin, pastor de Lyón (Madrid 1871, Imprenta de J. Cruzado), 21 páginas.

—*Los libros apócrifos*, por el señor presbítero don David Trumbull, doctor en Teología. Traducido por J. M. Ibáñez. Nueva York, publicado por la Sociedad Americana de Tratados; 8.º, 40 páginas.

—*¿Estáis vivo o muerto?* Tratado publicado por el reverendo Enrique C. Riley, de Santiago de Chile. Nueva York, etc.; 8.º, 32 páginas.

—*La voz de Dios acerca del bautismo*, por un pastor bautista (Madrid 1870), 30 páginas.

—*Almanaque cristiano para el año 1870.* También parece anabaptista. En la portada dice: «Se halla de venta en el depósito de la Sagrada Escritura, carrera de san Jerónimo, n.º 11, pasaje del Iris».

—*Roma y la palabra de Dios*, obra traducida del francés por C. Madrid, Imprenta de M. Tello, 1868; 8.º, 143 páginas.

—*Vista para los ciegos, o sea, el retrato del papismo...*, ahora dado a luz por bien de España, por Alonso Argüelles Mendizábal de la Banda (san Martín de Provensals, Imprenta de Juan Torrents, 1873).

—*Cristo, anticristo y el fin del mundo...*, por un amante de la paz (san Martín de Provensals, Imprenta de J. Torrents, 1873).

—*El protestantismo, contestación a los señores Segur y Tejado* por don Cipriano Tornos, pastor evangélico. Madrid, 1881, Librería Nacional y Extranjera; 8.º, 54 páginas.

Para completar en algún modo este brevísimo catálogo, reproduzco a continuación dos índices de las publicaciones de la Religious Tract-Society, que así y todo apenas dan idea de la febril actividad desplegada en estos últimos años por los protestantes.

Libros
—*La doctrina cristiana y la Iglesia católico-romana examinada a la luz de la palabra de Cristo y sus apóstoles; en setenta preguntas con cuatro apéndices*, en 12.º

—*Reformadores españoles del siglo XVI*, fielmente reimpresos según las mejores ediciones.

—*I. Juan Pérez: Doctrina útil*, año de 1560.

—*II. Ídem: Epístola consolatoria*, año de 1560.

—*III. Cipriano de Valera: Tratado para confirmar en la fe a los cautivos de Berbería*, año de 1594.

—*IV. Fernando de Tejada: Carrascón.*

—*Cánticos e Himnos*, página 1.ª, escogidos de antiguas y modernas poesías españolas.

—Ídem. íd., página 2.ª

—*Jesu-Cristo y su obra*, por F. Godet.

—*Origen de los cuatro evangelios y otros estudios bíblicos*, por F. Godet.

—*Los evangelios de san Mateo y san Lucas y los Hechos de los Apóstoles, con notas y dos mapas.*

—*Refutación del credo del papa Pío IV.*

—*Manual de controversia.*

—*El primado de Pedro y el del papa*, por J. Frohschammer.

—*El desenvolvimiento religioso de España*, por H. Baumgartem.

—*El porvenir de los pueblos católicos*, por E. de Laveleye.

—*El porvenir religioso de los pueblos civilizados*, por E. de Laveleye.

—*Juan Howard. Apuntes biográficos*, por J. Galvete.

—*Una voz en el desierto, moralidad pública*, por don Juan Butler.

—*Los decretos del Vaticano en relación con los derechos civiles*, por Gladstone.

—*Breve del papa Clemente XIV contra la Orden de los jesuitas*, fielmente reimpreso según la edición oficial de 1773.

—*Colección de carteles para aprender a leer*, 15 grandes pliegos.

—*Libro primero de los niños; método de lectura.*

—*Cuestiones sobre el Evangelio de san Mateo, para uso de las escuelas dominicales.*

—*Breve catecismo de la doctrina cristiana.*

—*I. Catecismo de la Sagrada Escritura, para las escuelas evangélicas*, por J. B. Waddington.

—*II. Ídem, para uso de los aspirantes a la confirmación.*

—*Cuentos orientales:*

I. El vestido resplandeciente.

II. La iglesia que creció de un ladrillo.

—*El arbolito que quería otras hojas.*

—*El peregrino, viaje de un cristiano a la ciudad celestial.*

—*Los mártires de España, historia verdadera de los tiempos de Felipe II.*

—*Andrés Dunn, historia irlandesa.*

—*El amigo de casa, almanaque cristiano para el año de 1877.*

—*Biblioteca del amigo de casa.*

—*El campo divino de paz, libro útil para las almas ansiosas.*

—*La sangre de Jesús*, por S. W. Reid.

—*Fragmentos de la palabra de Dios. El diccionario de la Biblia, índice metódico de los textos de la Sagrada Escritura.*

—Las innovaciones del romanismo.

—Discusiones entre un protestante y los católicos romanos, 2.ª edición de Noches con los romanistas.

—El Evangelio y el catolicismo romano.

—¿Sabéis lo que es un verdadero protestante?, o el Protestantismo estudiado a la luz de las Santas Escrituras.

—¿Cuál es la Biblia verdadera, la romana o la protestante?

—Catecismo bíblico sobre el romanticismo.

—Himnos evangélicos.

—Himnos evangélicos suplementarios.

—Un libro maravilloso.

—Historias bíblicas, con noventa y cuatro grabados.

—El catecismo de la escritura, para los niños.

—Catecismo para el uso de las escuelas evangélicas. Cartilla ilustrada.

—La aurora de la niñez, libro de lectura con setenta grabados.

—Nuevo libro de lectura, página 1.ª, con veinticinco grabados.

—La primera oración de Carlota, cuento moral para los niños, con nueve finos grabados.

—Cuentos de Navidad.

—La cartilla del huérfano a su querido Salvador.

—El refugio del cordero.

—Lutero, biografía auténtica.

—Amigo de casa, almanaque cristiano para 1879.

—La cruz de Cristo.

—Jaime Cardiner.

—Es necesaria una religión para el pueblo.

—Lecciones sobre el primer capítulo del Génesis, n.º 1 a 7.

—Miguel Healv.

—Más blanco que la nieve.

—Leyendas de la Alsacia.

—La vuelta a la Patria.

—El doctor de Kaisersberg.

—Spitzi.

—La capa de pieles.

—Palabras y textos sacados de las Sagradas Escrituras para todos los días de 1879.

—Collar de perlas o pasajes de las Sagradas Escrituras.

—Las enseñanzas de Roma y las palabras de Dios, antes titulado Roma y la palabra de Dios.

—Creo en la remisión de los pecados.

—Explicación de la doctrina de la imputación.

—Sobre la oración dominical, en 16.º

—*Los fundamentos de una santa vida.*
—*El alma y sus dificultades, en 16.º*
—*Preguntas y respuestas sobre asuntos bíblicos, en 16.º*
—*El cristianismo de Cristo y el cristianismo del papa,* por J. Frohschammer.
—*El padre Clemente, historia de la conversión de un padre jesuita.*
—*La familia de Schonberg Cotta, novela histórica de los tiempos de Lutero.*
—*Fragmentos y ensayos de Javier Galvete, estudios sociales, filosóficos y religiosos, con una noticia bibliográfica,* por F. de Asís Pacheco.
—*La alianza evangélica, breve resumen de su origen, objeto, etc.*
—*La federación británica, continental y general.*
—*Salterio cristiano.*
—*Himnario cristiano, publicado por J. Cabrera, 300 himnos.*
—*Himnario evangélico, publicado por, cap. Faithfull, 142 himnos. Cristóbal y su organillo o Mi hogar, mi dulce hogar.*
—*El árbol de Adviento y el árbol de Navidad, con veintiocho profecías del Antiguo Testamento.*
—*Las veintiocho profecías del árbol de Adviento.*

Folletos
—*Fe e incredulidad.*
—*Yo no comprendo la Biblia.*
—*Uno en Cristo.*
—*El Evangelio y el siglo.*
—*La victoria de la fe.*
—*El racionalismo.*
—*El bolsillo del tío Benito.*
—*Sí, hay un Salvador para ti.*
—*El católico cristiano.*
—*El mal y su remedio.*
—*¿Qué creen los protestantes?*
—*El sacrificio del Cordero.*
—*¿Qué es el Evangelio?*
—*El puente de amor.*
—*La Virgen María y los protestantes.*
—*La mujer feliz.*
—*El fraile en su lecho de muerte.*
—*Las innovaciones del romanismo: la supremacía, el canon de la Escritura, la interpretación de la Escritura, la transustanciación, la invocación de los santos, el culto de las imágenes, el purgatorio, penitencia, indulgencias, tradición, infalibilidad papal.*
—*La serpiente de metal.*

—En mi lugar.

—El perdón.

—El justo por los injustos.

—La gran cuestión.

—Palabra fiel.

—Ayer, el infierno; hoy, el cielo.

—La pequeña trapera.

—Suspendido de un hilo.

—Keruba el bandido.

—El hospital militar.

—Camarada, ¡ése eres tú! La salvación no se compra.

—Receta para ser feliz.

—La lotería.

—Los toros.

—Vuestro esclavo para siempre.

—La puerta que conduce al cielo.

—La terrible cadena.

—Amad a vuestros enemigos.

—Dos soldados americanos.

—Un salto por la vida.

—El amor de Dios es gratuito.

—Juan Casidy y el cura.

—Un alma náufraga.

—Del domingo.

—Un esfuerzo leal.

—El pobre José.

—¿Oras tú en secreto?

—¿Qué es la Biblia?

—Dios según la Biblia.

—Cristo según la Biblia.

—El hombre, ídem.

—El pecado, ídem.

—El sacrificio, ídem.

—El sacerdocio, ídem.

—La fe, ídem.

—El arrepentimiento, ídem.

—La obra, ídem.

—La Iglesia, ídem.

—El mundo, ídem.

—La salvación completa y la fe.

—*Hojas para las escuelas: los diez mandamientos, el Padre nuestro, el credo, las ocho bienaventuranzas. Salmo 23, 121, 127.*

—*¿Porqué santificar el domingo y cómo?*

—*Un tremendo juicio de Dios.*

—*El grano de simiente caído en el suelo.*

—*La devoción a Jesús.*

—*¿A quién me dirigiré?*

—*A la vista del cementerio.*

—*La blasfemia.*

—*No justicia, sino perdón.*

—*La vuelta de Juan, o debiera haberlo sabido.*

—*La estrella guiadora, palabras para el año nuevo.*

—*La Biblia, sus amigas y enemigos.*

—*La primera comunión, preguntas para los que han de ser recibidos miembros de la Iglesia evangélica.*

—*Luz y vida.*

—*A última hora.*

—*La imagen de Cristo.*

—*El reposo, ¿lo tienes tú?*

—*¿Ha sido pagada vuestra deuda?*

—*¡Ven, pecador, ven!*

—*La verdadera palabra de Dios.*

—*El verdadero fundamento de la paz.*

—*Nadie es echado fuera.*

Entre los folletos antiprotestantes merecen loor, sobre todo, los que en forma y estilo popular publicaron los dos distinguidos canonistas don Vicente de la Fuente y don Francisco Gómez de Salazar con el título común de *El protestante protestado* (Madrid, Imprenta de Dubrull, 1869). *Los folletos de don Vicente de la Fuente son Andrés Tunn* (refutación de Andrés Dunn), *La muerte feliz* (refutación del folleto protestante del mismo título y de otro cuyo encabezamiento dice: *Camino seguro*), *La Virgen María según la Biblia* (refutación de un folleto con el mismo título y de otros sobre el mismo asunto) y la *Respuesta al manifiesto de la asamblea protestante*. Al señor Gómez de Salazar pertenece *La salvación del pecador* (contestación a dos librejos protestantes), *Sí, hay un Salvador para ti* y *El amor de Dios hacia los pecadores*.

No pensamos haber apurado, ni con mucho, la historia de lo que llaman protestantismo español contemporáneo. Ni puede decirse tampoco todo lo que se sabe, aunque sea lícito indicarlo. Con todo eso, conviene hacer alguna memoria del infeliz Javier Galvete (que ni era cura ni colportor), y a quien hicieron protestante, si es que llegó a serlo, más bien las caridades del doctor Fliedner que convicción alguna teológica. Galvete (1852-1877) era periodista y orador fácil; tomó parte muy activa en las controversias del Ateneo sobre el

La Iberia, que decían Moya, y al grupo de clérigos liberales que redactaban en Madrid *La Armonía*. Otros más inventivos se han dado a forjar cultos nuevos, así, pongo por caso, un maestro de escuela, don Serafín Álvarez, que redactó el *Credo de una religión nueva* (deísmo materialista), comenzando por afiliar en ella a su mujer, a sus hijos y a su criada, bautizándolos de nuevo y llamándose a sí propio Bisho-poz. ¡Y se quedaría tan hueco y orondo! *La Religión de la ciencia*, de D. W. Romero Quiñones, no es más que un catecismo positivista.[142] También don Nemesio Uranga, heterodoxo vascongado (de Tolosa de Guipúzcoa), ha fundado la religión de la razón, que viene a ser un cristianismo con la moral sola y sin misterios.

Tampoco han desaparecido las antiguas sectas iluminadas y secretas. Al contrario, las doctrinas de desorganización social traídas por la revolución del 68 le han dado nueva fuerza. En la raya extremeña de Portugal difunde o difundía cierto género de heterodoxia lúbrica un santón llamado el de la Amarilleja. En Pinos Puente (provincia de Granada), otro portugués llegó a fanatizar a innumerables secuaces con prácticas teúrgicas y cabalísticas y promesas de tesoros ocultos; y, al frente de los fieles de su bando, opuso sangrienta resistencia a un cabo de la Guardia Civil que trató de ocupar el cerro donde practicaban sus ini-

---

problema religioso (1875), defendiendo a cierra ojos las leyes de Bismarck, en el sentido más prusófilo y repugnantemente anticatólico y antilatino que puede imaginarse. Desde entonces le tomó bajo su paternal protección don Federico Fliedner y aun creo que le subvencionó para que viajase por Alemania. Tradujo Galvete dos folletos de Laveleye: *Porvenir de los pueblos católicos* y *Porvenir religioso de los pueblos civilizados*. Los escritos originales se hallan reunidos en un tomo de *Fragmentos y ensayos*... con una noticia bibliográfica crítica, por Francisco de Asís Pacheco (Madrid, Imprenta de J. Cruzado, 1879), 4.º, XXIII + 358 páginas. Entre los estudios incluidos en este tomo tienen algún interés para la historia heterodoxa los titulados *La Iglesia y el Imperio*, *El matrimonio y la familia*, *El conflicto del Estado con la Iglesia*, etc. Galvete propendía a un protestantismo liberal... con todos menos con los católicos.

142   En la enumeración que voy haciendo de libros modernos que más o menos atacan el dogma, solo cuento con los que exponen las ideas de alguna secta o escuela en forma algo sistemática. De los que son simples libelos, ¿para qué hablar? Confieso que sentiría repugnancia invencible, si hubiera de tratar, por ejemplo, del libro de santa Teresa de Jesús, del señor Maínez, cervantista gaditano; del titulado *Quemas y crímenes*, del señor Escuder, o de los *Personajes bíblicos*, de no sé qué patriota seudónimo de Barcelona. Tales libros no pertenecen a la crítica ni a la historia, sino que caen bajo la jurisdicción de la policía correccional.

ciaciones supersticiosas. De resultas se instruyó causa criminal; el portugués fue ahorcado y algunos de sus discípulos condenados a cadena perpetua. También a la parroquia de Montejícar había llegado el contagio. De otros casos análogos y no menos singulares dará noticia el señor Barrantes en un trabajo que prepara sobre esta materia.

En La Habana existe una ferocísima secta, llamada de los ñáñigos, casi todos gentes de color, dada al asesinato, al robo y a todo linaje de nefandos crímenes. En sus ceremonias figuran como instrumentos un crucifijo y unos tambores, sobre los cuales derraman sangre de gallo. También los chinos de la isla de Cuba practican cierto culto sincrético, medio cristiano y medio idolátrico, en que los emblemas del Sol y de la serpiente se veneran al lado de la imagen de Nuestra Señora de la Caridad del Cobre.

III. Filosofía heterodoxa y su influencia en la literatura

Nuestra escasa producción filosófica desde 1868 hasta ahora puede considerarse dividida en dos períodos. En el primero impera despóticamente el krausismo. En el segundo se divide y desorganiza, y acaba hasta por desaparecer de la memoria de las gentes, sucediéndole una completa anarquía, en que comienza a sobreponerse a todas la voz del positivismo.

Uno de los primeros actos de la junta revolucionaria de Madrid fue volver sus cátedras a los profesores destituidos. Se ofreció la Rectoral a Sanz del Río, pero modestamente la rehusó, contentándose con el Decanato de Filosofía y Letras. Un año después murió en paz con todos los cultos, es decir, a espaldas de la Iglesia,[143] dejando un testamento estrafalario, a tenor del cual se le enterró civilmente, con desusado alarde y pompa anticatólica, que suscitó protestas en la misma Universidad. De sus bienes dejó una renta para que se fundase una cátedra de Sistema de la Filosofía, es decir, de su sistema. Algún tiempo la desempeñó Tapia; hoy ha desaparecido, y no hay mucho de qué dolerse. Quedaron de Sanz del Río muchos manuscritos, casi en cifra (cuentan que escribía sin vocales) y apenas inteligibles aun para los iniciados. De ellos se han impreso algunas *Lecciones del sistema de la filosofía*, el *Análisis del*

---

143 Exhortábale una piadosísima señora a que comulgase, y él, sin dejar su estridente jerga ni aun en los umbrales de la muerte, respondió que moría en comunión con todos los seres racionales finitos.

Pensamiento racional y la *Filosofía de la muerte*, estudio hecho sobre papeles del maestro por don Manuel Sales y Ferré, catedrático de la Universidad de Sevilla. Sanz del Río define la muerte «negación determinada y crítica (entre dos equicontrarios inmediatos) de esta vida presente». «Yo muero y me sé de mi muerte (prosigue); la muerte es concepto de limitación, y yo en mis límites... No me entiendo pura y enteramente limitado, relativo puramente al límite, donde yo sería, en el límite, otro que yo mismo, un tercero de tal relación, y donde, entendiéndose el límite infinito tal (como respecto a Dios), yo caería todo en el límite, en la nada de mí, o sería como un supuesto subjetivo para caer —bajo el límite objetivo, pues me entiendo puramente limitado, esto es, por otro— en la nada de mí. Al contrario, yo en mis límites (en tal mi forma) soy y quedo otra vez yo mismo... El sentido de yo en mis límites no es, por tanto, pura y primeramente el de yo limitado, el puro relativo a otro contra mí como el limitante; sino que yo en mis límites soy otra vez y me sé yo mismo, y me sé en mis límites, o sé mis límites... Sobre este sentido, desde mi puro punto de vista alrededor, cabe el otro término tanto contra, como sobre, como bajo mí... y cabe también límite infinito alrededor de mí. Mas de todo esto yo nada sé aún con razón cierta en la cosa; pero yo como yo me sé de ciencia en mis límites y sé mis límites, restando solo reflejar de nuevo —remirar— en mí mismo (en mi unidad) en lo que queda —quizá infinito— sobre esta determinada reflexión, para conocer derechamente la razón antedicha de yo en mis límites, como yo limitado, que cabe en el concepto, y yo no niego, pero que conozco aquí en la cosa (en su objeto o fundamento como se dice).» Toda esta resonante algarabía quiere decir que, cuando nos morimos, no nos morimos ni en cuerpo ni en espíritu, porque como todo es uno, el yo borra sus límites, y sigue existiendo en nuevas formas. O como lo dice, todavía más llana, tersa y sabrosamente, el expositor de Sanz del Río: «Mi muerte, como mi vida, toca supremamente a Dios y a la humanidad, en su vida misma infinita, en la cual, conociéndola y sintiéndole, vivo yo realmente sin superioridad y superior-racional vida sobre la individual limitada (de vida contra vida mediante la muerte) en el tiempo, y en la cual, pues, fundo cierta y eternamente mi supravivencia. En cuyo sentido, yo viviendo como muriendo en el tiempo y mi tiempo último, individual, cada vez, y por ejemplo, en la presente individual vida y muerte mía de que ahora hablo, vivo eternamente, y sobrevivo en la eterna y siempre viva humanidad, y en la presencia y vida presente de Dios».

Iguales doctrinas acerca de la muerte, solo que en forma menos laberíntica, expone en su *Teoría de la inmortalidad del alma y de las penas y recompensas de la vida futura*[144] el ya difunto don Juan Alonso Eguílaz, krausista de los que pudiéramos decir populares, vulgarizador y periodista. La doctrina de Eguílaz viene a ser un krauso-espiritismo. «El alma necesita realizar la infinidad de estados que como potencia inagotable contiene, y esto solo puede verificarse en un tiempo infinito... De aquí que los hombres todos, en colectividad y sin distinción, pasen después de morir, a otro mundo y a otro período de vida, con condiciones mejores y más favorables, perfeccionándose físicamente sus cuerpos asimismo sus almas... El principio de la transmigración es el que rige esta elevación y este ennoblecimiento progresivo del universo... Los hombres todos procedemos, por consiguiente, de verificaciones pasadas, en que, bajo formas más humildes, nos hemos ido capacitando para alcanzar el grado de dignidad en que nos encontrarnos.» El autor corona su novela de ultratumba llamando a los curas «enemigos naturales e irreconciliables del género humano».

Precisamente a un clérigo apóstata, don Tomás Tapia, eligió la secta para desempeñar la cátedra de Sistema de la Filosofía, fundada por Sanz del Río. Pero la disfrutó poco tiempo y apenas escribió nada, y esto poco, vulgar y malo. Conozco de él un ensayo sobre la *Filosofía fundamental*, de Balmes[145] inserto en el *Boletín-Revista de la Universidad*; una tesis doctoral acerca de Sócrates, una lección sobre la religión y las religiones que explicó en el paraninfo de la Universidad en aquellas famosas conferencias para la educación de la mujer, inauguradas por don Fernando de Castro, que comunicó a Tapia mucho de su espíritu propagandista furibundo. Durante las vacaciones universitarias se entretenía en catequizar a los manchegos, paisanos suyos, predicándoles en las eras y en el casino de Manzanares. Poseo varias hojas sueltas de las que repartía.

---

144 Madrid, por A. Durán, 1872. Este libro obtuvo, quizá sin merecerlo, el honor de ser refutado extensa y profundamente por fray Ceferino González en el tomo 1 de sus *Estudios religiosos, filosóficos, científicos y sociales* (Madrid 1873, Imprenta de Policarpo López, tomo 1, página 183 a 229). Alonso Eguílaz había sido (juntamente con Calavia y Calderón Llanes) redactor de un periódico impío que se decía *El Universal*. Publicó un *Catecismo de la religión natural*, un *Curso de derecho natural* y un estudio sobre el *Budismo en la América*.

145 Refutado por Ortí y Lara en *La ciudad de Dios*.

«El hombre debe crearse la religión que mejor le parezca (leo en una)... De los curas no debemos fiarnos» (escribe en otra). ¡Profundísima filosofía!

La temporada del rectorado de don Fernando de Castro fue la edad de oro de los krausistas. Su actividad y fanatismo no tenían límites. Empezó por dirigir una circular a las universidades e institutos de España y del extranjero invitándoles a hacer vida de relación y armonía. Fundó el *Boletín-Revista de la Universidad*, órgano oficial del krausismo y fábrica grande de introducciones, planes y programas. Estableció las conferencias para la educación de la mujer y la Escuela de Institutrices; fue presidente de la Sociedad Abolicionista y proyectó un culto sincrético, de que da idea en su *Memoria testamentaria*. Había de llamarse Iglesia universal o de los creyentes. Sus sacerdotes serían los ancianos. Sus santos, todos los fundadores de religiones, todos los heresiarcas y todos los hombres famosos de la humanidad. En el templo figurarían mezcladas las imágenes de Buda, Zoroastro, Sócrates, Marco Aurelio, san Pablo, Séneca, Platón, san Agustín, Hypatia, san Juan Crisóstomo, Gregorio VII, Lutero, san Francisco de Asís, san Luis y san Fernando, el Dante, Savonarola, Servet, Luis Vives, Cervantes, Melanchton, Fenelón, Miguel Ángel, Palestrina y Mendelssohn, santa Teresa, Copérnico, Bernardo de Palissy, Newton, san José de Calasanz, Descartes, etc., etc. En las grandes solemnidades habría conciertos aéreos y el culto consistiría en discusiones y conferencias.

Los dos últimos tomos impresos del *Curso de historia universal*, que no pasan de la Edad media ni la acaban siquiera, porque Castro dejó la obra sin concluir, son ya formalmente heterodoxos.[146] Cuando Salmerón defendió la Internacional en el Congreso de 1871, Castro, que a la sazón tenía asiento en el Senado, hizo pública en una carta, que reprodujeron varios periódicos, su adhesión a las doctrinas de su compañero y «a la teoría de lo inmanente, punto de arranque para la afirmación del derecho en lo humano y para la negación de lo sobrenatural en lo divino». Nada igualaría a la repugnancia que inspira, hasta por razones estéticas, la lectura de esta carta, en que don Fernando de Castro lega a Salmerón una pluma de oro, «monumento histórico del último sermón de un sacerdote que ha perdido la virginidad de la fe, pero que ha ganado, en cambio, la maternidad de la razón», si el ex rector no hubiera escrito después

---

146 Continuó esta obra el señor Sales y Ferré, catedrático de Sevilla y antiguo suplente de Castro.

otro documento, que basta para tejer su proceso, la *Memoria testamentaria*;[147] uno de esos cínicos alardes de apostasía pasados de moda en Europa desde que murió el cura Meslier. Declara don Fernando de Castro «que durante sus últimos años vivió, en el fuero interno de su conciencia, fuera de la Iglesia romana, de la que había sido digno y bien intencionado sacerdote; que muere en la comunión de todos los hombres creyentes y no creyentes; que desea ser enterrado religiosa y cristianamente, en el sentido más amplio, universal y humano, es decir, sin acompañamiento de curas, y que sobre su tumba se lean las bienaventuranzas, la parábola del samaritano, y los mandamientos del *Ideal de la humanidad*, de Sanz del Río». Castro falleció en 5 de mayo de 1874, y sus albaceas, Ruiz de Quevedo, Salmerón, Giner, Uña, Sales y Ferré y Azcárate, cumplieron estrictamente sus disposiciones, pronunciando Ruiz de Quevedo en el cementerio una especie de panegírico del infeliz difunto y exhortación a los concurrentes a que siguiesen su ejemplo y continuasen su propaganda en la cátedra, en la tribuna, en los papeles periódicos y hasta en el hogar doméstico.

La muerte de Sanz del Río y la de Castro comenzaron a introducir gran desorden en las huestes krausistas, trayéndolas pronto a punto de división y de cisma. El jefe más comúnmente acatado era Salmerón, así por su educación exclusiva y puramente krausista y por lo cerrado e intransigente de su espíritu y sistema como por su puesto oficial de catedrático de Metafísica. Pero muchos le negaban la obediencia y en otros comenzaban a bullir tendencias independientes, que cada día quebrantaban más el credo y la ortodoxia de la escuela, reducida hasta entonces a repetir mecánica y pasivamente la letra de la *Analítica*.

En los pocos escritos suyos que conozco, y que con grandísima fatiga he leído (disertación sobre el *Concepto de la metafísica* y otra sobre *La idea del tiempo*),[148] así como en sus lecciones orales (de las cuales todavía me acuerdo con terror, como quien ha salido de un profundísimo sepulcro), Salmerón sigue paso a paso las lecciones de su maestro, acrecentadas con tal cual rareza de expresión, v. gr., cuando nos enseña que «yo y mi esencia, con el uno y todo

---

147 *Memoria testamentaria* del señor don Fernando de Castro, fallecido el 5 de mayo de 1874, publicada por su fideicomisario y legatario don Manuel Sales y Ferré, catedrático de Geografía Histórica en la Universidad de Sevilla (Madrid, Imp. de F. Martínez, 1874). Véase sobre ella un sangriento artículo de don Miguel Sánchez en *El Consultor de los Párrocos*.

148 Publicados, el primero en el *Boletín-Revista de la Universidad*, y el segundo, en la *Revista de la Universidad*, que fue continuación del *Boletín*, bajo el rectorado de Moreno Nieto.

que yo soy, existo en la eternidad, en unidad sobre la contrariedad de la pre-existencia y de la post-existencia, que solo con relación al tiempo hallo en mí, sabiéndome de la eternidad como de propiedad mía». Quizá hoy el mismo señor Salmerón se ría de esta jerga, y dará en ello una prueba de buen entendimiento, ya que por naturaleza le tiene robusto. Dícenme que en París, donde aconteci-mientos políticos le han hecho residir años hace, se ha hecho menos enfático y solemne, más próximo al resto de los míseros humanos, y aun ha llegado a renegar del krausismo, declarándose positivista, monista o cosa tal, cultivando las ciencias experimentales y convenciéndose (¡mentira parece!) de que ya estaba descubierta la imprenta antes de publicarse la *Analítica*, y que tampoco ha dejado de funcionar después de aquel maravilloso descubrimiento ni se ha agotado en don Julián la virtualidad del pensamiento humano.[149]

Después de Salmerón, la mayor lumbrera de la escuela es don Francisco Giner de los Ríos, catedrático de Filosofía del Derecho y alma de la Institución Libre de Enseñanza; personaje notabilísimo por su furor propagandista, capaz de convertir en krausistas hasta las piedras, hombre honradísimo por otra parte, sectario convencido y de buena fe, especie de ninfa Egeria de nuestros legisladores de Instrucción Pública, muy fuerte en pedagogía y en el método intuitivo, partidario de la escuela laica, que nos regalará pronto, si Dios no lo remedia; fecundísimo, como todos los krausistas, en introducciones, conceptos y programas de ciencias que nunca llega a explanar. Ha traducido la *Estética*, de Krause; un opúsculo de Leonhardi sobre relaciones entre la fe y la ciencia y otros de Roeder sobre Derecho penal. Ha escrito una Introducción a la filosofía del Derecho, ciertos *Estudios filosóficos*, otros *Estudios de literatura y arte* (con

---

149 De Salmerón es además el prólogo a los *Estudios de religión*, de Tiberghien, traducidos por Calderón Llanes; el de los *Estudios de literatura y arte*, de don Hermenegildo Giner, y el famosísimo de los *Conflictos de la religión y la ciencia* de Draper (traducción de Augusto T. Arcimis), donde llega a sus últimos límites el estilo sacerdotal y mistagógico. Allí es donde se habla de la «mística sublime cópula verificada en Alejandría entre el Oriente y la Gracia» y «de la solidaria continuidad y dependencia de unas determinaciones individuales en otras, que nos permite inducir la existencia de un todo y medio natural, donde la actividad se concreta su límite peculiar cuantitativo y sustantiva cualidad, en íntima composición de esencia factible o realidad formable y poder activo formador». ¿Será éste el monismo que hoy protesta Salmerón? Ya lo veremos cuando publique el tratado de *Antropología psíquica* con que hace muchos años nos amenaza.

su programa al canto) y unas *Lecciones sumarias de psicología*, explicadas en la Escuela de Institutrices de Madrid y redactadas por sus discípulos Eduardo Soler y Alfredo Calderón. De este libro hay dos ediciones: la primera (1874), enteramente krausista; la segunda (1877), refundida con presencia de los trabajos de la escuela experimental en fisiología psicológica y psicofísica, marca, por decirlo así, la transición del krausismo al positivismo.

Sería cosa tan difícil como estéril tejer un catálogo de todos los krausistas puros que han publicado algún trabajo. Leído uno, puede jurar el lector que se sabe de memoria a todos los demás. La misma doctrina, los mismos barbarismos. Por otra parte, los escritos de los krausistas suelen reducirse a tratados elementales o bien a traducciones de los libros de Ahrens, Tiberghien y Laurent, en lo cual han desplegado grande actividad los señores Lizárraga y García Moreno.

De los escritores algo más originales puede citarse a don Federico de Castro, rector que fue de la Universidad de Sevilla y catedrático de Metafísica en ella, hombre de más lectura que otros krausistas y no tan despreciador como ellos de la ciencia nacional de las pasadas edades; el cual, además de un resumen de la *Analítica* y de varios estudios bibliográficos sobre Piquer y Pérez y López, ha hecho uno con el título de *Cervantes y la filosofía española*, tirando a demostrar que el inmortal autor del *Quijote* planteó en los dos caracteres principales de su obra maestra, y resolvió con solución armónica en el *Persiles*, el problema del onto-psicologismo, o séase de la conciliación entre Platón y Aristóteles.[150] También puede mencionarse a don Gumersindo Azcárate, que pasa por protestante liberal y es el verdadero autor del folleto anticatólico *Minuta de un testamento*, obra de insidiosa suavidad y empalagoso misticismo. No cabe olvidar a don Urbano González Serrano, catedrático de Filosofía en uno de los institutos de Madrid, el cual, va por sí, ya en colaboración con Revilla, ha publicado, además de varios estudios sueltos de crítica y filosofía, compendios de psicología, lógica y ética, no tan resueltos, sin embargo, ni tan por lo claro como la *Psicología o ciencia del alma*, de don Eusebio Ruiz Chamorro, catedrático del

---

150 Véase el *Boletín-Revista de la Universidad* de Madrid y la *Revista-Mensual de Ciencias, literatura y Artes de Sevilla*, que Castro dirigió después de 1869 con ayuda del positivista Machado, catedrático de Ciencias Naturales, y de otros.

otro instituto madrileño, el del Noviciado.[151] En este libro, escrito para niños de un país católico, empieza el cortés y mansísimo profesor por llamar espíritus castrados a los que se encierran en los estrechos límites de una religión positiva... «Lucharemos contra la fe ciega —añade—. Pasaron los tiempos de los oráculos y las sibilas. Dios no puede violar su naturaleza poniendo la verdad en depósito de determinada iglesia.» Y acaba el señor Chamorro prometiendo unos *Sermones religiosos y morales*, en que examinará los principales dogmas del catolicismo a la luz de la razón.[152]

La infección de la enseñanza aun en sus grados inferiores era tal, que el primer Gobierno de la restauración trató de atajarla, si bien de un modo incompleto, doctrinario, y en sus resultados casi ilusorio. El ministro de Fomento (Orovio), en 26 de febrero de 1875, circuló una orden a los rectores para que no tolerasen en las cátedras ataques contra el dogma católico y las instituciones vigentes y obligasen a cada profesor a presentar sus respectivos programas. Salmerón, Giner, González Linares, Calderón, Azcárate y algún otro se alzaron en rebeldía y fueron separados en virtud de expediente. La separación fue justa; no los destierros y tropelías que la acompañaron. Siempre fue la arbitrariedad muy española. Y lo fue también el hacer las cosas a medias. Cierto que salió de la enseñanza la plana mayor krausista, y la siguieron, renunciando sus cátedras, los ex ministros Castelar, Montero Ríos, Figuerola y Moret, sin contar otros profesores más oscuros; pero fueron muchas más las protestas a que no se dio curso y los expedientes que terminaron en mera suspensión. Otros, más prudentes o más tímidos o menos sectarios, aunque no menos sospechosos, se sometieron en silencio, y continuaron enseñando lo que bien les pareció, hasta que vino un gobierno más radical a restituir las cátedras a todos los separados

---

151 Esta obra, que escasea por motivos que no es del caso referir, aparece impresa en Madrid, imprenta de J. Antonio García, 1875. Solo tengo a la vista las 32 páginas primeras, e ignoro si se publicó algo más. Con el prólogo basta.

152 Para conocer cómo se está verificando la intoxicación en la juventud y hasta en la niñez en nuestra Patria, no hay documento que dé más luz que el Catecismo de los textos vivos, que desde agosto de 1879 viene publicando en *La Ciencia Cristiana* el señor Ortí y Lara. Allí se podrán ver textos de otros muchos krausistas de segundo orden, minora sidera, cuya enumeración sería aquí improcedente, ya que de un modo directo no han impugnado el dogma, aunque la heterodoxia se deduzca de todo el espíritu de su doctrina.

y a los dimisionarios y a sentar en términos formalmente heréticos la omnímoda libertad de dar a las nuevas generaciones veneno por leche.[153]

De todos los krausistas, ninguno se ha ocupado con tanto ahínco en cuestiones religiosas como el señor Canalejas (don Francisco de Paula). Su tristísima situación actual, aparte de otras consideraciones, me obliga a ser muy sobrio de calificaciones, aunque las merecía bien duras el carácter nada franco de su obra, que alguno llamaría insidiosa, y las reticencias y dobles sentidos en que abunda. Me refiero a la descuadernada serie de *Estudios críticos* que con el título de *Doctrinas religiosas del racionalismo contemporáneo*[154] coleccionó en 1875. No se puede negar que Canalejas siguió con atención y expuso con claridad, gracias a Lichtemberg y a otros expositores franceses, el movimiento de las ideas religiosas en Alemania, aunque muy poco de su cosecha pone en lo que, extractando a otros, escribe de la teología de Schleiermacher o de la teosofía de Schelling. En lo concerniente a Hegel, Vera hace el gasto.[155]

La doctrina religiosa del señor Canalejas viene a ser un misticismo racionalista, si no parece absurda la frase. Muchas veces usa términos cristianos, pero siempre con sentido panteístico. Así, v. gr., cuando habla de la revelación, ha de entenderse no de la revelación por el Cristo, sino de «la que atenta y piadosamente goza toda alma nacida, luciendo en ella el esplendor de lo divino». De aquí que el señor Canalejas sostenga muy formalmente que todo racionalismo predica religión y estudia dogmas y es esencialmente cristiano. De todas las añagazas que han podido imaginarse para que los hombres llamen bien al mal, y mal al bien, o los tengan por idénticos, no conozco otra menos especiosa ni más absurda que ésta. Pues qué, ¿no sabemos ya lo que significa la palabra Dios en el sistema de Krause? ¿No sabemos que la religión no es otra cosa para el señor Canalejas que «lo absoluto en la intimidad de espíritus que son y serán y en la transformación de modos y existencias de que sean susceptibles»? ¡Y el que

---

153 *Cuestión universitaria.* Documentos coleccionados por M. Ruiz de Quevedo, referentes a los profesores separado, dimisionarios y suspensos (Madrid, Imp. de Aurelio J. Alaria, 1876), XVI+233 páginas.

154 Madrid, Imp. de Rivadeneyra, 1975; 4.º, 547 páginas.

155 Los principales estudios de Canalejas se titulan: *Del estudio de la teología según el siglo, De la historia de las religiones, El subjetivismo religioso en el siglo presente, De las principales y más importantes teorías religiosas de este siglo, El cristianismo y la escuela hegeliana.*

esto dice, propone a renglón seguido el establecimiento de cátedras de teología libre y laica para contrariar el monopolio del clero y educar seres religiosos que no sean católicos, protestantes, judíos, ni budistas! ¿Qué religión les quedará a los seres educados por tal procedimiento, o qué podrán ser sino krausistas, es decir, ateos disfrazados?[156]

Esta manía teológica ha sido propia y exclusiva de Canalejas; los demás krausistas, a pesar de sus continuos alardes de religiosidad íntima y cenobitismo moral, no han participado de ella; al contrario, la Institución Libre, último refugio y atrincheramiento de los pocos ortodoxos del armonismo que aún quedan, entre los cuales a duras penas mantiene Giner de los Ríos una sombra de disciplina, hace alarde de enseñar ciencia pura, con absoluta exclusión de toda idea religiosa; empeño no menos absurdo o ardid para deslumbrar a los incautos; pues ¿qué cuestión habrá en las ciencias especulativas que de cerca o de lejos no se ilumine con la luz de algún dogma cristiano?

El hegelianismo yace muerto en España, como en todas partes, o más bien no ha existido aquí nunca. Castelar prosigue haciendo variaciones de cristianismo estético, teología sumamente cómoda, en que la religión se tolera a título de «ideal necesario al pensamiento, inspiración necesaria al arte, bálsamo necesario a todos nuestros afectos..., luz de la inteligencia, calor del corazón, alma de la vida». El mejor specimen de estas lucubraciones aéreas cristianomusicales es el libro que actualmente publica en Barcelona con el título de *La revolución religiosa*, laberinto de frases sonoras y de especies contradictorias, en que unas veces parece el autor católico y otras protestante, cuándo unitario y cuándo trinitario, ya naturalista, ya supernaturalista, tan pronto creyente en la creación como en la eternidad de la materia, unas veces arriano y otras partidario de la divinidad de Cristo; todo según que el rodar de la frase, único amor filosófico y

---

156 Véase la excelente impugnación que de este capricho de Canalejas hizo don Francisco Xavier Caminero en su folleto *La fe y la ciencia* (Palencia 1872), 8.º, 135 páginas.

Entre los krausistas jóvenes, el que más parece darse la mano con Canalejas en ideas y estilo es don Emilio Reus y Bahamonde, que ha publicado la primera parte de unos *Estudios sobre la creación* y la primera parte de un *Estudio crítico sobre las doctrinas biológicas modernas*, exposiciones de otras exposiciones y resúmenes de la *Bibliothèque de philosophie contemporaine*, que es el gran arsenal de los *dilettantes* filosóficos en España. Después ha traducido el *Tratado teológico-político de Spinoza* (sic) y ha expuesto las doctrinas del Estado de Bluntschli, etc., etc.

literario del señor Castelar, va trayendo una u otras ideas. Si hemos de estar a lo que de sus libros resulta, para el señor Castelar la herejía y el dogma, lo mismo que todas las cosas de este y del otro mundo, no pasan de ser materia de exornación elegantes, buena para hacer períodos redondos, pomposas enumeraciones y fuegos artificiales. Juzgarle como pensador religioso sería crueldad bien excusada. Es una naturaleza exclusivamente retórica desde los pies a la cabeza, y en su género, extraordinaria; de haber vivido en tiempo de Isócrates, habría hecho el panegírico de Helena o el del tirano Busiris. En la escuela de Porcio Latrón o de Séneca el Retórico hubiera vencido a los más hábiles hablando en pro o en contra del tiranicida o del comedor de cadáveres. Como le ha tocado nacer en el siglo de Hegel, juega con la metafísica y revuelve las ideas como las piezas de un caleidoscopio.

En la escuela hegeliana puede afiliarse también, con muy pocas reservas, al escritor gallego don Indalecio Armesto, que ha publicado en Pontevedra (1878) un tomo de *Discusiones sobre la metafísica*, cuya inspiración parece venir de Vera y Vacherot. Por de contado que en el libro del señor Armesto Dios queda reducido a la categoría de ideal supremo de la vida cósmica y su personalidad fuera del entendimiento humano se niega con singular franqueza.[157]

Un hegeliano puro o mitigado es y ha sido siempre rara avis entre nosotros. Tampoco se oye hablar ya del neokantismo, que importó de la Universidad de Heidelberg el señor don José del Perojo, discípulo de Kuno Fischer y autor de unos *Ensayos sobre el movimiento intelectual de Alemania*, incluidos en el *Índice romano*. Perojo, con imprenta propia y con la *Revista Contemporánea* por órgano, inició una reacción desaforada contra el krausismo, congregó a todos los tránsfugas de la escuela, entre los cuales se distinguía el malogrado e ingenioso crítico literario don Manuel de la Revilla, una de las inteligencias más miserablemente asesinadas por el Ateneo y por la cátedra de Sanz del Río; formó alianza estrecha con los positivistas catalanes y comenzó a inundar a España con todos los frutos de la impiedad moderna y antigua, sin distinción de escuelas ni sistemas, desde Benito Espinosa y Voltaire hasta Herbert Spencer,

---

157 *Discusiones sobre la metafísica*, por Indalecio Armesto. Pontevedra, imprenta de Rogelio Quintans, 1878; 4.º, 352+VIII páginas. El autor dedica el libro a un sobrinito suyo de corta edad y le dice con delicioso candor: «Ten por seguro que a mí me ha costado más de dos años de estudio y de reflexión, y a ti, más de un azote por venirme a importunar con tu charla en los momentos más críticos».

Darwin, Draper, Bagehot y otros de toda laya. En la *Revista Contemporánea* y en las discusiones del Ateneo sobre la actual dirección de las ciencias filosóficas (1875) dio por primera vez señales de vida en España la escuela de Compte y de Littré, mucho más que la de Stuart Mill ni la de Herbert Spencer. Los positivistas españoles no son pocos, sobre todo en las escuelas de medicina y ciencias matemáticas; pero, sea porque carecen de toda organización, sea porque no han publicado trabajos de fuste, sea porque el sistema repugna a nuestro carácter nacional, es lo cierto que su influencia todavía es exigua, al revés de lo que sucede en Portugal, donde todo lo invaden con actividad febril, y publican revistas como *O Positivismo* y *A Evoluçao* y poseen escritores tan fecundos e irrestañables como el erudito historiador literario Theophilo Braga.

De los positivistas españoles, algunos, muy pocos, son comptistas puros; es decir, que no solo aceptan la doctrina del *Curso de filosofía positiva*, sino que veneran como evangelio toda palabra del maestro, hasta su catecismo, su calendario y su plan de religión. De éstos es el extremeño don José María Flórez, antiguo progresista y biógrafo de Espartero,[158] antiguo maestro de escuela normal y autor de una *Gramática castellana*; el cual, establecido en París hace muchos años, fue amigo íntimo y secuaz fervoroso de Compte y aun, si no he entendido mal, uno de sus testamentarios. De ellos es también el naturalista cubano don Andrés Poey, que publica en París una Biblioteca positivista, cuyo segundo tomo es una diatriba furibunda contra Littré, tachándolo de discípulo infiel y de corruptor de la obra del maestro, que Poey acepta íntegra, como llovida del cielo.[159]

Al contrario, los positivistas catalanes parecen seguir estrictamente las huellas de Littré, y, prescindiendo de las insensateces místicas de Compte en su última época de manifiesta locura, se atienen al *Curso*, con los escollos y advertencias del editor de Hipócrates.

A este grupo pertenecen don Pedro Estassén, que comenzó a dar en el Ateneo de Barcelona una serie de lecciones sobre el positivismo, teniendo que suspenderlas en breve ante la reprobación de la mayoría le los socios, y don

---

158 *Espartero. Historia de su vida militar y política y de los grandes sucesos contemporáneos*, escrita bajo la dirección de don José Segundo Flórez. Madrid: imprenta de la Sociedad Literaria, 1843; 4 tomos 8.º mayor, con grabados, retratos y litografías.

159 *Bibliothèque Positiviste: Vulgarisation du Positivisme...* (París, Germer Baillière, 1809). El primer tomo se titula *Le positivisme*; el segundo, *M. Littré et Auguste Compte*.

Pompeyo Gener, que ha escrito en francés un enorme libro sobre *La muerte y el diablo*, al cual puso un prólogo de Littré.[160] Gener, ni por su educación, ni por sus gustos, ni siquiera por la lengua en que escribe pertenece a Cataluña. Es uno de tantos materialistas franceses, que piensa como ellos y escribe como ellos y que se mueve en un círculo de ideas enteramente distinto del de España. Su libro, feroz y fríamente impío, corresponde a un estado de depravación intelectual mucho más adelantado que el nuestro y arguye, a la vez, conocimientos positivos y lecturas que aquí no son frecuentes. Escrito con erudición atropellada, poco segura y las más veces no directa, y con cierta falsa brillantez de estilo y pretensiones coloristas a lo Michelet, contiene, no obstante, caudal de información (digámoslo a la inglesa), de que francamente no creo capaz a ningún otro de los innovadores filosóficos, positivistas o no positivistas, que andan por España.

La vaga y malsana lectura de revistas, tomada en España como único alimento intelectual; el ansia de fáciles aplausos; la desastrosa fecundidad de palabras, calamidad grande de nuestra raza y muestra patente de que, cuando Dios quiere ejercer sus terribles justicias en un pueblo, le manda por docenas los oradores; el tráfago asordante de lo que llaman en Madrid vida literaria (vida las más veces ficticias, recreación de niños grandes que juegan a la filosofía, tempestad en un vaso de agua), el servil afán de parodiar y remedar sin discer-

---

160 *La Mort et le Diable, Histoire et philosophie des deux negations suprémes*, par Pompeyo Gener, de la Société d'Anthropologie de Paris. Precedés d'une lettre à l'auteur, de E. Littre, membre de la Académie Française (París, Reinwald, 1880), 4.º, XIV+778 páginas.
En las discusiones del Ateneo de Madrid han figurado como defensores del positivismo los señores Tubino, Simarro y Cortezo. Del artillero Vidart, que antes fue católico y luego krausista, dicen ahora que se inclina al pesimismo de Hartmann y Schopenhauer.
Más bien el materialismo y a la moral enciclopedista y filantrópica del Siglo XVIII que al positivismo de éste deben referirse los libros del ingeniero don Melitón Martín (*Ponos*, novela filosófica; *La imaginación*, y más especialmente *La filosofía del sentido común...* [Madrid, Imp. de S. Martínez], 281 páginas. 4.º; con dos cuadros sinópticos, de los que los krausistas llamaron schemas). Es una filosofía basada en la organización del trabajo.
Como evolucionistas y darwinistas puede mencionarse, además de Tubino, que ha sido el principal vulgarizador de los estudios llamados antropológicos y prehistóricos, a don Rafael García Álvarez, que defendió la doctrina de la selección en un discurso inaugural del Instituto de Granada, y quizá al señor Serrano Fatigati, autor de un libro que se rotula *Total organización de la materia*.

nimiento lo último que nos cae en las manos, como si temiéramos quedarnos rezagados en el movimiento progresivo de la humanidad (propio e instintivo temor de todos los pueblos que están realmente abatidos y que han perdido su conciencia nacional), el embebecimiento, como de bárbaros de Oceanía, con que recibimos todo libro o todo artículo que, nos llega de Francia, sin distinguir nunca las obras fundamentales de las miserables rapsodias, ni lo que es bello y bueno de lo que nace de deleznable antojo de la moda; nuestra propia rapidez de comprensión, que nos hace arañar la superficie de todas las cosas y no pararnos en ninguna; todo esto y otras mil causas reunidas hacen que la llamada cultura filosófica de España sea hoy la masa más ruda e indigesta y el medio más adecuado para formar pedantes y sofistas. ¿Ni a qué han de conducir sino a una intoxicación lenta de nuestra juventud, distraída de todo estudio grave y modesto por esa insaciable comenzón de hablar y de aparecer como hombres de sistema, esa prodigiosa muchedumbre de ateneos, casinos, sociedades, academias y centros de discusión, verdaderas mancebías intelectuales (perdónese lo brutal de la expresión), donde solo recibe adoraciones aquella estéril deidad que tan virilmente execró Tassara:

> La antes pura y genial filosofía
> mírala revolcarse en su impotencia;
> carnal matrona de infecundo seno,
> jamás pudo engendrar una creencia?[161]

El influjo de esta fatal decadencia de los estudios especulativos se hace sentir cada día más en la amena literatura. Ingenios de floridas esperanzas y

---

161 No me lisonjeo, ni con mucho, de haber reunido en estos capítulos todos los delirios filosóficos que en España se han propalado en estos últimos años. Algunos no habrán llegado a mi noticia y otros los omito porque sus autores son tan oscuros, que a nadie importa su recuerdo. ¿Qué importa saber, v. gr., que don Benito Vicetto, periodista ferrolano, en una *Historia de Galicia*, publicada desde 1865 a 1867 bajo el patrocinio de las Diputaciones gallegas, sostuvo que Dios era el tiempo (¿llamaremos a esto cronoteísmo?), declarándose al mismo tiempo arriano y prisciliano al tratar de los respectivos herejes? Más adelante, en polémica epistolar con el cardenal Cuesta, completó su idea de Dios, afirmando que constaba del tiempo (su espíritu), el espacio (su cuerpo) y el éter (su sangre).

254

otros de mucho alcance rinden hoy tributo a la literatura heterodoxa, que antes no contaba entre nosotros más que un nombre ilustre, el de Quintana, y que desde entonces había tenido que contentarse con las novelas de Aiguals de Izco o de Ceferino Treserra, o con los bambochazos de Roberto Robert, el de *La espumadera de los siglos*.

Hoy en la novela, el heterodoxo por excelencia, el enemigo implacable y frío del catolicismo, no es ya un miliciano nacional, sino un narrador de altas dotes, aunque las oscurezca el empeño de dar fin trascendental a sus obras. En Pérez Galdós vale mucho más sin duda el novelista descriptivo de los *Episodios Nacionales*, el cantor del heroísmo de *Zaragoza* y de *Gerona*, que el infeliz teólogo de *Gloria* o de *La familia de León Roch*. El interesado aplauso de gacetilleros y ateneístas le ha hecho arrojar por la ventana su reputación literaria y colocarse dócilmente entre los imitadores, no de Balzac ni de Dickens, sino del señor De Villarminio, autor de la *Novela de Luis*, que es, de todas las novelas que conozco, la más próxima a *Gloria*. ¡Probar que los católicos españoles o son hipócritas o fanáticos, y que para regenerar nuestro sentido moral es preciso hacernos protestantes o judíos, ¡vaya un objetivo poético, noble y elevado! Pintar para esto un obispo tonto, un cura zafio y una bas-bleu, gárrula y atarascada, librepensadora cursi, que ha leído *La Celestina* y discute sobre el latitudinarismo, y cae luego (ni era de suponer otra cosa con tales antecedentes) en brazos del primer judío (*rara avis* en Castro Urdiales, donde parece pasar la escena, y en verdad que el color local anda por las nubes) que se le pone delante, y que por de contado es un prototipo de hermosura, nobleza, honradez y distinción, no un hipócrita ni un bandido como esos tunantes de cristianos: he aquí la novela del señor Galdós. Los católicos vienen a representar en esta obra y en *León Roch*, y sobre todo en *Doña Perfecta*, el papel de los traidores de melodrama, persiguiendo y atribulando siempre a esos ingenieros sabios, héroes predilectos del autor. *Gloria* ha sido traducida al alemán y al inglés, y no dudo que antes de mucho han de tomarla por su cuenta las sociedades bíblicas y repartirla en hojitas por los pueblos juntamente con el *Andrés Dunn* (novela del género de *Gloria*), la *Anatomía de la misa* y la *Salvación del pecador*. Amigo soy del señor Galdós y le tengo por hombre dulce y honrado; pero no comprendo su ceguedad. ¿Cree de buena fe que sirve a ese espíritu religioso e independiente, de que blasonan él y sus críticos, zahiriendo sañudamente la única religión de su país, preconizando abstracciones que aquí nunca se traducen más que en utilitarismo brutal e inmoralidad grosera y presentando, acalorado por la lectura de novelas extranjeras, conflictos religiosos tan inverosímiles en España como en los montes de la Luna? ¡Oh y cuán triste cosa es no ver más mundo que el que se ve desde el ahumado recinto del Ateneo y ponerse a hacer novelas de carácter y de costumbres con personajes de la *Minuta de un testamento*, como si Ficóbriga fuese un país de Salmerones o de Azcárates![162]

En la lírica, Núñez de Arce, uno de los poetas más entonados, grandilocuentes y robustos que han aparecido en España después de Quintana, a quien en muchas cosas se parece, así de estilo como de ideas, por más que sea capaz de sentimientos y ternuras que el otro no alcanzó nunca, es el cantor sistemático y enamorado de la duda. Esta duda de Núñez de Arce es cosa bastante indefinida y vaga; a veces, más que enfermedad del alma parece un lugar común retórico; no se sabe a punto fijo por qué duda el señor Núñez de Arce, ni a la posteridad le ha de acongojar mucho al saberlo. Lo único e ella sabrá, y yo sé, es que el señor Núñez de Arce, sea o no librepensador, ha hecho versos de extraordinaria hermosura y viril aliento, descollando entre ellas (y la cito porque es de las más tocadas de espíritu heterodoxo) la composición intitulada *Tristezas*. La duda puede ser en él una enfermedad de moda, pero, ya que dude, ¡que no caiga, a lo menos, en el intolerable anacronismo de hacer versos protestantes como los de la *Visión de fray Martín*! Bien comprendo que el señor Núñez de Arce no es luterano, ni yo me atrevería a afirmar que hoy queden luteranos sobre la haz de la tierra; pero, si Lutero le agrada sencillamente por haber sido cabeza de motín y haberse pronunciado contra Roma, a la manera que a los progresistas les encantaba Padilla solo porque se había pronunciado contra Carlos V, mucho más debían agradarles, si procediera con lógica, Voltaire, cuya

---

162 Póngase por nota a este pasaje lo que digo de las opiniones religiosas de Galdós en mi discurso de contestación al suyo de entrada en la Academia (*Discursos leídos ante la Real Academia Española en la recepción de don Benito Pérez Galdós*, Madrid 1897). (Incluido en Ed. Nac. Estud. y Disc. de Crít. Histórica y Literaria, vol. 5, página 81.)

obra ha maldecido en un soneto, y Darwin, cuyo sistema de la transformación de las especies ha fustigado en una sátira acerba.[163]

Pero las reglas dialécticas no conviene aplicárselas nunca a los poetas, y menos a poetas españoles. Por tal razón no entro a discernir lo que puede hallarse en el fondo del humorismo escéptico de las *Dolores* y de los *Pequeños poemas*, de don Ramón de Campoamor: poeta optimista y benévolo en la forma, y en el fondo, pesimista de los más agrios, epicúreo en la corteza y desalentado corrosivo cuando se penetra más allá y cuando se siente el dejo antiprovidencialista y burlador de la vida del espíritu, único residuo de esa poesía enervadora, tan falsamente ingenua y tan afectadamente incorrecta, y en realidad tan discreta y calculada. También ha escrito Campoamor libros de filosofía: *El personalismo, Lo absoluto*; pero su filosofía es humorismo puro, en que centellean algunas intuiciones felices, que demuestran que el espíritu del autor tenía alas para volar a las regiones ontológicas si se hubiera sometido antes a la gimnasia dialéctica. De estos libros no puede decirse que sean filosofía ortodoxa ni heterodoxa, sino filosofía *sui generis*, filosofía del señor Campoamor, en que cada uno hallará lo que le agrade, seguro de divertirse más que leyendo a Kant o a Hegel. De todas suertes, contienen proposiciones incompatibles con el dogma católico, v. gr., que Dios, por ser infinito, produce infinitamente infinitos mundos.

En el teatro impera cierto vandalismo romántico y efectista con pretensiones de trascendental; arte tumultuoso, convulsivo y epiléptico, reñido con toda serenidad y pureza. Hablo de los dramas de don José Echegaray, entendimiento grande y robusto, pero no dramático. Tan mal me parecen bajo el aspecto literario, tan llenos de falsedad intrínseca y repugnante, tan desbaratadamente escritos, tan pedregosamente versificados, tan henchidos de lirismo culterano y, finalmente, tan negros y tan lóbregos, que nunca me he empeñado en averiguar cuál es su doctrina esotérica, ni el fin a que se endereza su autor, ni me ha preocupado el modo como plantea y resuelve, al decir de sus admiradores, los grandes problemas sociales. Lo único que yo veo en ese teatro son conflictos ilógicos y contra naturaleza, seres que no pertenecen a este mundo y hablan

---

163 Sobre Núñez de Arce hay que poner en nota algo de lo que digo en mi estudio (*Don Gaspar Núñez de Arce*, publicado en *Autores Dramáticos Contemporáneos al frente del Haz de leña*. Hay edición de La España Moderna). (Incluido en Ed. Nac. Estud. y Disc. de Crít. Histórica y Literaria vol. 4, página 331.)

como delirantes y cerniéndose sobre todo la fatalidad más impía y más ciegamente atormentadora de sus víctimas.

No quiero ni debo poner en la sospechosa compañía de los representantes de la literatura heterodoxa a mi dulce Valera, el más culto, el más helénico, el más regocijado y delicioso de nuestros prosistas amenos, y el más clásico, o más bien el único verdaderamente clásico, de nuestros poetas. La alegría franca y serena y el plácido contentamiento de la vida, nadie los ha expresado en castellano con tanta audacia y al mismo tiempo con tanta suavidad y gracia ateniense como Valera. Es uno de los pocos *quos aequus amavit Iupiter*; naturaleza de escritor algo pagana, pero no ciertamente con el paganismo burdo de Carducci, sino con cierto paganismo refinado y de exquisita naturaleza, donde el amor a lo sensible y plástico y a las pompas y verdores de la genial primavera se ilumina con ciertos rayos de misticismo y teosofía, y no excluye el amor a otras hermosuras más altas, bien patente, v. gr., en la hermosa oda de *El fuego divino*. No es Valera muy cristiano en el espíritu de sus novelas, una de las cuales, la más bella de todas, aunque pueda interpretarse benignamente (y yo desde luego la interpreto) en el sentido de lección contra las falsas vocaciones y el misticismo contrahecho, a muchos parece un triunfo del naturalismo pecador y pujante sobre la mortificación ascética y el anhelo de lo sobrenatural y celeste.[164]

IV. Artes mágicas y espiritismo

Llámese genéricamente espiritismo la doctrina que aspira a la comunicación directa e inmediata con los espíritus buenos o malos por medio de ciertas prácticas teúrgicas. Hasta aquí no pasamos de la magia, vulgarísima en todas edades. Pero la originalidad del espiritismo consiste en haberse enlazado con la doctrina de la transmigración de las almas y con ciertas hipótesis astronómicas, de donde ha venido a resultar una doctrina burdamente filosófica, cuyos

---

164 De autores menos conocidos y celebrados no es ya posible hablar. Quien desee conocer en todos sus detalles la literatura heterodoxa de estos últimos años, puede fijarse en algunas poesías panteísticas de Alcalá Galiano (don José), que ha puesto en verso la teoría de los átomos (véase *Revista Contemporánea*) en el *Kosmos*, poema del krausista Macías, y en los extrañísimos versos pesimistas, ateos y heinianos del poeta catalán Bartrina, coleccionados con título de *Algo* (hay otro volumen póstumo de *Obras en prosa y verso*). Bartrina tenía verdadero ingenio (mucho más que juicio y gusto); pero versificaba muy mal y escribía incorrectamente su lengua.

cánones son la pluralidad de mundos habitados, la pluralidad de existencia del hombre, la reencarnación de las almas y la negación de la eternidad de las penas. Hay, pues, en el espiritismo una parte especulativa y una parte teórica, una superstición y una especie de sistema demonológico. No han de confundirse con el espiritismo otros procedimientos sin doctrina (el magnetismo animal, el mesmerismo, el sonambulismo, etc.) que ordinariamente andan mezclados con él, pero que también suelen ejercerse separadamente, sin que arguyan en el operante adhesión completa a la parte metafísica del sistema, así como, por el contrario, algunos espiritistas teóricos tienen por farándula toda la parte taumatúrgica.[165]

---

165 Bibliografía espiritista española:

Bassols (César), *Exposición compendiada de la doctrina espiritista* (Madrid 1872).

Torres Solanot (El vizconde de), *Preliminares al estudio del espiritismo. Consideraciones generales respecto a las filosofías, doctrinas y ciencias espiritistas* (Madrid, librería de A. de San Martín [Imp. de J. Peñal], 1872), 8.º, VIII+391 páginas.

—Controversia espiritista a propósito de los hermanos Davenport. Defensa del espiritismo con noticias y testimonios que demuestran la realidad de los fenómenos espiritistas... (Madrid, Imp. de la Viuda e Hijos de Alcántara, 1875), 8.º, 320 páginas.

—*Defensa del espiritismo. Opúsculo escrito con motivo del expediente contra los profesores espiritistas...* (Madrid, Viuda e Hijos de Alcántara, 1878), 8.º, 207 páginas.

—*Estudios orientales. El catolicismo antes de Cristo.* (Refutado en *La Ciencia Cristiana* por don F. Javier Rodrigo.)

—*Los fenómenos espiritistas. Noticia de las investigaciones hechas durante los años 1870-73* por Williams Crookes, traducción del francés, con un prefacio, notas y conclusiones del traductor; 8.º, 170 páginas.

—La religión laica. Estudio expositivo de Ch. Fauvety, precedido de algunas consideraciones respecto al movimiento religioso y seguido de ligeros apuntes sobre el estado actual de la sociedad española; 8.º, 54 páginas

Anuncia la traducción de la *Historia del dogma de la divinidad de Jesucristo* de Alberto Réville.

Villegas (Baldomero), oficial de Artillería, *Un hecho. La magia y el espiritismo* (Madrid 1872), 8.º, 150 páginas.

Medina (parece seudónimo), *Estudios acerca del progreso del espíritu según el espiritismo* (Madrid 1871), 8.º, 400 páginas.

La religión moderna. Conjunto de las doctrinas y filosofías del siglo comparadas con los conocimientos modernos, 8.º, 200 páginas. El autor de estos dos libros es un joven de dieciséis años de quien dice Torres Solanot «que ha tenido la dicha de ser educado por una bondadosa y distinguida madre modelo de espiritistas». ¡Pobrecito! Esta madre debe ser la que se firma M. de Medina Pomar, condesa de Pomar, en una memoria inserta en los *Preliminares del espiritismo*, de Torres Solanot.

Aldana (Lucas de), *La razón del espiritismo*, por Miguel Bonnanmy, juez de instrucción, miembro del Congreso Científico de Francia y antiguo miembro del Consejo General de Terán, en Garona (Madrid 1869), 4.º, 300 páginas.

Perón (Alverico), *La fórmula del espiritismo*, dedicada a M. Allan-Kardec (Madrid 1868).

Huelbes Temprado (José), *Noción del espiritismo* (Bayona 1867).

García López (Anastasio), *Defensa de las verdades fundamentales del espiritismo* (Salamanca 1870).

Palet y Villalva (José), *El espiritismo. Epístola de Fario a Antinio*, publicada con un prólogo y anotaciones.

Suárez Artazu (Daniel), *Marietta, páginas de dos existencias. Obra emanada de los espíritus de Marietta y Estrella* (Zaragoza 1870).

Círculo Magnetológico-Espiritista de Madrid, Memorias leídas por los socios del mismo (Madrid 1870) (contiene una memoria de D. S. G. de Lima, encabezada: ¿Qué es el magnetismo?; otra, de Huelbes, sobre la voluntad y el fluido; otra, de don Diodoro de Tejada, sobre el magnetismo en las relaciones con la ciencia y unos *Apuntes para la historia del magnetismo en España*, por D. A. de San Martín). En la segunda parte hay otras memorias de don Florencio Luis Parreño, don Joaquín de Huelbes, don Lucas Aldana y don Tomás Sánchez Escribano.

Magnetismo y espiritismo. El alma, colección de reseñas y artículos, quincenalmente publicados por el Círculo Magnetológico-Espiritista de Madrid (1871), 4.º, 200 páginas.

Sociedad Progreso-Espiritista de Zaragoza, Tratado de educación para los pueblos. Obra emanada del espíritu de William Pitt (Zaragoza 1870).

La Sociedad Barcelonesa Propagadora del Espiritismo ha traducido casi todas las obras de Allan-Kardec, y especialmente *El libro de los espíritus, El libro de los médiums, El Evangelio según el espiritualismo, El cielo y el infierno o la justicia divina según el espiritismo, El Génesis, los milagros, las profecías, El espiritismo en su más simple expresión, ¿Qué es el espiritismo?*, etc.

Navarro Murillo (don Manuel), *Armonía universal, dictados de ultratumba por los espíritus protectores del Círculo Espiritista de Soria*.

La Key (Ermido), *Apuntes sobre espiritismo y moral* (Madrid 1870).

Anónimo, *Revelaciones sobre la venida del nuevo Mesías algunos años ha profetizada* (Alicante 1871).

Anónimo, *Crisálida, novela original fantástica, escrita con el criterio espiritista. Primera parte: El gusano* (Madrid 1871).

Varios anónimos de Cuba, Verdadera doctrina cristiana escrita para los niños, por J. G. G., G. R. C., H. R. Ll., I. P. R., con la asistencia de sus espíritus protectores Manuel, Inocencio, Enmanuel (que será, sin duda, distinto de Manuel) y Pedro (La Habana 1872).

Sociedad Espiritista de Lérida:

Roma y el Evangelio. Estudios filosófico-religiosos, teórico-prácticos, publicados por el Círculo Cristiano Espiritista de Lérida (Lérida, Imp. de José Sol e Hijo, 1874), X+263 páginas.

Navarrete (José de), *La fe del siglo XX* (solo se publicó la primera parte; véase sobre ella un artículo de don Luis Vidart en la *Revista de España*).

Este catálogo, fundado (con adiciones de cosecha propia) sobre el que insertó Torres Solanot en los *Preliminares del espiritismo*, es todavía incompleto. Deben añadirse entre otros opúsculos que solo conozco de nombre:

Corchado: *Historias de ultratumba. Almanaques del espiritismo desde 1873* (en uno de ellos se califica a Santo Tomás de Aquino de médium semi-mecánico y escribiente).

Losada, *Celeste*, novela fantástica.

Círculo Espiritista de Tarragona, *Dios y el hombre*.

Aranda y San Juan, traductor de la *Instrucción Práctica sobre el magnetismo animal*, de Deleuze.

Círculo Espiritista de Lérida, *Carta al M. I. señor don Niceto Perujo*, canónigo de la catedral de dicha ciudad.

Hurtado (Antonio) *El vals de Venzano* (comedia).

Alonso Gaínza (doña Manuela), *Léila o pruebas de un espíritu. Lazos invisibles* (son dos novelas).

Manero (don Enrique), *Nosce te ipsum. Apuntes y estudios sobre el hombre. Ramo de boda y el coracero de Froesviller* (son dos novelas).

Oscáriz y Lasaga (don Víctor), *El universo espiritista* (Santander 1875). Con un cuadro sinóptico adjunto.

Tengo noticia de los siguientes periódicos de la secta: *El Espiritismo* (de Sevilla), *El Criterio Espiritista* (de Madrid), *La Revista Espiritista* (de Barcelona), *La Revelación* (de Alicante), *La Fraternidad* (de Murcia), *El Buen Sentido* (de Lérida), *La Luz de Ultra-tumba* (de La Habana), *La Revista Espiritista* (del Uruguay), *La Ilustración Espiritista* (de México), *La Luz de México*, *El Espiritista* (del Perú), *O Echo d'alemtomba* (del Brasil), *El Espiritista* (de Santiago de Chile), *La Revelación* y *La Constanci*a (de Buenos Aires).

Como impugnaciones del espiritismo recuerdo (además de las traducciones del libro del padre Curci, y de otros):

Lo que es el espiritismo. Cartas al señor Vizconde de Torres Solanot, presidente de una sociedad espiritista, por don Miguel Sánchez, Pbro. (Madrid, Imp. de La Riva, 1872), 8.º, 115 páginas.

Spiritismus a se ipso confutatus, auctore D. D. Michaele Sánchez Presbytero. Editio tertia. Romae, ex-typographia Polyglotta (1879), 8.º, 63 páginas (Viene a ser traducción de la obrilla anterior.)

El misterio de iniquidad o conjuración satánico-humana contra Jesucristo, su principio y elaboración en siglos anteriores, su desarrollo y complemento por la revolución pro-testante filósofo-espiritista y su pavorosa terminación por el anticristo y sus hordas ya

Ni una ni otra, a decir verdad, eran nuevas en España. Quien haya leído con atención los primeros volúmenes de esta obra nuestra podrá tejer por sí mismo la historia de los orígenes del espiritismo entre las gentes ibéricas, desde los *goetas* gentiles hasta los priscilianistas, desde los priscilianistas hasta Virgilio Cordobés, Raimundo Tárrega, Gonzalo de Cuenca, Tomás Escoto y el doctor Torralba. Enemigo yo de enojosas repeticiones, solo añadiré a lo ya narrado que los espiritistas han creído recientemente hallar un predecesor de su doctrina en el estrafalario médico don Luis de Aldrete y Soto, que en 1682 imprimió en Valencia un libro intitulado *La verdad acrisolada con letras divinas y humanas, padres y doctores de la Iglesia*, al cual libro acompaña una aprobación, más extensa y no menos singular que el texto, firmada por el doctor teólogo don Antonio Ron. Lo mismo Aldrete que Ron, más que espiritistas, son milenarios e iluminados, pero de toda suerte afirman la pluralidad de mundos y «que el paraíso donde pecó Adán no estuvo en esta tierra que habitamos», sino en otra región más alta y pura, y, lo que es más, admiten cierto espíritu medio, especie de envoltura del cuerpo, semejante a la que llaman hoy peri-espíritu, que Aldrete define «materia simplicísima, engendrada por Dios Óptimo Máximo del espíritu del mundo para la restauración de la naturaleza humana».

---

formadas, por no misionero franciscano (el padre Arribas).

Carta pastoral del excelentísimo e ilustrísimo señor arzobispo de Santiago de Cuba al clero y pueblo de esta archidiócesis sobre el espiritismo (Santiago de Cuba, imprenta de La Bandera Española, 1881), 4.º, 30 páginas.

Cuatro palabras a «El Criterio Espiritista», órgano oficial de la Sociedad Espiritista Española contra su (?) refutación de una pastoral del... Arzobispo de Santiago de Cuba, por el doctor don Pedro Garriga y Marill, provisor y vicario general de la misma archidiócesis (Santiago de Cuba 1881), 4.º, 44 páginas.

Perujo (don Niceto Alonso, actualmente doctoral de Valencia), *La pluralidad de mundos habitados ante la fe católica, La fe católica y el espiritismo, Narraciones de lo infinito, El sentido común* (revista que empezó a publicar en 1875, destinada únicamente a combatir al espiritismo).

Alvárez y Benito (don Buenaventura), *El misterio satánico. Pensamientos religioso-filosófico-sociales sobre las causas, fenómenos, resultados y reprobación del espiritismo.*

Como opúsculo histórico-espiritista añádase:

Aldrete y los espiritistas españoles del siglo XVII, por Niram Alliud (Santiago 1877), 4.º, 39 páginas.

Pasó el libro de Aldrete sin despertar las sospechas de la Inquisición ni de nadie; tenido por una de tantas muestras de la desvariada imaginación de su autor, bien manifiesta en otros papeles suyos, por ejemplo, la *Defensa de la astrología* y el *Tratado de la luz de la medicina universal*; ni tuvo el espiritismo más representación entre nosotros que algunos conceptos de dos odas de Somoza (el amigo de Quintana), hasta que en estos últimos años, por influjo extranjero, abriéndole el camino M. Home en su viaje por España, comenzó a reaparecer en su forma menos científica, en la de mesas giratorias y espíritus golpeadores (1850). Más adelante se propagaron en traducciones las obras de Flammarión y Allan Kardec; el krausismo contribuyó a difundir una doctrina del alma y sus destinos futuros en las esferas siderales muy semejantes al espiritismo; los leaders de la escuela economista le dieron el prestigio de su autoridad y de su nombre, y comenzaron a formarse círculos secretos de espiritistas, que después de la revolución de 1868 se hicieron públicos. Por orden de antigüedad debe figurar, al frente de todas, la Sociedad Espiritista española, de Madrid, fundada por un francés, Alverico Perón, discípulo de Kardec, en 1865, la cual en 1871 se fundió con la Sociedad Progreso-Espiritista, instalando su academia en la calle de Cervantes. Predominó en ella el elemento militar, y especialmente el cuerpo de Artillería. Fue presidente honorario el general Bassols, y presidente efectivo, el vizconde de Torres Solanot. Sesiones y conferencias públicas, evocaciones de espíritus, desarrollo de mediums, todo lo intentaron. *El Criterio espiritista* servía de respiradero periódico a la Sociedad, que además se dedicaba al magnetismo y al sonambulismo lúcido.

Especie de hijuela de esta hermandad fue el Centro General del Espiritismo en España, sociedad propagandista y expansiva, bajo cuyos auspicios tomaron grande incremento los cenáculos de provincias, especialmente el de Sevilla, dirigido por el general Primo de Rivera; el de Cádiz, por don S. Marín, la Sociedad Alicantina de Estudios Psicológicos, la Sociedad Barcelonesa, la de Montoro, la de Zaragoza, la de Cartagena (director, el general Caballero de Rodas), la de Almería, la de Soria (director, don Anastasio García López), la de Santa Cruz de Tenerife (de la cual fue alma el difunto marqués de la Florida), la de Peñaranda de Bracamonte y otras y otras hasta el número de 35, algunas en pueblos de corto vecindario y menos nombradía, como Alcolea del Pinar (diócesis de Sigüenza), Alanís (provincia de Sevilla); Almazán, Almansa, Alcarraz, Puebla de

Montalbán, Quintanar de la Sierra, etc, etc. Aun existen otras más, pero han quedado fuera de la órbita del centro madrileño, gobernándose cantonalmente y en una independencia casi selvática. La Sociedad Barcelonesa Propagadora del Espiritismo se ha mostrado más anhelosa de la publicidad que ninguna otra, estampando, bajo la dirección de don José María Fernández Colavida, traducciones de todas las obras de Allan-Kardec.

Los artilleros, los albéitares, o médicos comparativos, y los maestros de escuela normal han sido en España los grandes puntales de esta escuela. Nada más monumental en el género grotesco y de filosofía para reír que el libro *Roma y el Evangelio*, dictado por los espíritus a don Domingo de Miquel, a don José Amigó y a otros maestros de Lérida, e impreso por el Círculo Cristiano Espiritista, de aquella ciudad. En otra parte que no fuera España, tal libro hubiera llevado a sus autores derechamente a un manicomio, juzgándolos con mucha benignidad. Pero nuestro Consejo de Instrucción Pública lo juzgó sapientísimamente de otra manera, y los dejó continuar en la enseñanza, trasladándolos a otra Escuela Normal, sin duda para que pudiesen extender el radio de sus consultas. El libro es un tejido de groseras impiedades, con grande aparato de reforma religiosa y restauración del primitivo espíritu cristiano; pero lo original y curioso está en que todas las diatribas contra los curas se las hacen firmar muy gravemente los dómines espiritistas ilerdenses a Lúculo (Luculus le llaman a la francesa), a Fenelón, a Eulogio (*necio quis*), a san Luis Gonzaga, a san Pablo, a Moisés, a santo Tomás de Aquino y, finalmente, a la bienaventurada Virgen María y al Niño Jesús, todos los cuales en versículos lapidarios, parodiando el estilo bíblico, condenan la eternidad de las penas, afirman la pluralidad de mundos, se ríen de las llamas del infierno, increpan a los cardenales por su fausto, atacan el dogma de la infalibilidad pontificia, niegan la existencia del diablo y anuncian el próximo fin de la Iglesia pequeña de Roma y el principio de la Iglesia universal de Jesús. ¡Pobres pedagogos, que soñaron ser regeneradores de un mundo! ¡Cuánto mejor les estaría perfeccionarse en la letra cursiva y en el método Iturzaeta! ¡Qué semillero de don Hermógenes han sido aquí las dichosas escuelas normales, nacidas por torpísima imitación francesa!

Ni es Roma y el Evangelio la única muestra de libros inspirados; los hay tan peregrinos como un tratado de política, dictado a los espiritistas de Zaragoza por el espíritu de Guillermo Pitt. El medium gallego Suárez Artazu escribe novelas bajo la inspiración de los espíritus Marietta y Estrella, que mueven el lapicero del medium con vertiginosa rapidez. Sociedad espiritista hay (creo que es la de Huesca) que tiene su reglamento redactado nada menos que por el espíritu de Miguel de Cervantes Saavedra, que, sin duda, se ha dejado olvidada por aquellos mundos la lengua castellana.

No lo creerán los venideros, pero bueno es dejar registrado que esta aberración de cerebros enfermos ha cundido en España mucho más que ninguna secta herética y cuenta más afiliados que todas las variedades del protestantismo juntas y que todos los sistemas de filosofía racionalista. Aquí, donde todo vive artificialmente y nunca traspasa un círculo estrechísimo, el espiritismo, padrón de ignorancia y de barbarie, verdadera secta de monomaniáticos y alucinados, afrenta de la civilización en que se alberga, parodia inepta de la filosofía y de la ciencia, logra vida propia y organización robusta, encuentra recursos para levantar escuelas y templos, cuenta sus sociedades por docenas y sus adeptos por millares, manda diputados al Congreso, propone el establecimiento de cátedras oficiales, inspira dramas como el Wals de Venzano, del infeliz y gallardísimo poeta Antonio Hurtado; congrega en torno de las mesas giratorias a muy sesudos ministros del Tribunal de Cuentas y a generales y ministros de la Guerra, y hace sudar los tórculos con una muchedumbre de libros, cuyo catálogo (todavía muy incompleto) puede verse al pie de estas páginas. ¡Triste e irrefragable documento de nuestro misero estado intelectual! ¡Cuán fácilmente arraiga el espiritismo y cualquiera otra superstición del mismo orden, vergüenza del entendimiento humano, en pueblos de viva fantasía e instintos noveleros como el nuestro, rezagados a la par en toda sana y austera disciplina del espíritu! ¡Y cómo apena el ánimo considerar que no todos esos ilusos han sido veterinarios ni maestros normales, sino que entre ellos han figurado, sin sospecha de extravío mental, poetas como Hurtado, el fácil y vigoroso narrador de las leyendas del antiguo Madrid, y prosistas tan fáciles y amenos como el artillero Navarrete, naturaleza tan antiespiritista, como lo declaran sus *Crónicas de caza*, sus *Acuarelas de la campaña de África* o sus ligeros e ingeniosos versos! ¡Y, sin embargo, este hombre ha escrito un libro de teología espiritista, que se llama *La fe del siglo XX*, hermano gemelo de *Tierra y cielo*, de Juan Reynaud!

El espiritismo nunca se ha presentado en España con el modesto carácter de superstición popular o de física recreativa, sino con pretensiones dogmáticas y abierta hostilidad a la Iglesia; por donde viene a ser uno de los centros más eficaces de propaganda anticatólica. Así lo prueban, además de Roma y el Evangelio, los varios libros del vizconde de Torres Solanot, actual portaestandarte de la escuela, y especialmente el que se rotula *El catolicismo antes de Cristo*, plagio confesado de los delirios indianistas de Luis Jacolliot (*La Biblia en la India*), hoy condenados a la befa y al menosprecio por todos los que formalmente, y sin ligerezas de dilettante, han escudriñado la primitiva historia del Extremo Oriente.

V. Resistencia católica y principales apologistas

La literatura católica española ha ido tomando en estos últimos años un carácter cada día más escolástico, lo cual, si por una parte es síntoma de mayor solidez y fortaleza en los estudios y nos libra para siempre de los escollos del tradicionalismo de Donoso y del eclecticismo de Balmes, puede, en otro concepto, llevarnos a exclusivismos e intolerancias perniciosas y a convertir en dogmas las opiniones de escuela, máxime si no se interpreta con alta discreción y en el sentido más amplio la hermosísima encíclica *Aeterni Patris*, en que el sabio pontífice que hoy rige la nave de san Pedro nos ha señalado el más certero rumbo para llegar a las playas de la filosofía cristiana.

Como quiera que sea, y prescindiendo ahora de diferencias accidentales, los más ilustres apologistas modernos pertenecen a la escolástica, y de ella, casi todos, al grupo tomista. Ya queda hecha memoria del obispo de Córdoba y de Ortí y Lara. Uno y otro han continuado en estos últimos años dando muestras de lo robusto y severo de su doctrina, ya en las obras didácticas de que no incumbe hablar aquí (como la *Filosofía elemental* y la *Historia de la filosofía*, del primero, y los *Principios de la filosofía del Derecho*, del segundo), ya en breves escritos polémicos, tales como el de fray Zeferino González contra el positivismo materialista y la refutación que hizo de las doctrinas krausoespiritistas de Alonso Eguílaz sobre la inmortalidad del alma. Ortí ha publicado innumerables artículos de crítica y controversia filosófica en sus dos revistas *La ciudad de Dios* y *La Ciencia Cristiana*, ha hecho una apología del Santo oficio y es autor de una de las refutaciones de Draper, de que se hablará luego. No es posible hacer aquí mención de todos los escolásticos de la generación nueva, ya seculares, ya seglares. A unos los excluye de esta rapidísima enumeración el carácter expositivo de sus obras, en que solo por incidencia cabe la refutación de las doctrinas contrarias. Otros no han publicado más que breves opúsculos, esparcidos, por la mayor parte, en las revistas de Ortí. Séanos lícito, sin embargo, dedicar muy honrosa mención al señor Pou y Ordinas, autor de un excelente *Tratado de Derecho natural* (Barcelona 1877), y al elocuente orador parlamentario, campeón esforzadísimo de los derechos de la Iglesia, don Alejandro Pidal y Mon, que en estilo animado y brillantísimo ha trazado la biografía de santo Tomás y el cuadro de su época: obra a la cual no escatimaría yo las alabanzas si no temiese que mi entrañable cariño hacia la persona del autor hiciera sospechoso de amistad lo que en boca de otros aun sería corta justicia.[166]

Notable expectación y curiosidad despertó en todos los amantes de las ciencias filosóficas y teológicas en España el certamen abierto, tiempo ha, por la Real Academia de Ciencias Morales y Políticas, a instancias del marqués de Guadiaro, para premiar memorias sobre el tema *Armonía entre la ciencia y la fe*, con el propósito y esperanza de que sirviesen de contraveneno a la obra del positivista yankee William Draper, rotulada *Conflictos entre la ciencia y la religión* que con grande estruendo y en inusitado número de ejemplares había sido divulgada por los librepensadores, ya en su original, ya en perversas traducciones francesas, castellanas e italianas.

El éxito de tal librejo era del todo éxito amañado y de secta. Redúcese el volumen a una serie de retales de la *Historia de la cultura europea*, escrita años antes por el mismo Draper, tan afortunado fisiólogo y distinguido matemático como historiador infeliz, a juicio de sus mismos correligionarios. Los *Conflictos* carecen no solo de estilo y de arte de composición y de dicción, sino hasta de método, plan y concierto. Especies desparejadas, afirmaciones gratuitas, ligerezas imperdonables en materias históricas y desdeñosa ignorancia en ciencias especulativas, tal y como podía esperarse de un tan fogoso partidario del método experimental y de inducción como único y solo, mézclanse allí en

---

166 Hoy puede contarse también entre los escolásticos, puesto que ha llegado (después de muchas evoluciones) a ser defensor acérrimo de la doctrina del compuesto humano y enérgico impugnador del materialismo y del darwinismo, al originalísimo fisiólogo don José de Letamendi, tan notable por sus audacias dialécticas y por los giros en apariencia vagabundos y excéntricos de su espíritu como por la novedad conceptuosa, brillante y personalísima de su lenguaje. Véase, sobre todo, su discurso, sobre el *Origen, naturaleza y antigüedad del hombre*.

largos capítulos, donde nada sorprende ni maravilla, a no ser el portentoso desenfado del historiador y su diabólica saña de sectario contra la Iglesia católica. Ni será temeroso afirmar que, prescindiendo del mayor conocimiento de ciencias naturales, los *Conflictos* no indican progreso alguno sobre la crítica materialista y rastrera de los volterianos y discípulos de la Enciclopedia. Páginas hay en la obra del profesor norteamericano que parecen arrancadas del *Origen de los cultos*, de Dupuis, o del *Sistema de la naturaleza*, o de cualquiera de los *pamphlets* anticristianos que forjaron en comandita los tertulianos del barón de Holbach. Y, aun en materias indiferentes, es Draper guía muy poco seguro. ¿Qué decir de quien pone en las escuelas de Alejandría el origen de la ciencia, dejando en olvido todo el portentoso desarrollo ante y post-socrático?

Tal libro, no de vulgarización, sino de vulgarismo científico, en verdad que no merecía los honores de grave refutación, a no ser por el estruendo y coro de alabanzas que en torno de él levantaron los enemigos de la verdad. Pero el escándalo se produjo, y era necesario y urgente atajarlo. Dos traducciones castellanas, una del francés y otra directamente del inglés, aderezada con un retumbante prólogo del señor Salmerón, se imprimieron y se vendieron y se agotaron.

La defensa de los católicos fue valiente y generosa. Comenzó el señor Ortí y Lara divulgando, con un prólogo suyo, la breve y directa refutación del padre Comoldi, y siguieron luego seis obras originales (hay una séptima, pero es como si no existiera, y conviene más guardar alto silencio acerca de ella).

Dos caminos se ofrecían para responder fácil y victoriosamente a las calumnias de Draper. Era el primero adoptar el método histórico y seguir paso a paso los capítulos, párrafos e incisos del libro original, contestando a cada una de las objeciones, desbaratando cada una de las mal formadas pruebas y rectificando cada uno de los hechos y testimonios que Draper aduce. Así lo hicieron erudita y contundentemente el padre Tomás Cámara, de la Orden de san Agustín, y el doctor don Joaquín Rubió y Ors,[167] lustre del profesorado español y de la Universidad de Barcelona.

Otro camino se presentaba: el de tomar la cuestión en abstracto y, remontándose a los primeros principios, exponer la naturaleza y las íntimas relaciones

---

167 *Los supuestos conflictos entre la religión y la ciencia o la obra de Draper ante el tribunal del sentido común, de la razón y de la historia* (1881).

de la ciencia y la fe, refutando, ya a los que las identifican y confunden, ya a los que temerariamente quieren suponer entre ellas antinomias y conflictos. Tal fue la empresa de que salió gloriosamente el presbítero catalán don Antonio Comellas y Cluet (en su libro *Demostración de la armonía entre la religión católica y la ciencia*), probando talento filosófico de primer orden, sobrio, penetrante y preciso.

Pero el certamen de la Academia aun pedía más, debían enlazarse ambos procedimientos, resultar de entrambos una apología completa y victoriosa de la religión contra la falsa ciencia. A este fin responden dos libros: la *Armonía entre la ciencia y la fe*; su autor, el padre Miguel Mir, de la Compañía de Jesús, y *La Ciencia y la divina revelación*, del señor Ortí y Lara, sin contar otra apología, robusta, sabia y nutrida de doctrina, que viene publicando el jesuita padre Mendive en las páginas de *La Ciencia Cristiana*.

En la prosa del padre Mir parece que revive el abundante y lácteo estilo de nuestros mejores prosistas. Sin dejar de ser didáctica, su elocuencia es animada y viva, como si quisiera persuadir y vencer a un tiempo el corazón y la inteligencia. Siempre lúcido, terso y acicalado, pero exento de relamido artificio, muévese y fluye el raudal de su frase con abundancia reposada y halagüeña. Lauro es éste de la lengua y del estilo, que el padre Mir alcanza solo o casi solo entre nuestros escritores de asuntos filosóficos en este siglo. A todos les ha dañado más o menos la falta de sentido artístico el no haber educado su gusto y su oído con los ascéticos de la edad de oro.

Ni es un libro el suyo rico de frases y primores de decir y vacío de ideas, sino libro de alta filosofía, en que se agitan las más altas cuestiones que pueden ocupar al humano entendimiento. Sobremanera fácil y sencillo es el plan y tan lógico y bien trabado, que de una mirada se abarca, y sin fatiga, antes con deleite del lector, se sigue, porque no es ese aparente rigor sofístico que en muchos libros deslumbra, sino orden lúcido, que nace de la íntima esencia del asunto. Comienza por exponer lo que la ciencia es y las condiciones que ha de tener el conocimiento científico; lo que la ciencia vale en el entendimiento y lo que ha significado en la historia; los límites de la ciencia y la necesidad de otra luz superior que complete lo deficiente, aclare lo oscuro y sea criterio y norma de verdad para los principios de un orden superior que por sus propias fuerzas no alcanza el entendimiento humano.

Salvando así con no pequeña destreza el escollo en que suelen naufragar los tradicionalistas, por apocar demasiado los límites de nuestra razón, habla el padre Mir, con elocuencia suma, de la fe y del orden sobrenatural, y de cómo influye en el natural, y cómo lo realza, y cuán estrecha y amorosamente se abrazan las dos en el plan divino.

Probado la armonía de ciencia y fe, con lo cual carecen de sentido y han de tenerse por blasfemias todo género de soñados conflictos, ni más ni menos que la hipócrita afirmación averroísta de que una cosa puede ser verdadera según la fe y falsa según la razón, procedía investigar psicológicamente el origen del susodicho fenómeno patológico de la inteligencia llamado conflicto, y el padre Mir, compitiendo con los más sutiles escudriñadores de los motivos de las acciones humanas, ha dibujado de mano maestra el exclusivismo científico, la soberbia de los doctos, el influjo de la pasión y de la concupiscencia y todo lo que turba y extravía la recta aplicación de las potencias del ánimo a la investigación de la verdad.

Abiertas así las zanjas de la demostración, ¿qué es lo que queda de los conflictos? ¿Cómo no han de deshacerse a modo de ligera neblina cuando se repara que proceden o de una exégesis anticuada e incompleta, o de un dilettantismo y superficialidad científica imperdonable, o de confundir lo cierto con lo dudoso, y dar por tesis la hipótesis, y por historia las conjeturas, o, finalmente, de la ignorancia y mala fe y depravación de todos aquellos a quienes estorba Dios, y que de buen grado quisieran arrojarle del mundo?

El padre Mir, sin embargo, recorre toda clase de objeciones, así las físicas como las históricas, lo mismo las que pomposamente invocan el auxilio de la geología y de la paleontología que las que quieren basarse en la observación de los hechos sociales. Y, entras otras verdades negadas o desfiguradas por la falsa ciencia, saca triunfante la de la creación y la *Obra de los seis días* y la distinción esencial de la materia y del espíritu. Con igual tacto están discutidas las modernas hipótesis relativas al origen de las especies y a la evolución, siendo de notar que el autor no las excomulga en globo y a ciegas, ni carga a todo evolucionista con el dictado de hereje, ni niega la parte de verdad relativa que alguien pudiera encontrar en este sistema aplicado a las especies inferiores, ni desconoce el valor de algunas de las observaciones y experiencias de Darwin. Bastaría este libro del padre Mir para demostrar a los más preocupados que la

Compañía de Jesús, una de las mayores glorias de España, madre nobilísima de pensadores como Vázquez, Molina y Suárez y de escritores de tan prodigioso estilo como Rivadeneyra y Martín de Roa, no deja de colmar de alegría y de gloria a los buenos estudios aun en nuestros miserables días.

También el señor Ortí y Lara prescinde de Draper, y busca, lo mismo que el padre Mir, aunque por distinta senda, la raíz del árbol. Descuajada ésta, todo lo demás es consecuencia fácil y forzosa. La misma ciencia, si de buena fe procede, rectificará tarde o temprano sus hipótesis y sus conflictos, como ya rectificó los que había fantaseado la impiedad de la centuria pasada. Según las épocas, toma esa enfermedad nuevas formas; hoy parece nuevo y flamante lo que mañana será ciencia atrasada y añeja; objeciones que hoy discutimos gravemente, parecerán pueriles entonces y harán reír a nuestros nietos, a la manera que hoy nos reímos de la exégesis bíblica de Voltaire o de sus opiniones sobre el diluvio y los depósitos de conchillas fósiles. ¡Pobre de quien todo lo fíe de las ciencias naturales e históricas, siempre en continuo andar y en rectificación continua! ¿Quién podrá ordenar y sustentar sus ideas sobre la base precaria, pobre: y falaz de la experiencia?

¡Cuán diverso aquel cuyo razonamiento desciende de verdades necesarias, de ideas puras y fundamentos *a priori*! Solo a la luz de ellos tiene valor la experiencia: el que siga esa luz con ánimo recto y anhelo de la verdad, no se perderá en el laberinto de las observaciones y los hechos, antes los enlazará y fecundará, encontrando en ellos el reflejo y la impresión (*sigillatio*) de estas mismas primeras inconmovibles verdades. A quien comprenda la imposibilidad metafísica de que ciencia y verdad anden reñidas, ¿qué ha de importarle que el hecho A o B parezca, en el estado actual de la ciencia, contradecir esta armonía? Suspenderá su juicio, y, examinándolo todo despacio y con mesura, bien pronto se convencerá de una de estas dos cosas: o que no es artículo de fe el uno de los términos de la contradicción, y que la Iglesia nunca lo ha dado por tal, o que el otro término no es ciencia, en el riguroso sentido de la palabra, sino opinión falaz y fugitiva, a la cual negaban los platónicos carta de ciudadanía en la república científica. Se invoca el testimonio de los hechos, se da por única ciencia la ciencia experimental, ¡como si los hechos constituyesen por sí solos ciencia: como si lo fugitivo, pasajero y mudable pudiera comprenderlo el entendimiento de otra manera que bajo relaciones y leyes! Piedras cortadas de la cantera son los hechos; con ellas levantan sus edificios el entendimiento bien o mal regulado. Engañoso espejismo el de los que quieren y creen vivir sin metafísica. La misma negación de ella es una filosofía tan *a priori* como cualquiera otra. El positivismo y el materialismo están cuajados de fórmulas y de conceptos metafísicos: ley, noción, fenómeno, fuerza, materia... ¿Quién dio a la nuda experiencia fecundidad para producir tales ideas? ¿Qué importa que neguéis la finalidad, si luego tenéis que restablecerla con otro nombre, y de un modo gratuito, anticientífico y antipositivo?

Solo remontándose a la fuente tiene valor irrefragable la demostración. Si ciencia y fe proceden del mismo principio, ¿cómo no han de ser hermanas amorosísimas? Si Dios puso en el alma la luz del entendimiento y le dio inclinación nativa para conocer y amar la verdad, y no para abrazar el absurdo, ¿cómo no ha de tender la razón a su perfección y término aun después de oscurecida y degradada por el pecado original, cuanto más después de regenerada e iluminada por el beneficio de Cristo? Si la razón es luz de luz interviniendo el concurso divino en el acto de conocer nuestro entendimiento la verdad; si está signada sobre nosotros la lumbre del rostro del Señor, ¿quién osará decir que la ciencia es enemiga de la verdad suma, que la ciencia es enemiga de aquella altísima revelación que Dios, por un acto de infinito amor, se dignó comunicar a los hombres? Solo los defensores de la soñada independencia y autonomía de la razón; como si la razón sin Dios y entregada a sus propias fuerzas no fuese guía flaquísima y vacilante y no tropezase y cayese en lo más esencial, quebrantándose y rompiéndose contra infinitas barreras. Pobre y triste cosa es la ciencia humana cuando la luz de lo alto no la ilumina. Por todas partes límites, deficiencias, como ahora dicen, y contradicciones y nudos inextricables. Y, al fin de la jornada, sed que no sacia y hambre que se torna más áspera cuando cree estar más cerca de la hartura. La crítica del positivismo, hoy el único adversario serio, puesto que las escuelas idealistas alemanas yacen en general olvido o en manifiesta decadencia, es lo que da mayor interés al libro del señor Ortí. En él se ve claro que el empirismo es tan enemigo del orden inteligible como el racionalismo de todas castas y formas lo es del orden sobrenatural; que con mostrarse los positivistas tan enemigos de la metafísica del idealismo, han recibido de una escuela idealista el principio de la evolución, materializándole groseramente; que es absurdo que una escuela nominalista acérrima y enemiga de toda entidad abstracta hable de leyes, y mucho menos de leyes invariables; así como es absurdo y contradictorio que, llamándose el positivismo ciencia de hechos, prescinda de tantos y tantos no menos reales que los físicos y mutile tan sin razón la conciencia. Ni se contenta el señor Ortí con impugnar en el terreno dialéctico el positivismo, sino que entra en la discusión de las modernas teorías atomísticas (no la antigua y a veces ortodoxa filosofía de este nombre, que resucitaron y profesaron en el siglo XVI españoles tan católicos como Dolose, Gómez Pereyra y Francisco Valles), así como del darwinismo, y de la flamante doctrina monística de la fuerza y de la vida, y de su circulación irrestañable; todo lo cual viene a ser una metafísica tan fantasmagórica, ideal y arbitraria como todas las demás que los positivistas odian y menosprecian y relegan a estados inferiores de la cultura humana. Fácil es creerse en posesión de la ciencia suma y llenar con huecas y sonoras palabras el vacío cuando ni siquiera se sabe explicar el más sencillo fenómeno de sensación.

Al lado de estas generales apologías de la religión contra los incrédulos, debe hacerse memoria de otras batallas en más reducido campo. Los estudios exegéticos y escriturarios no tienen entre nosotros más que un cultivador que yo sepa: el señor don Francisco Xavier Caminero, gloria altísima del clero español. Ya queda mencionado su *Manuale isagogicum*; ahora debe agregarse su importantísimo estudio sobre el libro de Daniel y el prólogo a la traducción del *Libro de Job*, hecha directamente de la verdad hebraica. En uno y otro, el señor Caminero rompe lanzas con Renán, considerándole como el vulgarizador más extendido de las conclusiones de la escuela de Tubinga. Pero la obra más sabia, profunda y trascendental del señor Caminero es, sin duda, su hermoso libro de *La divinidad de Jesucristo ante las escuelas racionalistas* (1878), uno de los pocos frutos de la cultura española que podemos presentar sin vergüenza a los extraños. Hoy es, y quizá España ignora todavía que de su seno ha salido la mejor impugnación del libro de Albert Reville sobre la divinidad de Jesús y de sus opiniones contra la autenticidad del cuarto evangelio.

Pero Caminero no es solo escriturario, sino controversista filosófico de grandes alientos. Poco escolástico, más bien inclinado al tradicionalismo (al mitigado del padre Ventura, se entiende, no al de Bonald, que hoy ningún católico patrocina), ha preferido siempre, a la exposición didáctica de su propio sentir, la polémica contra el racionalismo, en la cual ninguno de los nuestros le lleva ventaja. Fuera de algunos resabios de su escuela (verbigracia, cierta manía de zaherir y tener en poco el impulso inicial de la razón y un empeño no menor de dar por clave de todo la tradición y la enseñanza), son modelo de controversia filosófica los *Estudios krausistas*, que el señor Caminero publicó en la *Revista de España* y en la *Defensa de la Sociedad*, y su saladísima rechifla del catecismo de los materialistas de escalera abajo, el libro *Fuerza y materia*, del doctor Büchner.

Los estudios orientales, cuyos resultados son hoy manzana de discordia entre los racionalistas y católicos, tampoco alcanzan representación, buena ni mala, entre nosotros. Apenas puede hacerse mención del libro *La India cristiana*, en que el padre Gual, de la Orden de san Francisco, refutó las absurdas novelas de Jacolliot, no sin caer en otras tesis no menos atrasadas y contrarias a la verdad histórica, empeñándose en no reconocer la autenticidad indisputable de ciertos monumentos de la antigua cultura indostánica o en suponerlos posteriores al cristianismo.

Ya quedan indicados en párrafos anteriores los principales adalides contra el protestantismo, el filosofismo y el espiritismo: Gago, La Fuente, Perujo, etc. Este último ha dedicado buena parte de sus esfuerzos a aclarar el sentido católico en que puede ser tolerada la hipótesis de la pluralidad de mundos y a combatir la doctrina de la pluralidad de existencias del alma, de Andrés Pezzani.

Sobre las ciencias naturales en sus relaciones con el dogma merecen recuerdo las conferencias del padre Eduardo Llanas, escolapio de Barcelona.

De materias teológicas candentes trataron el obispo de La Habana, fray Jacinto Martínez, en su libro *El concilio ecuménico y la Iglesia oficial* (Habana 1869),[168] y don Ángel Novoa, lectoral de Santiago (luego chantre de Manila), en su ensayo, sobre la *Infalibilidad pontificia*.[169] De filosofía social católica ha discurrido Gabino Tejado, explanando el *Syllabus* y las últimas declaraciones de Pío IX en su libro *Del catolicismo liberal*.[170]

---

168 Suyo es también un libro sobre *La Edad media, comparada con los tiempos modernos* (Madrid 1873), dos tomos 4.º

169 Hay de él otro folleto que se titula *El anticristianismo sin máscara, contestación a «Franrobla» sobre el pecado original* (Pontevedra 1877).

170 No pretendo agotar, ni muchísimo menos, el catálogo de los defensores de la fe en nuestros días. Bien que a quien trabaja por la gloria de Dios, poco ha de importarle esta omisión mía, ciertamente involuntaria. Séame lícito, no obstante, recordar las obras del doctor don Ricardo Cortés, de Barcelona (*El sobrenaturalismo y el materialismo en sus*

El periodismo religioso, la fundación de centros como la Asociación de Católicos, última obra piadosa del marqués de Viluma, el amigo de Balmes; las Juventudes Católicas, importadas de Italia; la Armonía, la Unión Católica, etc.; las academias de filosofía tomista fundadas en Sevilla y Barcelona; la restauración providencial de las Órdenes religiosas, desterradas de Francia; las misiones y peregrinaciones; las escuelas católicas, cuya estadística asombra, y otras piadosas empresas que requieren más desembarazado cronista, muestran que los católicos españoles no han sucumbido, como víctimas inermes, ante la iniquidad triunfadora. De todos alabo la intención; otro juzgará las obras. No escribo para hoy; la historia, aunque sea esta mía, traspasa siempre tan mezquinos horizontes y adivina en esperanza días mejores, adoctrinados por el escarmiento presente. Cierto que reinan hoy entre nosotros (con todos hablo) divisiones miserables, que agostan y secan en flor todo espíritu bueno; estériles pugilatos de ambición,

---

relaciones con la ciencia), de don Eduardo María Vilarrasa, que ha traducido el libro de Lamennais sobre la indiferencia en materia de religión, adicionándole con un discurso original sobre el indiferentismo en sus relaciones con la política; de la señora Pardo Bazán y los señores Pérez Mínguez y Polo Peyrolón, impugnadores del darwinismo; de Sardá y Salvany, director de la utilísima y bienhechora *Revista Popular*, de Barcelona; de Adolfo de Castro, en su segunda época (*La libertad por la fe*), refutando a Castelar (1869). *Carta sobre la caridad cristiana y la caridad pagana. Vindicación de Santa Teresa de Jesús* (contra don Ramón León Mainez, 1877). *El racionalismo en la Academia Gaditana de Ciencias y Letras* (refutación de un discurso de don Romualdo Álvarez Espino, 1877); de don Francisco Rubio y Contreras, arcipreste de Sanlúcar de Barrameda, autor de un excelente discurso sobre la unidad de la raza humana, leído en la Academia Hispalense de Santo Tomás de Aquino en 1880; del obispo de Segorbe, don Francisco de Asís Aguilar, de quien hay un Compendio general de historia eclesiástica y varios opúsculos polémicos; de don Joaquín Sánchez Toca (*Ensayos de religión y de política*); del distinguido geólogo presbítero don Jaime Almera y Comas, que, además de sus numerosos trabajos científicos, posteriores en su mayor parte a la fecha de este libro, publicó un tratado de *Cosmogonía y geología, o sea, exposición del sistema del universo considerado a la luz de la religión revelada y de los últimos adelantos científicos* (Barcelona 1878, Librería Religiosa); del doctor don Jaime Arbós, profesor del seminario conciliar de Barcelona, autor de un *Ensayo de física y química trascendentalmente consideradas con arreglo a la doctrina de Santo Tomás de Aquino y sobre la materia y la forma* (1879), y de otras publicaciones análogas, en que la adhesión a la metafísica tomista no menoscaba los derechos de la investigación experimental. Sin contar los periodistas, a quienes evito nombrar por no suscitar cuestiones vidriosas, harto ajenas de la gravedad de la historia.

luchas de cofradía, ímpetus de envidia y de soberbia, matadores de toda caridad y de todo afecto limpio y sereno. ¡Quiera Dios que el pestilente vapor que se alza del periodismo y del Parlamento no acabe de emborrachar las cabezas católicas!

Entre tanto, apartemos la vista de tales naderías, como decía nuestra gran santa, y regocijémonos con el consuelo de que aún queda en España ciencia católica y aún informa el espíritu cristiano nuestra literatura. Y sea cual fuere la suerte que Dios en sus altos designios nos tiene aparejada, siempre recordará la historia venidera de nuestra raza que católicos han sido nuestros únicos filósofos del siglo XIX, Balmes, Donoso Cortés, fray Ceferino González...; católicos nuestros arqueólogos doctísimos, Fernández-Guerra y Fita, y el arabista Simonet; católico Tamayo, nuestro primer dramático; y Selgas, el poeta de las flores y de la sátira conceptuosa, y Fernán Caballero, la angelical novelista; y Pereda, el sin igual pintor de costumbres populares; y Milá y Fontanals, el sobrio y penetrante investigador de nuestra literatura de la Edad media. ¡Aún nos queda, en medio de tanta ruina, el consuelo de no ser tenidos por bárbaros!

Epílogo

¿Qué se deduce de esta historia? A mi entender, lo siguiente:

Ni por la naturaleza del suelo que habitamos, ni por la raza, ni por el carácter, parecíamos destinados a formar una gran nación. Sin unidad de clima y producciones, sin unidad de costumbres, sin unidad de culto, sin unidad de ritos, sin unidad de familia, sin conciencia de nuestra hermandad ni sentimiento de nación, sucumbimos ante Roma tribu a tribu, ciudad a ciudad, hombre a hombre, lidiando cada cual heroicamente por su cuenta, pero mostrándose impasible ante la ruina de la ciudad limítrofe o más bien regocijándose de ella. Fuera de algunos rasgos nativos de selvática y feroz independencia, el carácter español no comienza a acentuarse sino bajo la denominación romana. Roma, sin anular del todo las viejas costumbres, nos lleva a la unidad legislativa, ata los extremos de nuestro suelo con una red de vías militares, siembra en las mallas de esa red colonias y municipios, reorganiza la propiedad y la familia sobre fundamentos tan robustos, que en lo esencial aún persisten; nos da la unidad de lengua, mezcla la sangre latina con la nuestra, confunde nuestros dioses con los suyos y pone en los labios de nuestros oradores y de nuestros poetas el rotundo hablar de Marco Tulio y los hexámetros virgilianos. España debe su primer elemento de unidad en la lengua, en el arte, en el derecho, al latinismo, al romanismo.

Pero faltaba otra unidad más profunda: la unidad de la creencia. Solo por ella adquiere un pueblo vida propia y conciencia de su fuerza unánime, solo en ella se legitiman y arraigan sus instituciones, solo por ella corre la savia de la vida hasta las últimas ramas del tronco social. Sin un mismo Dios, sin un mismo altar, sin unos mismos sacrificios; sin juzgarse todos hijos del mismo padre y regenerados por un sacramento común; sin ver visible sobre sus cabezas la protección de lo alto; sin sentirla cada día en su hijos, en su casa, en el circuito de su heredad, en la plaza del municipio nativo; sin creer que este mismo favor del cielo, que vierte el tesoro de la lluvia sobre sus campos, bendice también el lazo jurídico que él establece con sus hermanos y consagra con el óleo de la justicia la potestad que él delega para el bien de la comunidad; y rodea con el cíngulo de la fortaleza al guerrero que lidia contra el enemigo de la fe o el invasor extraño, ¿qué pueblo habrá grande y fuerte? ¿Qué pueblo osará arrojarse con fe y aliento de juventud al torrente de los siglos?

Esta unidad se la dio a España el cristianismo. La Iglesia nos educó a sus pechos con sus mártires y confesores, con sus padres, con el régimen admirable de sus concilios. Por ella fuimos nación, y gran nación, en vez de muchedumbre de gentes colecticias, nacidas para presa de la tenaz porfía de cualquier vecino codicioso. No elaboraron nuestra unidad el hierro de la conquista ni la sabiduría de los legisladores; la hicieron los dos apóstoles y los siete varones apostólicos; la regaron con su sangre el diácono Lorenzo, los atletas del circo de Tarragona, las vírgenes Eulalia y Engracia, las innumerables legiones de mártires cesaraugustanos; la escribieron en su draconiano código los padres de Ilíberis: brilló en Nicea y en Sardis sobre la frente de Osio, y en Roma sobre la frente de san Dámaso; la cantó Prudencio en versos de hierro celtibérico: triunfó del *maniqueísmo* y del gnosticismo oriental, del arrianismo de los bárbaros y del donatismo africano: civilizó a los suevos, hizo de los visigodos la primera nación del Occidente; escribió en las *Etimologías* la primera enciclopedia; inundó de escuelas los atrios de nuestros templos; comenzó a levantar, entre los despojos de la antigua doctrina, el alcázar de la ciencia escolástica por manos de Liciano, de Tajón y de san Isidoro; borró en el *Fuero juzgo* la inicua ley de razas; llamó al pueblo a asentir a las deliberaciones conciliares; dio el jugo de sus pechos, que infunden eterna y santa fortaleza, a los restauradores del Norte y a los mártires del Mediodía, a san Eulogio y Álvaro Cordobés, a Pelayo y a Omar-ben-Hafsun; mandó a Teodulfo, a Claudio y a Prudencio a civilizar la Francia carlovingia; dio maestros a Gerberto; amparó bajo el manto prelaticio del arzobispo don Raimundo y bajo la púrpura del emperador Alfonso VII la ciencia semítico-española... ¿Quién contará todos los beneficios de vida social que a esa unidad debimos, si no hay, en España piedra ni monte que no nos hable de ella con la elocuente voz de algún santuario en ruinas? Si en la Edad media nunca dejamos de considerarnos unos, fue por el sentimiento cristiano, la sola cosa que nos juntaba, a pesar de aberraciones parciales, a pesar de nuestras luchas más que civiles, a pesar de los renegados y de los muladíes. El sentimiento de patria es moderno; no hay patria en aquellos siglos, no la hay en rigor hasta el Renacimiento; pero hay una fe, un bautismo, una grey, un pastor, una Iglesia, una liturgia, una cruzada eterna y una legión de santos que combaten por nosotros desde Causegadia hasta Almería, desde el Muradal hasta la Higuera.

Dios nos conservó la victoria, y premió el esfuerzo perseverante dándonos el destino más alto entre todos los destinos de la historia humana: el de completar el planeta, el de borrar los antiguos linderos del mundo. Un ramal de nuestra raza forzó el cabo de las Tormentas, interrumpiendo el sueño secular de Adamastor, reveló los misterios del sagrado Ganges, trayendo por despojos los aromas de Ceilán y las perlas que adornaban la cuna del Sol y el tálamo de la aurora. Y el otro ramal fue a prender en tierra intacta aun de caricias humanas, donde los ríos eran como mares, y los montes, veneros de plata, y en cuyo hemisferio brillaban estrellas nunca imaginadas por *Tolomeo* ni por Hiparco.

¡Dichosa edad aquélla, de prestigios y maravillas, edad de juventud y de robusta vida! España era o se creía el pueblo de Dios, y cada español, cual otro Josué, sentía en sí fe y aliento bastante para derrocar los muros al son de las trompetas o para atajar al Sol en su carrera. Nada aparecía ni resultaba imposible; la fe de aquellos hombres, que parecían guarnecidos de triple lámina de bronce, era la fe, que mueve de su lugar las montañas. Por eso en los arcanos de Dios les estaba guardado el hacer sonar la palabra de Cristo en las más bárbaras gentilidades; el hundir en el golfo de Corinto las soberbias naves del tirano de Grecia, y salvar, por ministerio del joven de Austria, la Europa occidental del segundo y postrer amago del islamismo; el romper las huestes luteranas en las marismas bátavas con la espada en la boca y el agua a la cinta y el entregar a la Iglesia romana cien pueblos por cada uno que le arrebataba la herejía.

España, evangelizadora de la mitad del orbe; España martillo de herejes, luz de Trento, espada de Roma, cuna de san Ignacio...; ésa es nuestra grandeza y nuestra unidad; no tenemos otra. El día en que acabe de perderse, España volverá al cantonalismo de los arévacos y de los vectores o de los reyes de taifas.

A este término vamos caminando más o menos apresuradamente, y ciego será quien no lo vea. Dos siglos de incesante y sistemática labor para producir artificialmente la revolución, aquí donde nunca podía ser orgánica, han conseguido no renovar el modo de ser nacional, sino viciarle, desconcertarle y pervertirle. Todo lo malo, todo lo anárquico, todo lo desbocado de nuestro carácter se conserva ileso, y sale a la superficie cada día con más pujanza. Todo elemento de fuerza intelectual se pierde en infecunda soledad o solo aprovecha para el mal. No nos queda ni ciencia indígena, ni política nacional, ni, a duras penas, arte y literatura propia. Cuanto hacemos es remedo y trasunto débil de lo que en otras partes vemos aclamado. Somos incrédulos por moda y por parecer hombres de mucha fortaleza intelectual. Cuando nos ponemos a racionalistas o a positivistas, lo hacemos pésimamente, sin originalidad alguna, como no sea en lo estrafalario y en lo grotesco. No hay doctrina que arraigue aquí; todas nacen y mueren entre cuatro paredes, sin más efecto que avivar estériles y enervadoras vanidades y servir de pábulo a dos o tres discusiones pedantescas. Con la continua propaganda irreligiosa, el espíritu católico, vivo aún en la muchedumbre de los campos, ha ido desfalleciendo en las ciudades; y, aunque no sean muchos los librepensadores españoles, bien puede afirmarse de ellos que son de la peor casta de impíos que se conocen en el mundo, porque, a no estar dementado como los sofitas de cátedra, el español que ha dejado de ser católico es incapaz de creer en cosa ninguna, como no sea en la omnipotencia de un cierto sentido común y práctico, las más veces burdo, egoísta y groserísimo. De esta escuela utilitaria suelen salir los aventureros políticos y económicos, los arbitristas y regeneradores de la Hacienda y los salteadores literarios de la baja prensa, que, en España como en todas partes, es un cenagal fétido y pestilente. Solo algún aumento de riqueza, algún adelanto material, nos indica a veces que estamos en Europa y que seguimos, aunque a remolque, el movimiento general.

No sigamos en estas amargas reflexiones. Contribuir a desalentar a su madre, es ciertamente obra impía, en que yo no pondré las manos. ¿Será cierto, como algunos benévolamente afirman, que la masa de nuestro pueblo está sana y que solo la, hez es la que sale a la superficie? ¡Ojalá sea verdad! Por mi parte, prefiero creerlo, sin escudriñarlo mucho. Los esfuerzos de nuestras guerras civiles no prueban ciertamente falta de virilidad, en la raza; lo futuro, ¿quién lo sabe? No suelen venir dos siglos de oro sobre una misma nación; pero mientras sus elementos esenciales permanezcan los mismos por lo menos en las últimas esferas sociales; mientras sea capaz de creer, amar y esperar; mientras su espíritu no se aridezca de tal modo que rechace el rocío de los cielos; mientras guarde alguna memoria de lo antiguo y se contemple solidaria con las generaciones que la precedieron, aun puede esperarse su regeneración, aun puede esperarse que, juntas las almas por la caridad, tome a brillar para España la gloria del Señor y acudan las gentes a su lumbre, y los pueblos al resplandor de su Oriente.

El cielo apresure tan felices días. Y entre tanto, sin escarnio, sin baldón ni menosprecio de nuestra madre, dígale toda la verdad el que se sienta con alientos para ello. Yo, a falta de grandezas que admirar en lo presente, he tomado sobre mis flacos hombros le deslucida tarea de testamentario de nuestra antigua cultura. En este libro he ido quitando las espinas; no será maravilla que de su contacto se me haya pegado alguna aspereza. He escrito en medio de la contradicción y de la lucha, no de otro modo que los obreros de Jerusalén, en tiempo de Nehemías, levantaban las paredes del templo, con la espada en una mano y el martillo en la otra, defendiéndose de los comarcanos que sin cesar los embestían. Dura ley es, pero inevitable en España, y todo el que escriba conforme al dictado de su conciencia, ha de pasar por ella, aunque en el fondo abomine, como yo, este hórrido tumulto y vuelva los ojos con amor a aquellos serenos templos de la antigua sabiduría, cantados por Lucrecio:

Edita doctrina sapientum templa serena!
M. Menéndez Pelayo
7 de junio de 1882.

Protestación del autor

Todo lo contenido en estos libros, desde la primera palabra hasta la última, se somete al juicio y corrección de la santa Iglesia católica, apostólica, romana y de los superiores de ella con respeto filial y obediencia rendida.

Libros a la carta

A la carta es un servicio especializado para

empresas,

librerías,

bibliotecas,

editoriales

y centros de enseñanza;

y permite confeccionar libros que, por su formato y concepción, sirven a los propósitos más específicos de estas instituciones.

Las empresas nos encargan ediciones personalizadas para marketing editorial o para regalos institucionales. Y los interesados solicitan, a título personal, ediciones antiguas, o no disponibles en el mercado; y las acompañan con notas y comentarios críticos.

Las ediciones tienen como apoyo un libro de estilo con todo tipo de referencias sobre los criterios de tratamiento tipográfico aplicados a nuestros libros que puede ser consultado en Linkgua-ediciones.com.

Linkgua edita por encargo diferentes versiones de una misma obra con distintos tratamientos ortotipográficos (actualizaciones de carácter divulgativo de un clásico, o versiones estrictamente fieles a la edición original de referencia).

Este servicio de ediciones a la carta le permitirá, si usted se dedica a la enseñanza, tener una forma de hacer pública su interpretación de un texto y, sobre una versión digitalizada «base», usted podrá introducir interpretaciones del texto fuente. Es un tópico que los profesores denuncien en clase los desmanes de una edición, o vayan comentando errores de interpretación de un texto y esta es una solución útil a esa necesidad del mundo académico.

Asimismo publicamos de manera sistemática, en un mismo catálogo, tesis doctorales y actas de congresos académicos, que son distribuidas a través de nuestra Web.

El servicio de «libros a la carta» funciona de dos formas.

1. Tenemos un fondo de libros digitalizados que usted puede personalizar en tiradas de al menos cinco ejemplares. Estas personalizaciones pueden ser de todo tipo: añadir notas de clase para uso de un grupo de estudiantes, introducir logos corporativos para uso con fines de marketing empresarial, etc. etc.

2. Buscamos libros descatalogados de otras editoriales y los reeditamos en tiradas cortas a petición de un cliente.

www.ingramcontent.com/pod-product-compliance
Lightning Source LLC
Chambersburg PA
CBHW030820090426
42737CB00009B/802